03 CFP 학습가이드

| 강의신청 직후 » 강의수강 중 » 교육 수료일 전 |

강의신청 직후

수료기준 및 교육 수료 종료일,
면제자격증 등
강의 수강 전 안내 내용 확인

강의수강 중

개인의 진도율에 맞춘
셀프 학습 체크 및
부가 콘텐츠 제공

(단, 셀프 학습 체크는
수료 진도율과 무관합니다.)

교육 수료일 전

교육 수료 종료일 전
수료조건 충족

수료보고 » **시험일 전** » **합격자발표 직후**

수료보고

한국FPSB 수료보고
대행 서비스

시험일 전

최종 실전모의고사
풀고 마무리

합격자발표 직후

합격 여부 및
합격자 대상 혜택 확인

04 다양한 학습 지원 서비스

금융전문 연구원
1:1 질문/답변 서비스

무료 바로 채점 및
성적 분석 서비스

29,000개 이상
합격 선배 수강후기

해커스금융
무료강의

합격의 기준, 해커스금융 fn.Hackers.com

해커스
CFP®

사례형 핵심문제집

해커스

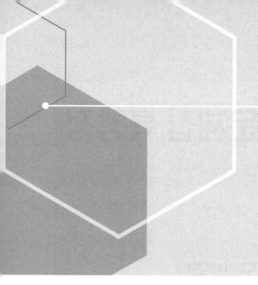

CFP 합격의 길,
합격률 1위 해커스가
알려드립니다.

평균 합격률 36%*, 3명 중 1명만 합격하는 CFP 자격시험,
어떻게 공부해야 한 번에 합격할 수 있을까요?
분명한 방법은 가장 많은 선배들이 합격한 책으로 공부하는 것입니다.

해커스는 합격률 1위 노하우로 2024년 개정된 CFP 기본서(한국FPSB 발간) 내용을 분석하여 「해커스 CFP 사례형
핵심문제집」에 철저히 반영하였습니다. 또한 합격자들의 학습방법 및 시험의 출제 경향을 면밀히 분석하여 가장
효율적으로 학습할 수 있는 방법을 「해커스 CFP 사례형 핵심문제집」에 모두 담았습니다.

「해커스 CFP 사례형 핵심문제집」은

1 최신 출제 경향과 난이도를 철저히 분석하여 모든 문제에 반영하였습니다.

2 실제 시험처럼 구성하여 실전 감각을 극대화할 수 있습니다.

3 모든 문제에 상세한 해설을 제공하여 누구나 쉽게 이해할 수 있습니다.

가장 많은 수험생이 학습하고 합격하는 곳 해커스**,
여러분의 CFP 합격, 해커스금융이 함께합니다.

*42~45회 교육기관 평균 합격률 기준(한국FPSB 공식 발표자료 기준)
**29~45회 합격자 수 1위, 응시자 수 1위(한국FPSB 공식 발표자료 기준)

해커스 CFP 사례형 핵심문제집 특장점

01 철저한 최신 출제 경향 및 난이도 반영!

07 □□□

송자석씨(40세)는 자녀 교육이 끝나는 시점인 65세를 보장기간으로 하는 1억원의 사망보장보험에 가입하고자 한다. 정기보험은 보험료는 저렴하지만 만기에 환급금이 전혀 없다는 점이 마음에 걸리고, 종신보험은 환급금이 있으나 보험료가 비싸 고민하고 있다. 송자석 고객의 선택을 돕기 위해 정기보험의 보험료에다 종신보험의 해약환급금(25년 경과시점)에 해당하는 금액을 수령할 수 있는 저축금액을 더하여 종신보험의 보험료와 비교해 주고자 한다. 종신보험에 가입하는 방안을 A안, 정기보험 가입과 별도의 저축을 동시에 하는 방안을 B안이라고 할 때, 아래 정보를 참고하여 두 가지 제안을 비교한 내용에 대한 적절한 설명을 고르시오.

[보험 관련 정보]
• 사망보장 100,000천원의 종신보험(25년납)의 월보험료는 125천원이며, 25년 경과시점의 해약환급금은 28,000천원으로 예상됨
• 사망보장 100,000천원의 정기보험(25년 만기, 전기납)의 월보험료는 43천원이며, 해약환급금은 없음
• 저축금액 산출을 위해 지금부터 25년간 매월 말 정액으로 세후투자수익률 연 4.0% 월복리 상품에 저축함

CFP 사례형 시험의 난이도는 기본서 사례집(한국FPSB 발간, 개인재무설계 사례집)의 난이도보다 높아지는 추세입니다.

「해커스 CFP 사례형 핵심문제집」은 모든 문제에 실제 시험의 난이도를 철저히 반영하여 이러한 경향에 확실히 대비할 수 있도록 하였습니다.

02 실전 감각 극대화를 위해 실제 시험처럼 구성!

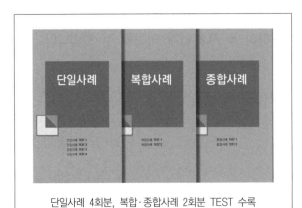

단일사례 4회분, 복합·종합사례 2회분 TEST 수록

충분한 학습을 통한 실전 감각 향상을 위해 단일사례의 경우 실제 시험의 4회분, 복합·종합사례의 경우 각각 실제 시험의 2회분의 TEST를 수록하였습니다.

03 누구나 이해하기 쉬운 상세한 해설 제공!

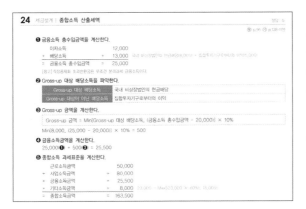

세분화된 문제 유형을 제시하여 유형별 문제 풀이 방법을 터득할 수 있고, 기본서 사례집 (한국FPSB 발간, 개인재무설계 사례집) 내 유사 유형 문제의 페이지와 문제 번호를 함께 표기하여 기본서 사례집과 연계 학습이 가능하도록 하였습니다.

또한 유형에 따른 문제풀이 방법을 단계별로 상세히 제시하여 누구나 이해하기 쉽게 설명 하였습니다.

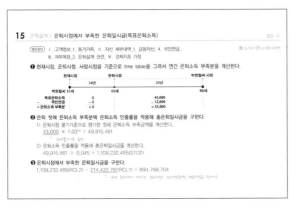

복합·종합사례는 다양한 정보 중에서도 문제를 푸는 데 필요한 정보를 빠르게 파악하는 것이 중요합니다.

「해커스 CFP 사례형 핵심문제집」은 문제를 푸는 데 필요한 정보의 위치를 수록하여 문제 유형별 필요 정보의 위치를 찾는 방법을 자연스럽게 학습할 수 있도록 하였습니다.

CFP 공식 합격률 1위, 합격자 수 1위

해커스금융 fn.Hackers.com

목차

단일사례

복합사례

종합사례

정답 및 해설(책 속의 책)

CFP 자격인증 안내

CFP 자격인증시험이란

- CFP 자격인증시험은 재무설계지식을 실제 재무상황에 적용하는 능력을 평가할 수 있도록 만들어졌습니다.
- CFP 자격인증시험에 합격함으로써 재무설계서비스를 제공하는 데 필요한 전문능력을 갖추었다는 것을 인정받을 수 있습니다.

○ CFP 자격인증을 받기 위해서 거쳐야 할 절차

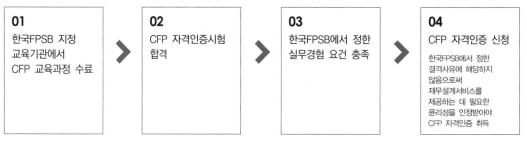

01	02	03	04
한국FPSB 지정 교육기관에서 CFP 교육과정 수료	CFP 자격인증시험 합격	한국FPSB에서 정한 실무경험 요건 충족	CFP 자격인증 신청 한국FPSB에서 정한 결격사유에 해당하지 않음으로써 재무설계서비스를 제공하는 데 필요한 윤리성을 인정받아야 CFP 자격인증 취득

교육과정면제 대상자

- CFP 자격인증시험 응시 예정자는 한국FPSB에 등록된 교육기관이 제공하는 CFP 교육과정을 모두 수료하여야 합니다. 단, 전문자격증 소지자는 교육과정이 면제됩니다.
- 교육과정면제 대상자는 AFPK 자격인증 유무와 관계없이 CFP 자격인증시험에 응시할 수 있습니다.

공인회계사 등록자
Chartered Financial Analyst(CFA) 자격자
변호사 등록자
세무사 자격자(세무사 등록자 또는 세무사 자격증 + 6개월 해당 업무 실무충족자)
경영학 박사
경제학 박사
재무설계학 박사

※ 교육과정면제 대상자는 교육과정만 면제될 뿐 시험과목은 모두 응시하여야 합니다.

시험구성

제1일차(토요일)

구 분	시 간	시험과목	시험문항수
지식형	1교시 오후 3:00 ~ 오후 5:00	재무설계 원론	15
		재무설계사 직업윤리[1]	5
		위험관리와 보험설계	25
		은퇴설계	25
		부동산설계	20
	2교시 오후 5:30 ~ 오후 7:20	투자설계	28
		세금설계	27
		상속설계	25
합 계			170문항

[1] 별도의 시험과목으로 분류하지 않고 재무설계 원론에 포함합니다.

제2일차(일요일)

구 분	시 간	시험과목	시험문항수
사례형	3교시 오전 10:00 ~ 오후 12:00	단일사례	30
		복합사례(Ⅰ)	10
	4교시 오후 12:30 ~ 오후 3:00	복합사례(Ⅱ, Ⅲ)	20
		종합사례	20
합 계			80문항

* 시험구성은 한국FPSB 자격인증위원회의 사정에 의해 변경될 수 있습니다.
** 문제 형식은 객관식 5지선다형이며, 시험 문제는 비공개입니다.

시험 합격기준 및 유효기간

○ 전체합격
① 전체합격기준
지식형 시험에서 과목별로 40% 이상을 득점하고 사례형 시험에서 40% 이상을 동시에 득점한 자로 지식형 및 사례형 시험 전체에 대하여 평균 70% 이상을 득점해야 합니다.
② 전체합격 유효기간
CFP 자격인증시험의 전체합격 유효기간은 5년입니다. 합격 유효기간 내에 CFP 자격인증을 신청하지 않을 경우 합격사실이 취소되며, CFP 자격인증을 원할 경우 CFP 시험에 재응시하여야 합니다.

○ 부분합격
① 부분합격기준
제1차 지식형 시험 : 과목별로 40% 이상을 득점하고 1교시 및 2교시의 지식형 시험 전체에 대하여 평균 70% 이상을 득점해야 합니다.
제2차 사례형 시험 : 3교시 및 4교시의 사례형 시험 전체에 대하여 평균 70% 이상을 득점해야 합니다.
② 부분합격 유효기간
시험유형별 부분합격은 합격한 사실만 인정되며 점수는 이월되지 않습니다. 부분합격 후 연이은 2회 시험에서 다른 유형 시험에 합격하지 못할 경우 해당 유형의 부분합격 사실이 취소됩니다.

합격전략

1 지식형 합격전략

〈해커스 CFP 핵심요약집〉은 해커스금융 CFP 합격지원반, 환급반, 핵심요약강의 수강생에 한하여 무료로 제공됩니다.

〈해커스 CFP 지식형 핵심문제집〉은 시중 서점에서 구매 가능합니다.

기본서 2회 이상 정독 ▶ **핵심요약집 학습 및 핵심문제집 풀이**

CFP 지식형 시험은 요약집 학습만으로 합격이 어렵습니다.
최소 2회 이상 기본서(한국FPSB 발간)를 꼼꼼히 정독하는 것이 반드시 필요합니다.

〈해커스 CFP 지식형 핵심문제집〉에서 중요도가 높은 별 3개(★★★) 문제를 먼저 푼 후 나머지 문제를 풀면 자연스럽게 복습이 되어 학습효과가 두 배가 됩니다.

2 사례형 합격전략

〈해커스 CFP 사례형 핵심문제집〉은 시중 서점에서 구매 가능합니다.

개인재무설계 사례집 풀이 ▶ **핵심문제집 풀이**

개인재무설계 사례집(한국FPSB 발간)으로 사례형의 기본을 다집니다.

〈해커스 CFP 사례형 핵심문제집〉에 있는 문제를 먼저 풀고 난 후에 해설을 보며 본인의 풀이 방법을 점검합니다. 그 다음 문제집을 여러 번 반복해서 풉니다.

3 마무리 합격전략

〈해커스 CFP 최종 실전모의고사〉는 시중 서점에서 구매 가능합니다.

모의고사 풀이 ▶ **모의고사 반복 학습**

실제 시험을 보듯 시험 시간에 맞춰 〈해커스 CFP 최종 실전모의고사〉를 풉니다.

〈해커스 CFP 최종 실전모의고사〉에는 최신 출제 경향이 철저하게 반영되어 있으므로 문제를 꼼꼼하게 풀이하고 보기의 내용을 반복해서 숙지하면 확실하게 실전에 대비할 수 있습니다.

학습플랜

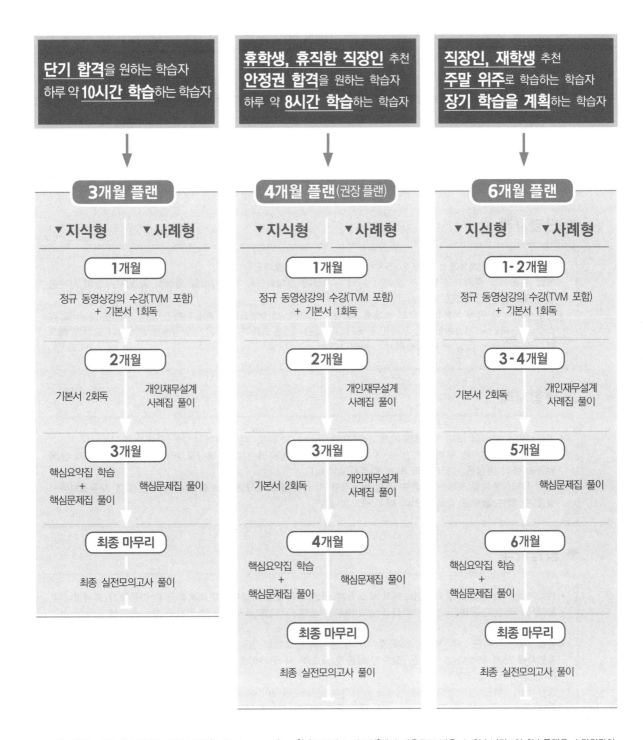

단기 합격을 원하는 학습자
하루 약 **10시간 학습**하는 학습자

휴학생, 휴직한 직장인 추천
안정권 합격을 원하는 학습자
하루 약 **8시간 학습**하는 학습자

직장인, 재학생 추천
주말 위주로 학습하는 학습자
장기 학습을 계획하는 학습자

3개월 플랜

▼지식형　▼사례형

1개월

정규 동영상강의 수강(TVM 포함)
+ 기본서 1회독

2개월

기본서 2회독　개인재무설계
사례집 풀이

3개월

핵심요약집 학습
+
핵심문제집 풀이　핵심문제집 풀이

최종 마무리

최종 실전모의고사 풀이

4개월 플랜(권장 플랜)

▼지식형　▼사례형

1개월

정규 동영상강의 수강(TVM 포함)
+ 기본서 1회독

2개월

개인재무설계
사례집 풀이

3개월

기본서 2회독　개인재무설계
사례집 풀이

4개월

핵심요약집 학습
+
핵심문제집 풀이　핵심문제집 풀이

최종 마무리

최종 실전모의고사 풀이

6개월 플랜

▼지식형　▼사례형

1-2개월

정규 동영상강의 수강(TVM 포함)
+ 기본서 1회독

3-4개월

기본서 2회독　개인재무설계
사례집 풀이

5개월

핵심문제집 풀이

6개월

핵심요약집 학습
+
핵심문제집 풀이

최종 마무리

최종 실전모의고사 풀이

◆ 더 상세한 일별 학습플랜은 해커스금융(fn.Hackers.com) → [A/C 콘텐츠 자료실]에서 다운로드 받을 수 있습니다. 이 학습플랜은 수강기간이 남은 해커스 CFP 정규수강생에 한하여 제공됩니다.

사례형 학습가이드

CFP 시험 합격자들의 학습방법을 철저히 분석한 결과와 해커스금융만의 합격 노하우를 담은 CFP 사례형 학습 가이드입니다.

◆ [단일·복합·종합사례 학습가이드]에 수록한 각 사례형 학습방법을 확인하여 전략적으로 학습하시기 바랍니다.
◆ [세부과목별 학습가이드]는 단일·복합·종합사례에 공통적으로 해당하는 학습방법이므로 꼼꼼히 확인하여 시험에 대비하시기 바랍니다.

단일·복합·종합사례 학습가이드

▶ 단일사례

◆ 단일사례는 1~7과목에서 각각 3~5문제씩 총 30문제가 출제됩니다.
◆ 복합·종합사례 문제가 단일사례 문제와 거의 유사하게 출제되므로 단일사례를 확실히 학습하는 것이 사례형 전체 합격에 가장 중요합니다.
◆ 단일사례는 각 문제 유형별로 풀이 방법을 익히는 것이 중요하며, 학습을 게을리하면 풀이 방법을 잊어버리기 쉽습니다. 따라서 개인재무설계 사례집(한국FPSB 발간)과 본 교재에 수록된 단일사례를 문제마다 표시된 체크 박스를 활용하여 매일 반복 학습하시기 바랍니다.

▶ 복합사례

◆ 복합사례는 하나의 고객 재무정보에서 3~4개의 과목을 다루며, 각 과목에서 2~4문제가 출제됩니다.
◆ 복합사례는 단일사례 문제에 있는 고객 재무정보를 모두 앞쪽에 모아서 하나로 제시한다는 것 외에 각 문제 유형과 풀이 방법은 단일사례와 크게 다르지 않습니다.
◆ 복합사례를 풀이할 때에는 문제를 먼저 확인하고 각 문제별로 필요한 정보를 앞에 수록된 고객 재무정보에서 찾을 수 있는 능력을 기르는 것이 매우 중요합니다.

▶ 종합사례

◆ 종합사례는 하나의 고객 재무정보에서 최소 5개 이상의 과목을 다루며, 각 과목에서 2~3문제가 출제됩니다.
◆ 복합사례와 같이 문제를 먼저 확인하고 앞에 수록된 고객 재무정보에서 필요한 정보를 찾는 능력을 키우는 것이 중요합니다.
◆ 종합사례는 제시된 고객 재무정보가 많지만 각 문제마다 필요한 정보의 위치가 정형화되어 있습니다. 본 교재 종합사례 문제 해설마다 수록된 [필요정보]를 참고하여 각 문제별로 필요한 정보를 파악하는 연습을 꾸준히 하는 것이 중요합니다.
◆ 종합사례는 빠른 시간 안에 많은 정보를 파악하여 문제를 풀어야 하므로, 고객 재무정보가 필요 없는 문제부터 푸는 것이 좋은 방법 중 하나입니다. 예를 들어 투자설계의 가중평균자본비용을 구하는 문제, 보험설계의 자동차 보험의 사망보험금을 구하는 문제를 먼저 풀고, 고객 재무정보를 확인하며 푸는 은퇴·세금·상속설계 문제를 나중에 푸는 것이 좋습니다.

세부과목별 학습가이드

I. 재무설계 원론

장래 필요자금, 매년의 저축액을 구하는 문제가 자주 출제되므로 꼼꼼히 학습하시기 바랍니다.
또한 **개인재무설계 사례집(한국FPSB 발간)에 수록된 문제를 변형한 문제도 자주 출제되므로 문제를 정확하게 이해**하고 반복 학습하는 것이 중요합니다.

II. 위험관리와 보험설계

출제되는 문제 유형이 정형화되어 있기 때문에 유형별 풀이 방법을 확실히 연습해 놓는다면 비교적 수월하게 풀이할 수 있습니다. 또한 **자동차보험, 실손의료보험 등과 같은 지식형 이론을 사례문제로 접목시킨 문제가 출제**되고 있으므로, 지식형에서 학습한 이론을 사례문제에 적용할 수 있어야 합니다.

III. 투자설계

채권가격 및 듀레이션 계산, 정률성장배당할인모형 등 투자공식을 활용하여 푸는 문제가 많이 출제되므로, **기본서(한국 FPSB 발간)에 수록된 공식을 정확하게 암기**하고 문제를 반복하여 풀이하시기 바랍니다.

IV. 부동산설계

BTCF를 이용한 부동산 가치평가 및 타당성 분석, 대환대출 등의 문제가 자주 출제되므로 **자주 출제되는 유형의 문제 위주로 정확하게 풀이할 수 있는 연습을 꾸준히** 하시기 바랍니다.
또한 난도가 높아질 경우 상속설계와 결합되어 출제될 수 있으므로 부동산 상속 및 증여 관련 이론을 반드시 익혀두는 것이 중요합니다.

V. 은퇴설계

전체 문제 중 풀이하는 시간이 가장 오래 걸리는 과목이므로, **평소 문제를 정확하게 푸는 연습이 필요합니다.** 시험이 얼마 남지 않은 시점에서는 실전처럼 시간을 재가며 문제 푸는 연습을 하시기 바랍니다.
또한 최근 시험에서는 지식형 내용을 함께 묻는 문제가 출제되고 있으므로 관련 이론을 철저히 학습하면 문제풀이 시간을 단축할 수 있습니다.

VI. 세금설계

종합소득공제, 금융소득금액, 부담부증여 시 양도소득 산출세액 등의 계산문제가 자주 출제되므로, **기본서(한국 FPSB 발간)에 수록된 세금 과세체계를 반드시 암기**하여야 합니다. 특히 양도소득세의 경우 상속 및 증여세와 결합된 유형의 문제가 출제될 수 있으므로 관련 내용을 연계하여 학습하시기 바랍니다.

VII. 상속설계

이론을 묻는 지식형 문제와 민법상 상속인들의 상속분, 세법상 상속세와 증여세 등의 계산문제가 자주 출제됩니다.
지식형과 사례형을 구분하여 학습하기보다는 지식형 학습내용을 기반으로 사례형에서 출제될 수 있는 내용을 추가로 학습하시기 바랍니다.

사례형 참고정보

문제풀이를 위한 일반 가정

◆ 각 문제의 일반 계산이나 TVM 계산 시 별도의 지시사항이나 지문이 없을 경우 중간 계산의 값은 참값 또는 반올림하여 사용합니다.
◆ 투자(대출)상품의 투자수익률(대출이율)은 별도의 언급이 없는 한 연복리를 말하며 이외의 경우 별도로 표기합니다.
◆ 문제의 지문이나 보기에서 별다른 제시가 없으면, 모든 개인은 세법상 거주자이고, 모든 법인은 내국법인이며 모든 자산, 부채 및 소득은 국내에 있거나 국내에서 발생한 것으로 가정하고, 주식은 국내 제조법인의 주식으로서 우리사주조합원이 보유한 주식이 아니며, 소득세법상 양도소득세 세율이 누진세율(6 ~ 45%)로 적용되는 특정주식 등 기타자산에 해당하지 않는 일반주식이라고 가정합니다.
◆ 문제의 지문이나 보기에서 별다른 제시가 없으면, 나이는 만 나이이며, 기준시점은 1월 초이고 나이로 표시된 시점은 해당 나이의 기시 시점입니다.

문제풀이를 위한 참고자료

Ⅰ. 종합소득세 세율

과세표준	세 율	
14,000천원 이하	과세표준 × 6%	과세표준 × 6%
14,000천원 초과 50,000천원 이하	840천원 + 14,000천원 초과액의 15%	과세표준 × 15% - 1,260천원
50,000천원 초과 88,000천원 이하	6,240천원 + 50,000천원 초과액의 24%	과세표준 × 24% - 5,760천원
88,000천원 초과 150,000천원 이하	15,360천원 + 88,000천원 초과액의 35%	과세표준 × 35% - 15,440천원
150,000천원 초과 300,000천원 이하	37,060천원 + 150,000천원 초과액의 38%	과세표준 × 38% - 19,910천원
300,000천원 초과 500,000천원 이하	94,060천원 + 300,000천원 초과액의 40%	과세표준 × 40% - 25,940천원
500,000천원 초과 1,000,000천원 이하	174,060천원 + 500,000천원 초과액의 42%	과세표준 × 42% - 35,940천원
1,000,000천원 초과	384,060천원 + 1,000,000천원 초과액의 45%	과세표준 × 45% - 65,940천원

Ⅱ. 상속세 및 증여세 세율

과세표준	세 율	
100,000천원 이하	과세표준 × 10%	과세표준 × 10%
100,000천원 초과 500,000천원 이하	10,000천원 + 100,000천원 초과액의 20%	과세표준 × 20% - 10,000천원
500,000천원 초과 1,000,000천원 이하	90,000천원 + 500,000천원 초과액의 30%	과세표준 × 30% - 60,000천원
1,000,000천원 초과 3,000,000천원 이하	240,000천원 + 1,000,000천원 초과액의 40%	과세표준 × 40% - 160,000천원
3,000,000천원 초과	1,040,000천원 + 3,000,000천원 초과액의 50%	과세표준 × 50% - 460,000천원

Ⅲ. 장기보유특별공제율

토지·건물		1세대 1주택			
보유기간	공제율	보유기간	공제율	거주기간	공제율
–	–	3년 이상 4년 미만	12%	2년 이상 3년 미만	8%
3년 이상 4년 미만	6%			3년 이상 4년 미만	12%
4년 이상 5년 미만	8%	4년 이상 5년 미만	16%	4년 이상 5년 미만	16%
5년 이상 6년 미만	10%	5년 이상 6년 미만	20%	5년 이상 6년 미만	20%
6년 이상 7년 미만	12%	6년 이상 7년 미만	24%	6년 이상 7년 미만	24%
7년 이상 8년 미만	14%	7년 이상 8년 미만	28%	7년 이상 8년 미만	28%
8년 이상 9년 미만	16%	8년 이상 9년 미만	32%	8년 이상 9년 미만	32%
9년 이상 10년 미만	18%	9년 이상 10년 미만	36%	9년 이상 10년 미만	36%
⋮	⋮	10년 이상	40%	10년 이상	40%
15년 이상	30%				

Ⅳ. 퇴직소득세 계산 시 근속연수 대비 소득공제

근속연수	공제액
5년 이하	100만원 × 근속연수
5년 초과 10년 이하	500만원 + 200만원 × (근속연수 − 5년)
10년 초과 20년 이하	1,500만원 + 250만원 × (근속연수 − 10년)
20년 초과	4,000만원 + 300만원 × (근속연수 − 20년)

Ⅴ. 퇴직소득세 계산 시 환산급여 대비 소득공제

환산급여	공제액
800만원 이하	환산급여의 100%
800만원 초과 7,000만원 이하	800만원 + 800만원 초과분의 60%
7,000만원 초과 1억원 이하	4,520만원 + 7,000만원 초과분의 55%
1억원 초과 3억원 이하	6,170만원 + 1억원 초과분의 45%
3억원 초과	5,170만원 + 3억원 초과분의 35%

Ⅵ. 연금소득공제액 (최대 900만원 한도)

총연금액	공제액
350만원 이하	전액 공제
350만원 초과 700만원 이하	350만원 + 350만원 초과분의 40%
700만원 초과 1,400만원 이하	490만원 + 700만원 초과분의 20%
1,400만원 초과	630만원 + 1,400만원 초과분의 10%

단일사례

단일사례
TEST 1

01

다음은 김상중씨의 재무상태표이다. 이에 대한 분석 내용으로 가장 적절하지 않은 것을 고르시오.

재무상태표(2024년 12월 31일 현재)

(단위 : 천원)

자 산				부채 및 순자산			
항 목		금 액	명 의	항 목		금 액	명 의
금융 자산	현금성자산			유동 부채	신용카드 잔액	12,500	김상중
	현금						
	CMA	20,000	김상중				
	보통예금	10,000	김상중	비유동 부채	주택담보 대출잔액[1]	( )	김상중
	저축성자산						
	정기예금	100,000	김상중				
	투자자산			총부채		( )	
	상장주식	80,000	김상중				
	주식형 펀드	210,000	김상중				
	금융자산 총액	420,000					
부동산 자산	토 지	300,000	김상중				
	부동산자산 총액	300,000					
사용 자산	주거용 아파트	700,000	김상중				
	자동차	20,000	김상중				
	콘 도	10,000	김상중				
	사용자산 총액	730,000					
기타 자산	퇴직연금 등						
	보험해약 환급금						
	기타자산 총액	0					
총자산		1,450,000		순자산		( )	

[1] 현재 거주 중인 주택을 구입하면서 K은행으로부터 2억원을 대출기간 20년, 이자율 연 7.5% 월복리, 매월 말 원리금균등분할상환 조건으로 대출받음(2024년 12월 말 현재 42회차 상환하였음)

① 저축성자산은 2024년 12월 31일 재무상태표 작성일 당시 해지한다고 가정하였을 경우의 환급금을 기록한다.

② 주식형펀드 210,000천원은 2024년 12월 31일 재무상태표 작성일 당시의 평가금액을 표시한 것이다.

③ 주거관련부채부담율은 30% 이하로 부채 규모가 위험한 수준이 아니다.

④ 총부채부담율은 40%를 초과하여 부채비율이 과다한 것으로 분석되므로 부채관리 프로그램을 세부적으로 세워야 한다.

⑤ 김상중씨의 비상예비자금 분석 시 유동자산은 130,000천원이다.

02 □□□

박중훈씨 부부는 자녀의 대학교육비를 마련하기 위해 투자를 시작한 후 3년이 지난 시점에서 투자내용을 재평가하였다. 그 결과 세후투자수익률과 교육비상승률에 대한 변화가 다음과 같이 예상되어 교육자금 마련방안에 대한 수정이 불가피한 상황이다. 현재시점에서 매년 말 저축해야 할 금액으로 가장 적절한 것을 고르시오.

[3년 전 시점의 상황]

• 자녀 나이 : 9세

• 대학교육비는 3년 전 시점의 물가기준으로 15,000천원이 19세부터 4년간 매년 초에 필요하며, 매년 교육비상승률만큼 상승함

• 세후투자수익률 : 연 7%

• 교육비상승률 : 연 5%

• 자녀 대학자금을 위한 준비자금 : 정기예금 20,000천원

• 부족한 교육자금 마련을 위한 투자는 자녀의 대학입학 전까지 10년간 매년 말 정액으로 이루어짐

[현재시점 변동사항]

• 자녀 나이 : 12세

• 연간 필요 교육비 : 17,364천원(현재물가기준)

• 세후투자수익률 : 연 6%

• 교육비상승률 : 연 4%

---

① 3,875천원　　② 4,681천원　　③ 5,543천원

④ 6,233천원　　⑤ 8,263천원

03 □□□

정은성씨는 현재 7세인 자녀의 교육 및 결혼자금을 마련할 계획을 세우고자 한다. 자녀의 교육 및 결혼자금 관련 정보가 다음과 같을 경우 현재시점에서 총 필요한 자금을 구하고, 부족자금 마련을 위해 현재 납입하고 있는 저축에 추가적으로 저축할 경우 매월 추가되는 저축금액으로 가장 적절한 것을 고르시오.

[자녀 교육 및 결혼자금 관련 정보]

- 고등학교 입학시기 : 16세
- 대학교 입학시기 : 19세
- 결혼시기 : 30세
- 교육비 지출기간 : 고등학교 3년, 대학교 4년
- 예상 교육비용 : 현재물가기준으로 연간 고등학교 10,000천원, 대학교 25,000천원
- 예상 결혼비용 : 현재물가기준으로 100,000천원
- 교육비용 및 결혼비용은 매년 초에 필요하며, 모두 매년 물가상승률만큼 상승하는 것으로 가정함

[저축 관련 정보]

- 세후투자수익률 : 연 6%
- 물가상승률 : 연 4%
- 자녀 교육 및 결혼자금을 마련하기 위해 지금까지 매월 말 500천원씩 저축해 왔으며, 현재 저축 적립액은 20,000천원임(저축은 자녀가 고등학교에 입학하기 전까지 하는 것으로 가정함)

	현재 총 필요자금	추가되는 월 저축액
①	166,668천원	1,150천원
②	166,668천원	1,249천원
③	178,913천원	1,150천원
④	178,913천원	1,249천원
⑤	178,913천원	1,749천원

04

□□□

장미진씨는 은행에 목돈을 예치해두고 매달 생활비 목적으로 일정 금액을 인출하여 사용할 계획이다. 그런데 최근 알아본 상품의 금리가 낮아 생활비를 충당하지 못할 것으로 예상되어 인출 계획을 변경하려 한다. 다음의 정보를 고려했을 때, 실제 상품 가입 시 최초 계획과 동일한 금액을 인출한 경우 수령기간이 얼마나 줄어드는지, 그리고 인출기간과 인출금액을 최초 계획대로 유지하고 싶다면 현재 추가적으로 준비해야하는 금액이 얼마일지 가장 적절한 것을 고르시오. (단, 최초 계획 시점과 실제 상품 가입 시점 사이에 시차는 없는 것으로 가정함)

[최초 계획]

• 준비자금 : 100,000천원
• 수령기간 : 5년
• 수령방법 : 지금부터 매월 초 동일한 금액을 인출
• 금리 : 연 5% 월복리

[실제 상품]

• 금리 : 연 2% 월복리

	줄어드는 수령기간	추가준비금
①	약 4개월	7,397천원
②	약 4개월	7,665천원
③	약 4개월	8,098천원
④	약 10개월	9,320천원
⑤	약 10개월	10,169천원

김정호씨(50세)는 10년 전 사업을 시작하면서 A은행에서 사업자금 대출을 받아 지금껏 상환하고 있었다. 김정호씨의 CFP® 자격인증자는 최근 금리가 하락하여 A은행보다 낮은 이율로 대출해주는 B은행이 있다는 사실을 알고, 이곳의 대출로 대환을 고려하는 것이 어떻겠냐는 제안을 하려고 한다. 김정호씨가 B은행 대출로 대환하는 경우 줄어드는 매월 상환액으로 적절한 것을 고르시오. (단, 대환대출에 따른 제반비용은 고려하지 않음)

[A은행 대출 내역]
- 대출일자 : 2014년 1월 초
- 대출금액 : 300,000천원
- 상환기간 : 20년
- 상환조건 : 매월 말 연 7.40% 월복리 원리금균등분할상환

[고려 중인 B은행 대출]
- 대출일자 : 2024년 1월 초
- 대출금액 : 현재시점 A은행의 대출잔액
- 상환기간 : 10년
- 상환조건 : 매월 말 연 4.10% 월복리 원리금균등분할상환

① 239천원   ② 334천원   ③ 549천원
④ 602천원   ⑤ 936천원

06

다음 정보를 고려할 때 이정재씨가 2024년 1월 초 현재 사망 시 니즈분석 방법에 따른 추가적인 생명보험 필요보장액으로 가장 적절한 것을 고르시오. (단, 부양가족 생활비 계산 시 국민연금 유족연금을 반영함)

이정재씨(40세)는 중소기업 과장으로 연소득은 세후 60,000천원이며, 배우자인 김연희씨(40세)는 전업주부이다. 막내는 현재 13세이며, 막내의 독립시기는 28세이다.

[유가족의 필요자금]

- 이정재씨 사망에 따른 사후정리자금 : 15,000천원
- 가장 사망 시 유족생활비 : 막내 독립 전에는 현재물가기준 48,000천원, 막내 독립 후에는 막내 독립 전 생활비의 50%로 가정하며, 김연희씨는 89세 말까지 생존한다고 가정함
- 현재 주택담보대출 잔액(이정재 사망 시 전액상환) : 이정재씨 부부는 10년 전 주택 구입 시 200,000천원의 대출(대출기간 20년, 매월 말 원리금균등분할 상환 방식, 대출이율 고정금리 연 3.5% 월복리)을 받았으며, 2023년 12월 말까지 120회차 상환함

[준비자금]

- 이정재씨의 종신보험(피보험자 이정재)의 사망보험금 : 200,000천원
- 이정재씨 사망 시 국민연금 유족연금 : 이정재씨 사망시점부터 현재물가기준으로 연 8,000천원이 지급됨(유족연금의 지급정지는 없다고 가정함)

[경제지표 가정]

- 물가상승률 : 연 4.0%
- 세후투자수익률 : 연 7.0%
- 국민연금의 부양가족 연금액은 고려하지 않음
- 유족생활비는 매년 초 필요하고, 국민연금 유족연금은 매년 초 수령하며, 유족생활비와 국민연금 수령액은 매년 물가상승률만큼 증액됨

---

① 220,932천원

② 225,780천원

③ 420,932천원

④ 524,873천원

⑤ 662,539천원

07
□□□

송지석씨(40세)는 자녀 교육이 끝나는 시점인 65세를 보장기간으로 하는 1억원의 사망보장보험에 가입하고자 한다. 정기보험은 보험료는 저렴하지만 만기에 환급금이 전혀 없다는 점이 마음에 걸리고, 종신보험은 환급금은 있으나 보험료가 비싸 고민하고 있다. 송지석 고객의 선택을 돕기 위해 정기보험의 보험료에다 종신보험의 해약환급금(25년 경과시점)에 해당하는 금액을 수령할 수 있는 저축금액을 더하여 종신보험의 보험료와 비교해 주고자 한다. 종신보험에 가입하는 방안을 A안, 정기보험 가입과 별도의 저축을 동시에 하는 방안을 B안이라고 할 때, 아래 정보를 참고하여 두 가지 제안을 비교한 내용에 대한 적절한 설명을 고르시오.

[보험 관련 정보]
- 사망보장 100,000천원의 종신보험(25년납)의 월보험료는 125천원이며, 25년 경과시점의 해약환급금은 28,000천원으로 예상됨
- 사망보장 100,000천원의 정기보험(25년 만기, 전기납)의 월보험료는 43천원이며, 해약환급금은 없음
- 저축금액 산출을 위해 지금부터 25년간 매월 말 정액으로 세후투자수익률 연 4.0% 월복리 상품에 저축함

---

① A안의 납입금액이 B안에 비해 매월 약 28천원 저렴하다.
② A안의 납입금액이 B안에 비해 매월 약 45천원 저렴하다.
③ B안의 납입금액이 A안에 비해 매월 약 28천원 저렴하다.
④ B안의 납입금액이 A안에 비해 매월 약 45천원 저렴하다.
⑤ B안의 납입금액이 A안에 비해 매월 약 62천원 저렴하다.

단일사례

TEST 1

TEST 2

TEST 3

TEST 4

해커스 CFP 사례형 핵심문제집

08 □□□

5인 가족의 가장인 김윤수씨(중소기업 부장, 연봉 72,000천원)는 신축된 지 3년 지난 140.2m²의 아파트에 입주할 예정이며, 이 아파트는 철근콘크리트조 슬래브지붕 구조의 12층짜리 아파트이다. 이사하면서 새로운 가구를 많이 장만할 예정이며, 그 중에는 주택종류상 '상'으로 분류되는 고가의 품목도 많다. 다음의 자료를 활용하여 김윤수씨의 아파트 및 가재도구에 대한 간이 보험가액을 현재 시점에서 계산하고자 할 때, 아파트와 가재도구의 현재가 액을 합한 값으로 가장 적절한 것을 고르시오.

[간이 건물신축단가표]

용 도	구 조	m²당 단가 (천원)	경년 감가율
아파트	철근콘크리트조 슬래브지붕 (5층 이하)	624.20	1%
	철근콘크리트조 슬래브지붕 (6 ~ 14층 이하)	627.30	1%
	철근콘크리트조 슬래브지붕 (15층 이상)	642.40	1%

[가재도구 보험가액 간이평가 관련 자료]

구 분	주택종류	주택규모	가족수	월평균 수입
고객상황	아파트(상)	132.0 ~ 148.5m²	5인	5,500천원 이상
금액	14,454천원	20,067천원	15,501천원	43,896천원
가중치	11.80%	29.99%	19.81%	38.40%

① 103,530천원

② 112,960천원

③ 240,724천원

④ 275,442천원

⑤ 374,526천원

09

다음 정보를 고려할 때, 가해차량이 가입된 자동차보험 약관상 안선미씨에게 지급되는 후유장애보험금으로 가장 적절한 것을 고르시오.

> [지급보험금 관련 정보]
>
> 안선미씨는 자가용을 운전하던 중 추돌사고를 당해 다리에 큰 부상을 입었으며, 노동능력상실률 55%의 판정을 받았다.
> - 부상자 : 안선미(1988년 5월 12일생)
> - 사고일 : 2024년 1월 25일
> - 안선미씨의 과실비율 : 25%
> - 안선미씨의 인적사항
>   - 연령 : 만 35세(취업가능월수 : 351개월)
>   - 월평균 현실소득액 : 3,600천원
> - 적용 호프만계수 : 215.9858
> - 상대방 가해 승용차는 개인용자동차보험의 모든 담보에 가입되어 있음

① 223,920천원

② 264,663천원

③ 270,303천원

④ 301,257천원

⑤ 336,517천원

단일사례

TEST 1

TEST 2

TEST 3

TEST 4

해커스 CFP 사례형 핵심문제집

투자설계

10 □□□

자산 A, B, C로 구성된 포트폴리오의 기대수익률이 14.95%이고, 자산 B의 투자비중이 35%이다. 자산 A, B, C의 기대수익률과 표준편차, 각 자산별 상관계수가 다음과 같다. 이 때 자산 A와 자산 C의 투자비중, 포트폴리오의 표준편차를 구하시오.

자 산	기대수익률	표준편차	상관계수		
			자산 A	자산 B	자산 C
A	10%	4.5%	1.0	−	−
B	22%	0%	0.3	1.0	−
C	13%	6%	0.1	0.2	1.0

	자산 A의 투자비중	자산 C의 투자비중	포트폴리오 표준편차
①	25%	40%	2.45%
②	25%	40%	2.75%
③	30%	35%	2.45%
④	40%	25%	2.45%
⑤	40%	25%	2.75%

11 □□□

원화와 달러화 간의 현물환율이 1,100원/$이며, 향후 1년간 기대인플레이션율과 명목이자율이 다음과 같이 예상될 때, 1년 후의 원/달러 환율의 기대치를 구매력평가설과 이자율평가설에 의해 구하시오.

구 분	한 국	미 국
기대인플레이션율	3%	1%
명목이자율	5%	2%

	구매력평가설	이자율평가설
①	1,079원/$	1,069원/$
②	1,089원/$	1,089원/$
③	1,102원/$	1,102원/$
④	1,112원/$	1,122원/$
⑤	1,122원/$	1,132원/$

12 ☐☐☐

㈜동현해운은 이익의 30%를 주주들에게 배당하며, 그 외 ㈜동현해운 주식과 관련된 정보는 아래와 같다. 주식시장의 기대수익률이 12%이고 무위험수익률이 4%일 때, 정률성장배당할인모형으로 계산한 2024년도 ㈜동현해운 주식의 현재가치로 가장 적절한 것을 구하시오.

[㈜동현해운 주식 관련 정보]
- 자기자본이익률(ROE) : 9%
- 2024년도 배당금 : 12,500원
- 베타계수 : 0.7

① 약 130,208원   ② 약 138,411원   ③ 약 210,912원
④ 약 378,787원   ⑤ 약 402,651원

13 ☐☐☐

CFP® 자격인증자는 민영준 고객과 상담을 하던 중 고객이 자금이 필요하여 보유한 채권을 매도해야 한다는 사실을 알게 되었다. 보유하고 있는 채권은 국민주택 1종, 5년 만기 연복리채 채권이다. 이 채권을 아래의 조건으로 매매할 경우 채권의 세전매매단가로 가장 적절한 것을 고르시오. (단, 1년은 365일로 가정함)

[국민주택 1종 채권 관련 정보]
- 발행일 : 2022년 10월 31일
- 만기일 : 2027년 10월 31일
- 매매일 : 2024년 5월 20일
- 표면금리 : 3.0%
- 매매수익률 : 4.35%
- 잔존일수 : 3년 164일

① 약 8,978원   ② 약 9,989원   ③ 약 10,006원
④ 약 10,268원   ⑤ 약 11,592원

14

박상민씨는 서울 서초지역에서 상가를 운영하고 있다. 현재 연간 순영업수익은 100,000천원이며, 순영업수익 산정 시 공실률은 가능총수익의 5%, 영업경비는 14,000천원이었으며 종합환원율은 20%이다. 그러나 최근 시장환경의 변화로 인해 공실률을 가능총수익의 10%로 적용하는 것이 합리적이라는 전문가의 조언을 듣고 공실률을 조정하여 상가의 가치를 계산하였다. 재계산한 상가의 가치로 가장 적절한 것을 고르시오.

① 440,000천원   ② 470,000천원   ③ 500,000천원
④ 540,000천원   ⑤ 570,000천원

15

고객 진용한씨는 상가에 투자하고자 한다. 다음 정보를 고려할 때 세전할인현금 흐름분석(BTCF)에 의한 상가의 가치로 가장 적절한 것을 고르시오.

[상가 관련 정보]

• 상가의 현재 시세는 800,000천원이며, 임대보증금은 150,000천원, 순영업소득(NOI)은 35,000천원으로 예상
• 상가 매수 시 상가를 담보로 대출받을 예정임 : 대출금 200,000천원, 대출기간 20년, 대출이율 고정금리 연 4.5% 월복리, 매월 말 원리금균등분할상환 방식
• 상가가치상승률 : 연 3.0%

[상가 관련 추가 정보]

• 진용한씨는 2024년 1월 초 해당 상가에 투자하여 10년간 보유 후 10년차 말에 매도할 예정임
• 10년 뒤 해당 상가 매도 시 미상환 대출잔액을 전액 상환
• 보증금은 10년간 변동이 없다고 가정함
• 투자 후 10년차 말 예상 매각금액은 상가가치상승률만큼 증액된 금액으로 매도하며, 매각비용은 매각금액의 15%로 가정함
• 진용한씨의 요구수익률 : 8.0%
※ 연간 순영업소득에서 차감할 연간 원리금상환액은 '월 원리금상환액 × 12개월'로 계산 하며, 대출 만기 전 조기상환에 따른 수수료 및 기타 비용은 없다고 가정함

---

① 429,148천원   ② 642,203천원   ③ 780,236천원
④ 823,765천원   ⑤ 874,660천원

16

□□□

이정훈씨가 투자하고 있는 부동산의 연간 순영업수익(NOI)이 150,000천원이다. 대출조건은 LTV 60%, 대출기간 15년, 연 6% 월복리, 매월 말 원리금균등분할상환 조건이다. 자기자본 투자금에 대한 지분환원율이 8%라고 할 때 금융적 투자결합법을 이용하여 계산한 부동산의 가치로 가장 적절한 것을 고르시오. (환원율 산출 시 소수 일곱째 자리에서 반올림할 것)

① 약 1,392,000천원　② 약 1,561,000천원　③ 약 1,617,000천원
④ 약 1,662,000천원　⑤ 약 1,725,000천원

17

□□□

김상욱씨가 신규로 다음과 같은 서울시내 역세권에 소재한 상가에 투자할 경우 총투자금액을 기준으로 한 Cash on Cash rate로 가장 적절한 것을 고르시오.

[투자예정 상가 관련 정보]

- 매수예정가액 12억원으로 토지가액은 5억원, 건물가액은 7억원
- 임대보증금 2억원, 월 임대료 8,000천원
- 대출금 5억원 승계 조건
- 승계 예정인 대출금의 이자율은 고정금리 연 8.5%, 대출기간 20년, 매년 이자만 지급하다가 만기일시상환함(추가로 신규대출을 받을 경우 대출조건은 승계 예정인 대출금의 대출조건과 동일함)
- 보증금 운용이익 : 연 4.0%
- 공실률 : 5.0%
- 부가가치세와 영업경비는 감안하지 않음

① 7.62%　　② 8.14%　　③ 9.55%
④ 10.27%　　⑤ 11.00%

18
□□□

김상훈씨(48세)는 60세가 되면 은퇴 후 부인과 함께 귀촌 생활을 계획하고 있다. 현재 거주 중인 주택을 은퇴시점에 매각하여 세금 등 매각 부대비용을 차감한 순매각대금의 50%를 귀촌자금으로 사용하고, 나머지 50%는 분할지급식 정기예금에 가입하여 은퇴소득으로서 사용할 계획이다. 김상훈씨가 은퇴기간 18년차에 분할지급식 정기예금에서 수령할 세후연금액과 은퇴기간 동안 수령하는 세후연금액의 은퇴시점 일시금 평가액으로 가장 적절한 것을 고르시오. (단, 분할지급식 정기예금에서 납입원금이 인출된 이후에 지급되는 금액은 모두 이자소득으로 보아 과세하는 것으로 가정함)

[은퇴 관련 정보]
- 은퇴시점 : 김상훈씨 나이 60세에 은퇴 예정
- 은퇴기간 : 25년
- 거주 중인 주택의 시가는 현재시점 기준 4억원이며, 주택가격상승률은 연 2%, 세금 등 매각 부대비용은 매각대금의 5%
- 은퇴자산으로 활용하는 매각대금은 (세전)이율이 연 3%로 예상되는 분할지급식 정기예금에 납입하여 은퇴기간 동안 매년 초 연금으로 수령할 계획

	18년차 세후연금액	은퇴시점 세후일시금 평가액
①	11,366천원	226,297천원
②	11,366천원	233,086천원
③	13,302천원	226,297천원
④	13,302천원	233,086천원
⑤	13,435천원	233,086천원

19

□□□

다음의 정보를 참고했을 때 이영희씨(45세)가 목표로 하는 은퇴생활수준을 충족하기 위해 부족한 은퇴일시금으로 가장 적절한 것을 고르시오. (단, 펀드 환매 시 펀드환매차익은 전액에 대해 배당소득세(지방소득세 포함)를 과세하는 것으로 가정함)

[은퇴 관련 정보]

- 은퇴기간 : 이영희씨 나이 65세부터 25년간
- 은퇴소득목표 : 현재물가기준 연 38,000천원
- 국민연금은 65세부터 매년 초 현재물가기준으로 12,000천원을 수령하는 것으로 가정함
- 현재 준비하고 있는 은퇴자산은 적립식펀드(주식혼합형)뿐이며, 추후 15년 간 매월 말 500천원을 정액으로 투자할 예정임

현재까지의 납입원금	현재 적립금 평가액	(세전)투자수익률
38,000천원	45,000천원	연 5%

- 총은퇴일시금은 은퇴 첫해 부족한 은퇴소득을 초기인출률(IWR) 4.5%를 적용하여 산정함
- 물가상승률 : 연 3%

---

① 263,693천원   ② 289,384천원   ③ 314,085천원

④ 755,137천원   ⑤ 779,838천원

※ 김세라씨는 은퇴소득을 확보하기 위해 추가저축을 계획하고 있다. 다음의 자료를 참고하여 문제 20번과 21번의 질문에 답하시오.

[기본 정보]

- 김세라 : 40세, 근로소득자, 총급여 5,800만원
- 은퇴나이 : 60세
- 은퇴기간 : 25년

[추가저축 관련 정보]

- 저축 계획 : 올해 초부터 20년간 매월 말 300천원씩 저축하고, 60세부터 25년간 매년 초 정액으로 수령(인출)함
- 투자대상 금융상품 : 적립식펀드 또는 연금저축펀드

투자안	투자상품	운용수익률	비 고
(A)	적립식펀드	연 5.0%	- 적립식펀드에서 수령하는 연금(분할금)은 '납입원금 ⇨ 운용수익'의 순서로 인출되는 것으로 가정함 - 은퇴기간 중 수령하는 연금(분할금)은 매년 초에 수령하며, 전액 배당소득세가 과세되는 것으로 가정함
(B)	연금저축펀드	연 5.0%	- 납입금액 전액에 대해 연금계좌세액공제를 받고, 환급세액은 매년 말에 수령하여 전액 연금저축펀드에 재투자함 - 은퇴기간 중 수령하는 연금(분할금)은 매년 초에 수령하며, 전액 연금소득세가 과세되는 것으로 가정함

20

□□□

김세라씨가 투자안 (A)로 저축할 경우, 은퇴기간 동안 수령하는 연금(분할금)의 은퇴시점 세후평가액과 세후투자수익률로 가장 적절한 것을 고르시오.

	은퇴시점 세후평가액	세후투자수익률
①	121,741천원	3.84%
②	121,741천원	4.26%
③	119,375천원	3.84%
④	112,236천원	3.84%
⑤	112,236천원	4.26%

21

□□□

김세라씨가 투자안 (B)로 저축할 경우, 은퇴기간 동안 수령하는 연금(분할금)의 은퇴시점 세후평가액과 세후투자수익률로 가장 적절한 것을 고르시오.

	은퇴시점 세후평가액	세후투자수익률
①	125,183천원	4.63%
②	125,183천원	5.70%
③	131,600천원	4.63%
④	131,600천원	5.70%
⑤	137,454천원	5.70%

22 □□□

다음은 김영준씨의 퇴직연금과 관련된 정보이다. 다음 설명 중 가장 적절하지 않은 것을 고르시오.

[퇴직연금 관련 정보]

김영준씨(35세)가 근무하는 회사는 올해 1월부터 퇴직연금제도를 도입하였으며, 김영준씨는 작년 말까지의 퇴직금을 중간정산하여 수령하고 확정급여(DB)형 퇴직연금에 가입하였다. 김영준씨는 현재 직장에서 59세 말까지 근무하고 퇴직할 것으로 예상된다.

- 퇴직 시 퇴직급여는 IRP계좌로 이전되며, 은퇴시점인 65세부터 20년간 매년 초 연금으로 수령할 예정임
- 연금액은 전액 과세대상 소득이며, 운용에 따른 별도 수수료는 없음
- 퇴직연금계정의 수익률은 연 6%를 적용함
- 김영준씨의 올해 1월 급여는 3,000천원이고, 임금은 매년 초에 연 4%씩 상승함
- 60세 퇴직 시 퇴직소득세(지방소득세 포함)는 5,071천원으로 가정함
- 연금소득 관련 세제는 현재의 세법규정을 적용함

① 김영준씨가 선택한 확정급여형 퇴직연금의 퇴직시점 세전평가금액은 법정퇴직금과 동일하다.

② 김영준씨가 만약 확정기여형 퇴직연금을 선택하였다면 퇴직시점 세전평가금액은 243,905천원이다.

③ 수익률 측면에서만 검토하면 김영준씨는 확정급여형 퇴직연금보다 확정기여형 퇴직연금을 선택하는 것이 유리하다.

④ 김영준씨가 퇴직급여가 이전된 IRP에서 65세부터 연금을 수령할 경우 연금수령연차 5차년도에 과세되는 연금소득세는 335천원이다.

⑤ IRP의 운용수익을 원천으로 연금을 수령할 경우 연금 수급 당시의 연령에 따라 3.3 ~ 5.5%(지방소득세 포함)의 연금소득세가 과세된다.

세금설계

23 □□□

다음은 의료기 도매업체를 운영하는 개인사업자 김효주씨의 2024년도 귀속 사업현황이다. 김효주씨의 2024년도 사업소득과 관련하여 다음의 설명 중 가장 적절한 것을 고르시오. (김효주씨는 복식부기의무자이며, 영업외수익 및 비용은 근로소득에서 발생한 것이 아님)

[2024년도 귀속 사업현황]
- 매출액 : 1,100,000천원(부가가치세 매출세액 100,000천원 포함)
- 매출원가 : 550,000천원
- 판매비와 관리비 : 100,000천원
- 영업외수익 : 3,000천원
- 영업외비용 : 20,000천원
- 상기의 비용 중에는 아래의 항목이 포함되어 있다.
  - 김효주씨의 급여 20,000천원
  - 기업업무추진비한도초과액 1,000천원, 주차위반벌과금 1,000천원, 사용자가 부담하는 고용보험료 8,000천원
- 종합소득공제 : 10,000천원

---

① 김효주씨가 추계에 의한 방법으로 2024년도 사업소득을 신고하여도 무기장가산세가 부과되지 않는다.
② 김효주씨가 기본공제대상자인 자녀를 위해 의료비를 지출하였을 경우, 김효주씨는 의료비세액공제를 받을 수 있다.
③ 김효주씨는 종합소득과세표준 확정신고 시 해당 사업소득에 대하여 복식부기에 따라 기장하였으므로 기장세액공제를 받을 수 있다.
④ 부가가치세 매출세액 100,000천원은 사업소득 총수입금액에 포함되는 금액이다.
⑤ 김효주씨의 2024년도 귀속 소득이 사업소득뿐이라면 종합소득 산출세액은 112,060천원이다.

김재선씨는 5년 전 생활용품을 수입하여 국내 유통업체에 공급하는 ㈜한성무역을 설립하였다. 설립 당시 지분구조는 김재선씨 25%, 김재선씨의 조카인 김정호씨 20% 그리고 김재선씨와 특수관계가 없는 A, B, C 세 명이 나머지 55%를 각각 13%, 22%, 20%씩 소유하였다. 2024년 7월 7일 김재선씨가 주주 C의 지분 20%를 인수하는 경우 김재선씨가 납부하여야 할 취득세로 적절한 것을 고르시오.

[2024년 7월 7일 현재 ㈜한성무역 자산 현황]

(단위 : 천원)

구 분	취득가액	감가상각누계액	장부가액
본사 토지	1,000,000	–	1,000,000
본사 건물	800,000	250,000	550,000
차량운반구	100,000	30,000	70,000
재고자산 (수입 생활용품 등)	300,000	–	300,000
합 계	2,200,000	280,000	1,920,000

① 6,480천원 ② 8,060천원 ③ 14,580천원
④ 21,060천원 ⑤ 24,960천원

25

□□□

전자제품 도소매업을 하는 개인사업자 현수철씨는 2024년 귀속 소득과 관련하여 종합소득 신고서를 제출하였다. 현수철씨의 종합소득세 신고 정보와 관련하여 다음의 설명 중 가장 적절한 것을 고르시오.

[현수철씨의 2024년 종합소득세 신고 정보]

- 사업소득금액 : 28,000천원
- 공익사업과 관련된 지상권 대여로 인한 총수입금액 : 3,000천원(실제 소요된 필요경비 없음)
- 정기예금이자 : 20,000천원
- 채권 매매차익 : 30,000천원
- 내국법인A 주식의 현금배당 : 30,000천원
- 외국법인B 주식의 현금배당 : 30,000천원(국내에서 원천징수되지 않음)
- 종합소득공제 : 3,000천원

① 기타소득금액은 600천원이다.
② 기타소득금액을 분리과세하는 것이 2024년 종합소득세 신고에 더 유리하다.
③ 기타소득금액을 종합과세할 경우 종합소득 과세표준은 142,200천원이다.
④ 공익사업과 관련된 지상권 대여로 인한 실제 필요경비가 2,000천원이라면, 기타소득금액은 1,200천원이다.
⑤ 채권의 매매차익은 배당소득으로 과세되며, Gross-up 대상 항목이다.

26 □□□

이정현씨는 2024년 10월 거주하고 있는 아파트 A를 양도하고, 보유 중인 아파트 B로 이사하였다. 양도에 관한 정보가 다음과 같을 때 이정현씨의 양도소득세와 관련한 내용으로 적절하지 않은 것을 고르시오. (단, 양도하는 아파트 A와 보유 중인 아파트 B는 조정대상지역 내 주택임)

[아파트 양도 관련 정보]
• 아파트 A 매매계약서 내용
  - 매수인 : 박수빈
  - 매도인 : 이정현
  - 잔금지급일 : 2024년 9월 26일
  - 양도가액 : 15억원
• 아파트 A의 취득가액은 5억원, 필요경비 50,000천원이며, 이정현씨는 취득일(2008년 11월 5일)부터 해당 아파트에 계속 거주함
• 아파트 B는 2010년 7월 20일 S건설로부터 매입하여 전세를 주고 있음

① 1세대 1주택 요건이 갖추어지지 않았으므로 장기보유특별공제율은 30%를 적용한다.
② 아파트 A의 양도소득금액은 950,000천원이다.
③ 아파트 A의 양도소득 과세표준은 947,500천원이다.
④ 아파트 B를 보유하지 않았다면 장기보유특별공제금액은 152,000천원이다.
⑤ 아파트 B를 보유하지 않았을 경우 양도소득세 산출세액은 4,065천원이다.

27

□□□

다음의 가족 정보를 고려했을 때, 이영돈씨가 상속재산 1,000,000천원을 두고 사망하였다면, 이영돈씨 사망으로 인한 박연지씨의 법정상속분으로 적절한 것을 고르시오.

[가족 정보]

• 이영돈씨 가족 : 배우자 김선영, 장남 이석환, 장녀 이윤미
  - 이석환씨는 이영돈씨의 유언장을 보관하던 중 본인의 사업이 어렵게 되자 다른 상속인의 상속분을 상속받기 위하여 유언장을 몰래 파기함
  - 이윤미씨는 교통사고로 이영돈씨 사망 1년 전 사망함
• 이윤미씨 가족 : 배우자 박수현, 자녀 박연지

① 160,000천원
② 240,000천원
③ 360,000천원
④ 480,000천원
⑤ 600,000천원

28

김정호씨는 장남 김정표, 장녀 김정은, 차녀 김정희를 두고 사망하였고, 사망 당시 상속재산 450,000천원과 금전채무 100,000천원이 있었다. 김정호씨는 상속개시 7년 전에 50,000천원을 막내딸인 차녀 김정희에게 증여했고 같은 해 10,000천원을 평소 다니던 절의 주지스님에게 증여하였다. 상속개시 3개월 전에는 본인 모교에 20,000천원을 기증하였다. 이때 김정표의 유류분으로 가장 적절한 것을 고르시오.

① 40,000천원 ② 50,000천원 ③ 60,000천원
④ 70,000천원 ⑤ 80,000천원

29

박창수씨는 배우자 서진영씨에게 임대용 상가건물을 부담부증여하였다. 박창수씨는 증여일로부터 5개월 전에 해당 상가건물을 13억원에 매입하였으며 정부에서 발표한 상가건물의 기준시가는 10억원이었다. 서진영씨는 이 상가건물에 담보된 채무 1억원을 인수하여 실제로 부담하는 조건으로 증여받았다. 다음의 설명 중 적절한 것을 고르시오.

① 원칙적으로 서진영씨는 5개월 전 상가 취득 당시의 기준시가를 기준으로 증여세를 평가하여야 한다.
② 증여일로부터 3개월 전에 해당 상가건물과 유사한 재산이 9억원에 거래되었다면 증여일과 더 가까운 날의 거래가액인 9억원을 평가가액으로 한다.
③ 서진영씨가 증여받은 상가에 대한 증여세 과세가액은 5억원이다.
④ 서진영씨는 해당 증여 건에 대하여 6억원의 증여재산공제를 받을 수 있으며 증여세 산출세액은 1억 2천만원이 된다.
⑤ 당해 상가에 전세보증금이 설정되어 있을 경우 금융권의 대출금이 아니므로 증여재산에서 차감하지 않는다.

30

□□□

허일도씨는 96억원을 남기고 간암으로 사망하였다. 유가족으로는 모친 이순미와 재혼한 배우자 박수민, 자녀 허정민, 허정미, 허정호를 두고 있다. 허정민에게는 자녀 허민정, 허정우가 있으며, 허정미에게는 자녀 박혜림이 있고, 허정호는 미혼이다. 또한 박수민은 전 배우자와의 사이에 낳은 자녀로 미성년자인 심재호가 있다. 이 경우 상속관계에 대한 설명으로 적절한 것을 고르시오. (허일도씨와 박수민씨는 서로의 자녀를 친양자로 입양하지 않음)

① 배우자 박수민이 허일도보다 먼저 사망한 경우 박수민을 피대습자로 하여 박수민의 상속분을 박수민의 자녀 심재호가 대습상속한다.

② 배우자 박수민이 사망한 후 허일도의 모친인 이순미가 사망했을 경우 이순미의 재산을 각각 허일도와 박수민을 피대습자로 하여 심재호가 재대습상속할 수 있다.

③ 허일도가 사망하기 전에 허정민, 허정미, 허정호가 사망한 경우 허민정, 허정우, 박혜림이 손자녀로서 본위상속을 하며, 상속지분은 배우자 박수민이 3/7, 허민정, 허정우는 각각 1/7, 박혜림이 2/7이다.

④ 배우자 박수민과 자녀 허정민, 허정미, 허정호가 모두 상속을 포기한 경우 허민정, 허정우, 박혜림은 상속받을 수 없고 모친 이순미가 96억원을 단독상속받는다.

⑤ 허일도가 박수민과 동시사망하고 자녀 허정민, 허정미, 허정호가 모두 상속을 포기한 경우 손자녀 허민정, 허정우, 박혜림이 각각 32억원씩 본위상속한다.

정답 및 해설 | p.2

단일사례
TEST 2

01

풀어본 횟수를 체크하세요!

다음 심재환씨와 배우자 김승희씨 가계의 현금흐름표를 통한 재무분석과 평가로 가장 적절하지 않은 것을 고르시오.

월간 현금흐름표(2023년 12월)

(단위 : 천원)

구 분	항 목	금 액
Ⅰ. 수입		6,500
Ⅱ. 변동지출	본인 용돈	(375)
	배우자 용돈	(535)
	부모님 용돈	–
	기타 생활비(의식주, 공과금 등)	(820)
	자녀 교육비	(700)
	변동지출 총액	(2,430)
Ⅲ. 고정지출	보장성보험료 등	(500)
	대출이자	( )
	고정지출 총액	( )
저축여력		( )
Ⅳ. 저축·투자액	정기적금	(175)
	적립식펀드	(195)
	개인연금보험료	(160)
	대출상환원금	(1,360)
	저축·투자액 총액	(1,890)
추가저축 여력(순현금흐름)		( )

주) 심재환 세전 연수입 50,000천원, 김승희 세전 연수입 42,000천원, 보너스 없음
주) 주택담보대출 월 대출이자는 1,000천원, 월 대출상환원금은 1,000천원
주) 마이너스통장의 월 대출이자는 60천원, 월 대출상환원금은 360천원

① 심재환씨 가계의 소비성부채비율은 6.46%로 가이드라인인 20%보다 현저히 낮은 수준이라고 평가할 수 있다.

② 심재환씨 가계의 고정지출 총액은 1,560천원이다.

③ 심재환씨 가계의 주거관련부채비율은 26.09%로 가이드라인인 28%보다는 낮지만 근접한 수치이므로 현금흐름 관리에 주의해야 한다.

④ 심재환씨 가계의 총부채상환비율은 37.23%로 가이드라인인 36%보다 다소 높다.

⑤ 심재환씨 가계의 추가저축여력은 620천원으로, 순현금흐름은 (+)이다.

02

현재 전자제품 도소매업체에 근무하고 있는 정명효씨(35세)는 해당 업체에서 영업을 배우고 10년 후 직접 자영업으로 전자제품 도소매업체를 운영할 계획이다. 필요한 창업자금은 매장 임차비용과 기타 비용을 합하여 현재물가기준으로 250,000천원이다. 다음의 정보를 참고하여 10년 후 창업에 필요한 자금과 매년 말 저축액으로 적절한 것을 고르시오.

[창업자금 관련 정보]
- 필요한 창업자금 : 현재물가기준 250,000천원
  - 임차비용 : 현재물가기준 190,000천원, 매년 2.5% 증가
  - 기타비용 : 현재물가기준 60,000천원, 매년 3% 증가
- 창업을 위해 현재 준비된 자금 : 35,000천원
- 세후투자수익률 : 연 4.0%
- 저축은 올해부터 창업 직전까지 매년 말에 정액으로 함

	창업 시 필요자금	매년 말 저축액
①	313,851천원	21,659천원
②	323,851천원	22,659천원
③	327,972천원	21,478천원
④	330,851천원	23,252천원
⑤	330,972천원	34,418천원

03 □□□

강민준씨는 임대상가를 1,200,000천원에 매입하여 5년간 운영한 후 1,500,000천원에 매각할 계획이다. 5년간 매년 말 현금 유출입금액(매도가 미포함)은 1년차 말 유출 200,000천원, 2년차 말 유입 200,000천원, 3년차 말부터 5년차 말까지는 매년 300,000천원 유입이 예상되며, 보유기간 동안 현금 유입에 대해서는 연 4%로 재투자되고, 현금 유출에 대해서는 연 8%의 이자비용이 지출될 경우 임대상가 투자에 대한 수정내부수익률(MIRR)로 가장 적절한 것을 고르시오. (단, 상가 매입 및 매도에 따른 세금 및 부대비용은 없는 것으로 가정함)

① 12.23% ② 13.95% ③ 14.38%
④ 15.82% ⑤ 16.34%

04 □□□

박세창씨는 최근에 자동차를 구입하면서 20,000천원을 대출받았다. 대출조건은 대출이자율 연 5.2% 월복리이고, 대출기간은 3년인데 35개월 동안 매월 말 500천원씩 상환하고 나머지 잔액과 이자는 36개월째에 일시금으로 상환하는 조건이다. 박세창씨가 36개월째에 상환할 금액으로 가장 적절한 것을 고르시오.

① 3,934천원 ② 4,215천원 ③ 4,434천원
④ 4,525천원 ⑤ 4,887천원

05

□□□

김지수씨 부부는 중증장애를 가진 자녀를 부양하고 있다. 부모인 자신들이 사망하더라도 자녀가 생활할 수 있도록 15년 전부터 세후투자수익률 6%인 금융상품에 첫해 말 10,000천원을 시작으로 3%씩 증액하여 저축을 해오고 있다. 이들 부부는 20년 뒤 자신들이 사망한 후, 자녀가 30년간 세후투자수익률 4%인 금융상품에서 매년 초 현재물가기준으로 24,000천원의 연금을 매년 물가상승률만큼 증액하여 지급받을 수 있기를 원한다. 그동안의 투자내역을 바탕으로 목표하는 부양자금을 마련하기 위해 금년부터 자신들의 사망 직전까지 매년 말 추가로 정액저축한다고 할 경우 저축액으로 가장 적절한 것을 고르시오.

[추가 정보]
• 새롭게 저축할 금융상품의 세후투자수익률은 연 5%이며, 15년 전부터 현재까지 저축해온 금액도 전액 세후투자수익률 연 5% 금융상품에 재투자할 예정
• 물가상승률은 연 2%로 가정함

① 1,847천원   ② 2,332천원   ③ 5,766천원
④ 7,751천원   ⑤ 10,181천원

06
□□□

진영한씨는 공장물건에 대하여 보험가입금액 250,000천원의 화재보험에 가입하였다. 3개월 후 원인을 알 수 없는 화재가 발생하여 건물에 대한 재산손해액 240,000천원, 잔존물제거비용 30,000천원, 손해방지비용 3,000천원, 기타협력비용 5,000천원이 각각 발생하였을 경우 화재보험 보통약관을 통해 지급받을 수 있는 보험금으로 가장 적절한 것을 고르시오. (단, 보험가액은 300,000천원임)

① 229,500천원   ② 230,000천원   ③ 231,500천원
④ 232,000천원   ⑤ 233,000천원

07
□□□

다음 정보를 고려할 때 이근영씨(37세)가 오늘 일반사망 시 유가족들이 유동자산만으로 실질적인 가계지출(부양비)을 유지할 수 있는 기간과 가장 가까운 것을 고르시오. (단, 사후정리자금과 국민연금을 감안할 것)

[이근영씨 가계 관련 정보]

이근영씨의 세후 연소득은 60,000천원이고, 부인 이미정씨(32세)의 세후 연소득은 27,000천원이다. 현재 연간 가계지출은 45,000천원인데, 그중에서 이근영씨의 생명보험료 및 용돈 등 본인을 위해 지출하는 비용은 연간 6,000천원이다.

- 자산 및 부채 현황
  - 거주용 주택 : 300,000천원
  - 주식 보유액 : 70,000천원
  - 정기예금 : 50,000천원(20,000천원은 자녀 교육 및 결혼 준비자금)
  - 주택담보대출잔액 : 100,000천원
  - 종신보험 : 50,000천원(60세 만기 정기특약 100,000천원, 재해사망특약 300,000천원 별도)
- 이근영씨 사망 시 상속세 등 사후정리비용은 50,000천원으로 가정하고, 매년 초 4,000천원의 국민연금의 유족연금이 지급됨
- 필요비용은 매기간 초에 필요하고 모든 소득은 매년 초에 지급되며, 모든 비용과 소득은 현재물가기준이고 매년 물가상승률만큼 상승함
- 물가상승률은 연 3%, 세후투자수익률은 연 4%로 적용함

---

① 2년 초과 ~ 3년 이하   ② 6년 초과 ~ 7년 이하
③ 13년 초과 ~ 14년 이하   ④ 17년 초과 ~ 18년 이하
⑤ 20년 초과 ~ 21년 이하

08

□ □ □

박형진씨 부부는 회사에서 가입하는 4세대 단체실손의료보험을 가지고 있다. 보험 정보가 다음과 같을 경우 통원의료비로 보상받을 수 있는 금액으로 가장 적절한 것을 고르시오.

[단체실손의료보험 관련 정보]

• 2023년 1월 기본형(자기부담금 20%)에 특별약관(자기부담금 30%)이 포함된 단체실손의료보험이 가입됨(보험기간 1년, 계약자는 회사, 피보험자·수익자는 박형진 본인임)
• 질병 및 상해 입원 시 통원합산 50,000천원 한도 보상
• (급여 보장대상 의료비) 질병 및 상해 통원 시 회(건)당 200천원
• (비급여 보장대상 의료비) 질병 및 상해 통원 시 회(건)당 200천원(연간 100회 한도)

[질병 통원(외래) 내역]

통원일	진단명	진료기관	급여 진료비		비급여 진료비
			본인부담	공단부담	
2024년 6월 1일	위궤양	A상급 종합병원	50,000원	200,000원	210,000원
2024년 6월 20일	위염	B병원	50,000원	200,000원	185,000원

※ 비급여 진료비에는 3대 비급여 항목에 대한 치료비는 없고 증명서 발급비용이 5,000원씩 포함된 금액임

---

① 304,500천원
② 310,000천원
③ 326,500천원
④ 331,500천원
⑤ 336,500천원

09 □□□

장호익씨(40세)는 생명보험 필요보장액을 준비하기 위하여 생애가치방법과 니즈분석방법(자녀 독립시점까지의 부양가족 양육비로 한정) 중에서 선택하려고 한다. CFP® 자격인증자는 다음의 정보를 참고하여 두 가지 방법의 생명보험 필요보장액을 비교하여 장호익씨에게 제시하기로 하였다. CFP® 자격인증자가 분석한 추가적인 생명보험 필요보장액에 대한 설명으로 적절한 것을 고르시오.

장호익씨는 중견 전자제품 제조업체에서 부장으로 근무한다. 장호익씨의 연소득은 세후 65,000천원이며, 배우자인 김상미씨(35세)는 세후 연 20,000천원으로 장호익씨 사망 시 30% 감소가 예상된다. 장호익씨에게는 딸 장유정(5세)이 있으며, 장호익씨 가정의 연간지출은 37,000천원이다.

[추가 정보]
- 자산부채현황
  - 거주용 주택 : 500,000천원
  - 정기예금 : 50,000천원
  - 정기보험 : 일반사망보험금 200,000천원
- 장호익씨의 은퇴시기 : 65세
- 김상미씨의 은퇴시기 : 60세
- 자녀 독립시기 : 30세
- 가족 부양비 : 매년 말 장호익씨 세후 연소득의 70%
- 사망 시 유족생활비 : 자녀 독립 전에는 현재 생활비의 70%, 자녀 독립 후에는 현재 생활비의 50%
- 장호익씨 사망에 따른 사후정리금과 유족연금은 반영하지 않으나 유동자산은 반영함
- 부양가족 양육비는 연초에 필요하며 매년 물가상승률만큼 증가됨
- 물가상승률은 연 3.5%, 세후투자수익률은 연 6.5%, 가족 부양비에 대한 할인율은 연 5%로 가정함

---

① 생애가치방법에 의하면 추가적인 생명보험 필요보장액은 641,274천원이 필요하다.
② 니즈분석방법에 의하면 가장 사망 시 필요한 필요보장액을 유동자산이 34,347천원 초과하므로 추가적인 생명보험이 필요 없다.
③ 생애가치방법에 의한 추가적인 생명보험 필요보장액이 니즈분석방법보다 221,911천원 크다.
④ 가장 사망 시 배우자 김상미씨의 소득이 없다고 가정할 경우 니즈분석방법에 의한 추가적인 생명보험 필요보장액은 469,353천원이다.
⑤ 니즈분석방법에 의한 추가적인 생명보험 필요보장액은 215,653천원이다.

10 □□□

유한영씨(44세)는 자가용으로 퇴근하는 도중에 다른 승용차와 충돌하여 사망하였다. 가해차량은 개인용자동차보험의 모든 담보에 가입되어 있을 때, 다음 정보를 참고로 가해차량이 가입된 자동차보험 약관상 지급될 수 있는 유한영씨의 사망보험금으로 가장 적절한 것을 고르시오.

> [지급보험금 관련 정보]
> - 사망일(사고일) : 2024년 6월 28일
> - 유한영씨의 취업가능월수(248개월)에 해당하는 호프만계수 : 170.0685
> - 사고 후 유한영씨의 과실 비율 : 20%
> - 유한영씨의 월평균 현실소득액 : 3,600천원

① 362,923천원   ② 376,923천원   ③ 394,532천원
④ 418,750천원   ⑤ 483,653천원

11

☐☐☐

㈜S전자의 이표채를 다음과 같은 조건으로 매매하는 경우 매매단가로 가장 적절한 것을 고르시오. (단, 1년은 365일로 가정함)

[㈜S전자 이표채 관련 정보]
- **채권종류** : ㈜S전자 회사채
- **발행일** : 2023년 4월 30일
- **만기일** : 2026년 4월 30일
- **매매일** : 2024년 4월 8일
- **액면금액** : 10,000원
- **표면금리** : 3.0%(3개월 이표채)
- **매매수익률** : 6.5%

① 8,821원   ② 9,274원   ③ 9,386원

④ 9,425원   ⑤ 9,792원

12

☐☐☐

증권시장선을 이용하여 판단하였을 때 매수해야 할 주식에 해당하는 것을 모두 나열한 것을 고르시오.

구 분	주식 A	주식 B	주식 C
기대수익률	8.20%	10.23%	11.52%
표준편차	9.50%	18.06%	10.15%
시장수익률과의 상관계수	0.85	0.95	0.82

※ 무위험이자율 : 3.2%, 시장수익률 : 13.5%, 시장수익률의 표준편차 : 12%

① 주식 A
② 주식 B
③ 주식 C
④ 주식 A, 주식 C
⑤ 주식 B, 주식 C

13

☐☐☐

CFP® 자격인증자는 고객의 주식자산을 상장지수펀드(ETF)에 투자하기로 하였다. 3년에 걸친 투자성과가 다음과 같다고 할 때 금액가중 수익률과 연간 시간가중 기하평균수익률, 산술평균수익률로 적절한 것을 고르시오.

[3년간 투자성과 결과]

(단위 : 원)

시 점	투자자금증감	ETF가격	1주당 배당금	ETF증감	ETF잔고수량
0	+100,000,000	10,000	–	+10,000	10,000
1	+220,000,000	11,000	250	+20,000	30,000
2	−60,000,000	12,000	300	−5,000	25,000
3	–	13,000	200	–	25,000

- 현금배당금은 기말에 지급되었으며, ETF 신규매입/매도는 배당락 이후에 이루어졌음
- 현금배당금을 ETF에 재투자하지 않았음
- 투자자금 회수는 ETF를 시장에 매도하여 마련하였음

	금액가중 수익률	기하평균수익률	산술평균수익률
①	8.9%	11.4%	12.8%
②	8.9%	12.8%	11.4%
③	8.9%	13.2%	12.8%
④	11.2%	11.4%	12.8%
⑤	11.2%	12.8%	11.4%

14 ☐☐☐ 김영환씨는 10억원을 가지고 주가지수선물을 이용한 차익거래를 하고자 CFP® 자격인증자에게 시장상황에 대한 분석을 요청하였다. CFP® 자격인증자가 조사한 최근 시장상황을 참고하여 김영환씨가 거래해야 할 차익거래의 종류, 선물계약수, 손익을 계산한 값으로 적절한 것을 고르시오. (단, 1년은 365일로 가정함)

[자본시장 관련 정보]
- KOSPI200지수 : 200.00
- 3개월 CD금리 : 연 2.4%
- 기간 중 배당액지수 : 0.16
- KOSPI200 최근월물 선물가격 : 203.00
- 선물만기까지의 잔존기간 : 95일
- KOSPI200지수선물 거래승수 : 250천원

---

① 매수차익거래, 20계약, 약 9,553천원 이익
② 매수차익거래, 20계약, 약 11,460천원 이익
③ 매수차익거래, 24계약, 약 11,460천원 이익
④ 매도차익거래, 20계약, 약 9,553천원 이익
⑤ 매도차익거래, 24계약, 약 11,460천원 이익

15 □□□

재개발 조합원인 박지호씨는 최근 재개발조합으로부터 재개발 관련 정보를 다음과 같이 안내받았다. 비례율에 따른 박지호씨의 조합원 분담금(추가부담금)으로 가장 적절한 것을 고르시오.

[재개발 관련 정보]

- 총 분양수입금 : 60,000,000천원
- 총 사업비 : 총 분양수입금의 50%
- 종전 자산 총액 : 25,000,000천원
- 박지호씨의 종전 토지 평가액 : 100,000천원
- 종전 건물 평가액 : 50,000천원
- 조합원(박지호) 분양가 : 250,000천원

① 70,000천원 ② 75,000천원 ③ 85,000천원
④ 90,000천원 ⑤ 100,000천원

16 □□□

다음 정보를 고려할 때 원가법에 따른 A부동산 건물의 가치로 가장 적절한 것을 고르시오.

[A부동산 관련 정보]

- A부동산 건물의 연면적 : 150㎡
- 경과연수 : 15년(완공된 지 15년 지남)
- 내용연수는 45년이며, 잔존가치는 20%임
- 재조달원가 : 10년 전 ㎡당 1,000천원, 평가시점 현재 ㎡당 1,500천원
- 감가수정은 정액법에 의함
- 기능적 감가와 경제적 감가는 고려하지 않음

① 110,000천원 ② 130,000천원 ③ 145,000천원
④ 165,000천원 ⑤ 182,000천원

17
□□□

다음 등기사항전부증명서를 통해 토지 A를 분석한 내용 중 가장 적절한 것을 고르시오.

[토지 A 등기사항전부증명서 관련 주요 정보]

• 갑구

순 위	등기목적	접수(년.월.일.)	비 고
4	소유권이전 청구권가등기	제162274호 (2016.08.14.)	• 소유자 : 김준수 • 등기원인 : 매매예약
	소유권이전	제25824호 (2018.12.02.)	• 소유자 : 김준수 • 등기원인 : 매매
4-1	4번등기명의인 표시변경	제19450호 (2016.11.17.)	• 등기원인 : 주소변경 (4번 등기의 부기등기임)
5	소유권이전	제20425호 (2018.10.21.)	• 소유자 : 박지호 • 등기원인 : 매매

• 을구

순 위	등기목적	접수(년.월.일.)	비 고
1	근저당권설정	제185391호 (2016.09.28.)	채권최고액 100,000천원

① 1개의 주등기에는 1개의 부기등기만 가능하다.

② 근저당권은 소유권이전청구권가등기보다 순위번호가 높으므로 권리의 우선순위를 갖는다.

③ 김준수씨가 소유권이전청구권가등기에 의한 본등기를 한 경우 박지호의 소유권이전등기는 말소된다.

④ 토지 A에 설정된 근저당권의 채권최고액은 채무자가 현재 부담한 채무이다.

⑤ 등기사항전부증명서의 열람은 누구나 가능하나, 발급은 해당 부동산의 이해관계인에 한하여 가능하다.

18
□□□

정원식, 나민정씨 부부는 초기인출률을 적용하여 산출한 총은퇴일시금 규모에 맞춰 은퇴자산을 마련하고자 한다. 은퇴기간 동안 은퇴자산의 지속기간을 25년 이상으로 유지하기 위해서는 최소한 은퇴자산 세후투자수익률이 얼마 이상 되어야 하는지 가장 적절한 것을 고르시오.

[은퇴 관련 정보]
- 정원식 : 남편(45세), 중소기업 차장, 연봉 60,000천원
- 나민정 : 부인(40세), 전업주부
- 부부의 은퇴기간 : 정원식씨 65세부터 25년
- 은퇴소득목표 : 연 38,000천원(현재물가기준)
- 은퇴소득 첫해 인출률 : 4.9%
- 국민연금은 정원식씨 나이 65세부터 현재물가기준으로 매년 초 12,000천원을 수령하는 것으로 가정함
- 물가상승률 : 연 3.0%
- 국민연금과 은퇴 후 필요한 소득은 매년 물가상승률만큼 인상됨

① 1.8%
② 2.3%
③ 3.1%
④ 4.8%
⑤ 6.5%

19
□□□

김인호, 이영미씨 부부가 은퇴시점에서 필요한 은퇴일시금 200,000천원을 마련하기 위해 지금부터 15년간의 저축을 계획하고 있다. 다음의 자료를 참고하여 목표로 하는 은퇴자산을 마련하기 위해 올해의 첫 번째 저축금액으로 가장 적절한 것을 고르시오.

[은퇴 관련 정보]

- 김인호(45세) : 남편, 개인사업, 연소득 80,000천원(매년 5%씩 상승)
- 이영미(40세) : 부인, 전업주부
- 부부의 은퇴기간 : 김인호씨 나이 60세부터 25년

[추가저축 관련 정보]

- 저축 계획
  - 1투자기간 중에는 매년 초에 임금인상률만큼 증액하여 매월 말에 저축함 (증액은 매년 초에 연 단위로 증액하는 것으로 함)
  - 2투자기간에는 정액으로 매월 말에 저축함
- 투자기간별 월 저축액

구 분	1투자기간	2투자기간	총투자기간
투자기간	10년	5년	15년
목표수익률	7%	5%	6%
월 저축액	?	400천원	–

① 647천원　　　　② 659천원　　　　③ 711천원
④ 763천원　　　　⑤ 831천원

20 □□□

박경호씨는 몇 년 전부터 은퇴자산 마련을 위해 저축을 해오고 있다. 하지만 현재의 저축만으로는 목표로 하는 은퇴일시금에서 200,000천원이 부족한 상황이다. 부족한 은퇴일시금 마련을 위해 추가저축을 계획하고자 할 때 다음 설명 중 가장 적절하지 않은 것을 고르시오.

[저축 관련 정보]

• 은퇴까지 남은 기간 : 25년
• 현재 저축하고 있는 금융상품

구 분	세후 투자수익률	현재시점 적립금 평가액	매월 말 저축액	남은 저축기간
주식형펀드	7%	40,000천원	400천원	25년
채권혼합형펀드	5%	30,000천원	300천원	25년

• 현재 저축하고 있는 금융상품은 기존과 동일하게 은퇴시점까지 계속해서 저축함
• 새로 추가하는 저축은 25년간 매월 말일에 정액으로 저축함
• 은퇴저축을 위한 투자포트폴리오의 세후투자수익률 : 6%

---

① 박경호씨가 기존의 저축과 추가저축을 통해 은퇴시점에 마련하고자 하는 금액은 1,007,625천원이다.

② 현재 저축하고 있는 금융상품으로만 준비할 경우 주식형펀드와 채권혼합형펀드의 평가액을 현재가치로 환산하면 179,601천원이다.

③ 은퇴자산 포트폴리오 세후투자수익률을 충족하기 위해 현재 추가저축해야 할 일시금은 23,300천원이다.

④ 은퇴자산 포트폴리오 세후투자수익률을 충족하기 위해 추가저축 상품의 세후투자수익률은 연 5.3% 정도가 되어야 한다.

⑤ 은퇴자산 포트폴리오 세후투자수익률을 충족하기 위해 추가저축 상품에 매월 328천원을 저축해야 한다.

21 ☐☐☐

김유미씨(40세)는 퇴직 시 퇴직급여를 IRP로 이전받아 은퇴기간 동안 연금으로 수령할 계획이다. 은퇴시점에서 평가한 IRP의 세후 평가금액으로 가장 적절한 것을 고르시오.

[퇴직연금 관련 정보]

- 퇴직나이 : 60세
- 은퇴나이 : 65세
- 김유미씨의 올해 1월 급여는 6,000천원이며, 급여는 매년 초에 3%만큼 상승함
- 김유미씨는 입사 때부터 확정기여형(DC)형 퇴직연금에 가입하고 있으며, 현재 적립금 평가액은 40,270천원임
- 퇴직급여는 퇴직 시 IRP로 이전받아 은퇴시점인 65세부터 20년간 매년 초 연금으로 수령할 예정임
- 퇴직연금 적립금은 연 5%로 운용하는 것으로 가정함
- 실효퇴직소득세율은 4.5%로 가정함
  - 실효퇴직소득세율은 퇴직소득산출세액을 세전퇴직소득금액으로 나눈 비율(%)임
  - 제시한 실효퇴직소득세율은 지방소득세를 포함하여 산출한 값임

---

① 410,210천원   ② 413,397천원   ③ 423,766천원
④ 444,979천원   ⑤ 457,867천원

22

☐☐☐

김수정씨(46세, 회사에서 DC형 퇴직연금 가입)는 2023년도에 연금저축펀드에 가입했으며, 소득세 절세를 위해 올해 2024년도에 추가로 연금계좌에 가입하고자 한다. 다음의 정보를 참고하여 김수정씨의 2024년 귀속 종합소득세 계산 시 연금계좌세액공제 신청 가능 금액과 연금계좌세액공제 금액(지방소득세 포함)으로 가장 적절한 것을 고르시오.

단일사례 | TEST 1 | TEST 2 | TEST 3 | TEST 4 | 해커스 CFP 사례형 핵심문제집

[연금계좌 관련 정보]

• 2024년 귀속 총급여 : 80,000천원(근로소득 이외에 다른 소득 없음)
• 2024년 연금계좌 납입액
  - 연금저축펀드 : 월 250천원
  - 연금저축보험 : 월 300천원
  - IRP : 월 100천원
  - DC형 퇴직연금(가입자 부담) : 월 120천원

	신청 가능 금액	세액공제 금액
①	8,640천원	1,140천원
②	8,640천원	1,220천원
③	8,640천원	1,426천원
④	9,240천원	1,220천원
⑤	9,240천원	1,525천원

23
□□□

다음은 무주택자 한영진씨가 2024년도에 분양회사로부터 일반분양으로 구입한 아파트(조정대상지역 내)에 대한 내용이다. 한영진씨가 아래와 같은 거래로 인하여 납부해야 하는 거래세(취득세, 농어촌특별세 및 지방교육세)의 합계액과 올해 재산세 납부의무 여부를 옳게 나열한 것을 고르시오.

[아파트 관련 정보]
- 실지취득가액 : 9억원
- 취득세 시가표준액 : 4억원
- 계약서상 잔금지급일 : 2024년 4월 30일
- 실제 잔금지급일 : 2024년 5월 31일
- 등기접수일 : 2024년 6월 2일

① 거래세 합계액 : 11,700천원, 재산세 납부의무 : 없음
② 거래세 합계액 : 31,500천원, 재산세 납부의무 : 있음
③ 거래세 합계액 : 31,500천원, 재산세 납부의무 : 없음
④ 거래세 합계액 : 63,000천원, 재산세 납부의무 : 없음
⑤ 거래세 합계액 : 63,000천원, 재산세 납부의무 : 있음

24

안유진씨는 2015년 3월부터 근무하던 ㈜나래식품에서 2024년 5월 중에 퇴사하였다. 안유진씨가 퇴사하면서 퇴직급여로 85,000천원(비과세소득 5,000천원 포함)을 받았을 때, 안유진씨의 퇴직소득 산출세액으로 적절한 것을 고르시오.

[2024년도 근속연수대비 소득공제]

근속연수	공제액
5 ~ 10년	5,000천원 + 2,000천원 × (근속연수 – 5년)
10 ~ 20년	15,000천원 + 2,500천원 × (근속연수 – 10년)

[2024년도 환산급여대비 소득공제]

환산급여	공제액
8,000천원 이하	환산급여의 100%
8,000천원 초과 70,000천원 이하	8,000천원 + 8,000천원 초과분의 60%
70,000천원 초과 100,000천원 이하	45,200천원 + 70,000천원 초과분의 55%

① 2,500천원 ② 2,823천원 ③ 2,837천원
④ 3,000천원 ⑤ 3,405천원

상장 대기업의 대주주인 강민아씨가 2024년 10월 2일에 보유 주식 전부를 유가증권시장을 통해 다음과 같이 양도할 경우 양도소득 산출세액으로 적절한 것을 고르시오.

[주식 관련 정보]

- **취득일** : 2023년 11월 6일
- **양도가액** : 200,000천원
- **취득가액** : 130,000천원
- **양도비용(증권거래세, 수수료)** : 800천원
- 상기 법인의 주식은 누진세율이 적용되는 기타자산이 아님
- 강민아씨는 2024년도에 상가를 매각한 것 이외에 양도소득세 과세대상 자산을 매각한 사실이 없음

---

① 6,670천원   ② 13,340천원   ③ 13,840천원

④ 20,010천원   ⑤ 20,760천원

26

이성철씨와 박미란씨는 특수관계인이 아닌 자로 ㈜세계로여행사를 함께 운영하고 있다. 다음의 자료를 바탕으로 이성철씨의 종합소득세 결정세액으로 적절한 것을 고르시오.

[2024년도 공동사업에 대한 주요 손익 내역]

- 당기순이익 : 380,000천원
- 상기의 당기순이익 중에는 아래의 항목이 포함되어 있다.
  - 세법상 감가상각비 한도초과액 1,600천원
  - 가사관련경비 21,700천원
  - 벌금 1,700천원
  - 소득세환급금 25,000천원
- 공동사업에 대한 손익분배비율
  - 이성철 : 60%
  - 박미란 : 40%

[2024년도 이성철씨의 다른 종합소득 내역]

- 정기예금 이자수입 : 8,000천원
- 상장주식의 현금배당 : 20,000천원(원천징수세율 14%)
- 투자신탁이익 : 13,000천원(배당소득 과세분, 원천징수세율 14%)
- 출자공동사업자의 배당 : 22,000천원
- 근로소득금액 : 35,000천원
- 종합소득공제 : 5,000천원

---

① 32,830천원
② 86,920천원
③ 96,060천원
④ 98,060천원
⑤ 100,645천원

27
□□□

개인사업자인 전봉진씨는 2024년 6월 20일 지병으로 사망하였다. 다음의 자료를 바탕으로 전봉진씨 사망에 따른 상속세 계산 시 상속세 과세표준으로 적절한 것을 고르시오.

[전봉진씨 상속 관련 정보]

- 상속세 과세표준은 '본래의 상속재산 + 사전증여재산가액 – 상속공제'로 산출함
- 전봉진씨의 상속재산은 배우자, 아들, 딸이 모두 상속받음
- 본래의 상속재산 : 4,000,000천원
- 상속공제는 다음 항목만 적용함
  - 일괄공제
  - 배우자상속공제 : 500,000천원으로 가정함
  - 금융재산상속공제 : 적용 대상 순금융재산은 500,000천원으로 가정함

[전봉진씨의 사전증여 현황]

(단위 : 천원)

수증자	증여일자	증여재산	증여 당시 재산가액	상속 당시 재산가액
배우자	2012년 5월 8일	임대용 상가건물	950,000	1,300,000
아 들	2015년 12월 20일	토 지	1,000,000	1,200,000
딸	2016년 8월 20일	아파트	800,000	850,000
외손자	2018년 11월 15일	주 식	500,000	550,000
며느리	2021년 7월 5일	임대용 오피스텔	300,000	320,000
삼 촌	2021년 10월 8일	현 금	500,000	500,000

---

① 5,500,000천원
② 6,600,000천원
③ 7,700,000천원
④ 8,800,000천원
⑤ 9,900,000천원

28

□□□

오정호씨는 2024년 5월 부친 오병길의 사망으로 부친이 대표이사로 운영하던 ㈜신나라(비상장 중소기업)의 주식을 상속받았다. 다음 자료를 토대로 상속세 및 증여세법상 상속인 오정호씨가 상속받은 ㈜신나라의 주식에 대한 상속재산가액으로 가장 적절한 것을 고르시오.

[㈜신나라 관련 정보]

- ㈜신나라의 발행주식 총수 : 35,000주
- 피상속인의 보유주식수 : 22,750주(오병길씨는 65%의 지분을 소유한 최대주주임)
- 상속개시일 현재 법인의 순자산가액 : 280,000,000원
- 1주당 최근 3년간 순손익액

구 분	2021년	2022년	2023년
1주당 순손익액	800원	830원	880원

- ㈜신나라는 부동산 과다보유 법인이 아니며, 영업권평가액은 없다고 가정하고, 신용평가기관 등이 산출한 추정이익을 순손익액으로 계산하지 않았으며, 순자산가치로만 주식을 평가하는 법인에 해당하지 않음

---

① 151,060,000원　　② 188,825,000원　　③ 226,590,000원

④ 245,472,500원　　⑤ 317,650,000원

29
□□□

김재선씨는 모친 변재순과 배우자 정경미를 두고 사망하였다. 다음 정보를 고려할 때, 상속인들이 청구할 수 있는 유류분 가액으로 가장 적절한 것을 고르시오.

[김재선씨 상속재산 현황]

• 상속개시 시의 상속재산 : 부동산 및 예금 등 60억원
• 상속개시 시의 금전채무 : 20억원

[상속 관련 증여 현황]

• 상속개시 2년 전 친구의 아들에게 대학교육비로 1억원 증여
• A고아원에 30억원을 기부하겠다고 유증

	변재순	정경미
①	0.8억원	1억원
②	1억원	2억원
③	1억원	5.33억원
④	1.33억원	6억원
⑤	2억원	3억원

30

□□□

유언대용신탁과 후견제도에 대한 설명으로 가장 적절하지 않은 것을 고르시오.

① 교통사고로 신체적 제약이 생긴 자의 경우에도 정신적 제약으로 인해 사무처리 능력이 지속적으로 결여되지 않는 한 법원은 성년후견인을 지정할 수 없다.

② 유언대용신탁을 통하면 본인이 생존하는 기간 동안은 신탁재산의 수익자를 본인으로 하고 본인이 사망하는 경우 수익자를 상속인에게 이전하도록 할 수 있다.

③ 수익자연속신탁은 위탁자가 사망 후에 자신이 원하는 대로 수익자를 순차적으로 지정할 수 있어 사후 재산처분에 대해 본인의 의사를 적극적으로 반영시킬 수 있다.

④ 유언으로 본인 사망 후 성년자인 상속인의 후견인을 지정할 수 있다.

⑤ 유언대용신탁은 당사자간 철회를 가능케 한다는 특약을 체결하지 않는 한 유언과 달리 철회의 자유가 인정되지 않는다.

정답 및 해설 | p.18

단일사례
TEST 3

01

↗ ☑☐☐
풀어본 횟수를 체크하세요!

김진호씨는 주택담보대출 상품의 전환을 고민 중이다. 현재는 만기일시상환 방식으로 상환하는 중인데, 원리금균등분할상환 방식의 신규대출로 변경하는 방법을 알아보고자 한다. 대출상품을 변경할 경우 남은 대출기간 동안 부담해야 할 기존 대출과 신규 대출의 총 이자비용의 차이로 적절한 것을 고르시오. (단, 대환대출에 따른 제반 비용은 없다고 가정함)

[기존 대출]

• 현재 대출잔액 : 200,000천원
• 잔여 대출기간 : 15년
• 대출이율 : 연 3% 월복리 고정금리
• 대출상환방식 : 매월 말 이자상환 후 만기일시상환

[신규 대출]

• 대출금액 : 200,000천원
• 대출기간 : 15년
• 대출이율 : 연 2.6% 월복리 고정금리
• 대출상환방식 : 매월 말 원리금균등분할상환

---

① 약 10,871천원 감소
② 약 10,871천원 증가
③ 약 48,257천원 감소
④ 약 48,257천원 증가
⑤ 약 87,771천원 감소

맞벌이 부부인 박수동씨와 김미정씨는 주택담보대출과 자동차대출, 생활비를 위한 카드론 이용 등 많은 양의 부채로 인해 생활에 어려움을 느끼고 있다. 다음 정보를 참고하여 이들 부부의 소비성부채비율로 적절한 것을 고르시오.

[소득 정보]
- 박수동씨의 월 급여소득 : 세후 4,800천원
- 김미정씨의 월 사업소득 : 세후 2,000천원

[부채 정보]
- 주택구입자금대출
  - 대출원금 : 200,000천원, 대출기간 : 20년, 금리 : 연 4.8% 월복리
  - 매월 말 원리금균등분할상환
  - 현재까지 42회 상환하였음
- 자동차대출
  - 대출원금 : 48,000천원, 대출기간 : 5년, 금리 : 연 5.2% 월복리
  - 매월 말 원리금균등분할상환
  - 현재까지 22회 상환하였음
- 카드론대출
  - 대출원금 : 15,000천원, 대출기간 : 3년, 금리 : 연 7.5% 월복리
  - 매월 말 원리금균등분할상환
  - 현재까지 14회 상환하였음

---

① 1.66%   ② 3.22%   ③ 15.54%
④ 20.25%   ⑤ 38.67%

03 □□□

장준영씨는 2023년 350,000천원을 들여 아파트를 구입하면서 5년 동안은 고정금리가 적용되고 그 이후에는 변동금리가 적용되는 모기지론을 이용하였다. 그러나 최근 금리인상에 대한 뉴스를 접하면서 5년 후 금리가 상승하면 어떻게 할지 고민하고 있다. 장준영씨의 효율적인 모기지론 활용방안에 대한 CFP® 자격인증자의 상담내용으로 가장 적절하지 않은 것을 고르시오.

[대출 관련 정보]
- 대출금액 : 150,000천원
- 대출약정기간 : 15년
- 대출시기 : 2023년 9월 1일(원리금상환은 9월 말 시작)
- 대출조건 : 3개월 CD금리연동 대출로 매월 말 원리금균등분할상환 방식
  - 조기상환에 따른 중도상환수수료는 상환금액의 0.5%(3년 이내 상환하는 경우에 한함)
  - 현재까지 적용된 금리는 연 3.5% 월복리
- 2024년 12월 31일 현재 총 16회 상환함
- 장준영씨가 이용하고 있는 모기지는 소득공제조건을 갖추고 있음

① 장준영씨가 매월 부담하는 원리금상환액은 1,072천원이며, 2025년 1월 초에 조기상환을 할 경우 중도상환수수료는 698천원 발생한다.

② 장준영씨가 2024년 한해 동안 납부한 이자는 5,036천원이다.

③ 대출시기로부터 5년 경과 후 고정금리 적용기간이 종료되어 변동금리로 전환되는 시점에서 다른 고정금리 모기지로 전환할 경우 전환대상 대출금 잔액은 108,441천원이다.

④ 대출시기로부터 5년이 경과하여 변동금리가 적용되는 시점에서, 장준영씨가 대출이자율이 연 5.5% 월복리이고 10년 만기 매월 말 원리금균등분할상환 방식의 고정금리 모기지를 새롭게 약정한다면 전환 후 장준영씨가 매월 말 상환해야 하는 원리금은 1,253천원이다.

⑤ 대출금리가 단기간에 급등하지 않고 일시적인 상승세를 보일 경우 변동금리대출을 고정금리대출로 전환하는 것은 오히려 불필요한 비용부담을 가져올 수 있으므로 대출전환 여부는 신중하게 고려해야 한다.

04

□□□

정민석씨는 2024년 6월 아파트를 구입하면서 주택담보대출로 3억원을 대출기간 10년, 변동금리 조건으로 받아 매월 말 원리금균등분할상환 방식으로 상환해 오고 있다. 2024년 6월부터 적용되는 변동금리 대출 금리추이가 다음과 같을 것으로 예상된다면, 2029년 1월 초 시점에서 추정한 이론상의 대출잔액으로 가장 적절한 것을 고르시오. (단, 각 대출시점 사이에는 금리가 동일함)

[변동금리 대출 금리추이]

대출시점	2024. 6.	2025. 12.	2026. 12.	2027. 12.	2028. 12.
연간 대출이율 (월복리)	4.5	3.5	2.7	5.5	6.0

※ 대출상환은 대출시점의 익월부터 이루어지며, 이자상환액은 각 대출시점의 연간 대출이율을 적용하여 계산하는 것으로 가정함

① 약 310,915천원 ② 약 263,123천원 ③ 약 236,068천원
④ 약 207,282천원 ⑤ 약 180,001천원

05
□□□

김우진씨(45세)는 20년 뒤 은퇴하여 전원에서 여가생활을 하고자 하며, 은퇴기간은 20년간 유지할 것으로 예상되어 은퇴생활비 마련을 위해 아래와 같은 상품에 투자하려고 한다. 아래 상품이 매년 달성해야 할 최소한의 세후투자수익률로 가장 적절한 것을 고르시오. (단, 투자기간과 거치기간 동안의 세후투자수익률은 동일함)

[투자상품 A 관련 정보]

• **투자 기간**: 지금부터 10년간 매년 말 20,000천원씩 정액으로 투자한 후 10년간 거치함
• **세후투자수익률**: 은퇴 전 연 (   )%, 은퇴 후 연 5.0%

[은퇴생활비 관련 정보]

• **목표 은퇴 생활비**: 현재물가기준 연 25,000천원
• **물가상승률**: 은퇴 전과 후 모두 연 3.0%
• 은퇴생활비는 매년 초 지출되고 매년 물가상승률만큼 증액됨

---

① 4.18%   ② 6.87%   ③ 8.76%

④ 9.37%   ⑤ 10.31%

06

보험가액이 400,000천원인 주택에 화재가 발생하였다. 화재로 인한 손해가 다음과 같을 경우 주택화재보험 보통약관상 주택화재로 지급되는 보험금으로 가장 적절한 것을 고르시오. (단, 보험가입금액은 240,000천원으로 가정함)

[화재로 인한 손해액 및 비용]

- 재산손해액 : 100,000천원
- 잔존물제거비용 : 20,000천원
- 손해방지비용 : 5,000천원
- 기타협력비용 : 5,000천원

① 78,000천원 ② 86,550천원 ③ 90,500천원
④ 93,750천원 ⑤ 100,400천원

07

이상민씨의 창고에는 상품 및 재고품 등을 보관하고 있으며, 판매상황에 따라 재고품은 매월 변동이 있다. 이러한 변동에도 불구하고 상품 및 재고품을 실제 재고가액으로 보상받기 위해 화재보험에 재고가액통지특별약관을 추가하여 가입하였다. 가입 이후 이상민씨의 창고에서 화재가 발생했다면, 다음 정보를 통해 이상민씨가 보험회사로부터 지급받을 수 있는 재고가액통지특별약관의 보험금으로 가장 적절한 것을 고르시오. (단, 이상민씨는 보험가입 후 매월 정해진 기일 내에 재고가액을 통지함)

[보험 및 보험사고 관련 정보]

- 보상한도액 : 1,000,000천원
- 손해액 : 150,000천원
- 최종통지 재고가액 : 600,000천원
- 최종통지 재고가액 작성 당시의 실제 재고가액 : 800,000천원
- 사고시점의 실제 재고가액 : 1,200,000천원

① 75,000천원 ② 80,300천원 ③ 93,750천원
④ 112,500천원 ⑤ 125,000천원

08
□□□

다음 정보를 고려할 때 안구홍씨가 2024년 1월 초 현재 사망 시 니즈분석방법에 따른 추가적인 생명보험 필요보장액으로 가장 적절한 것을 고르시오. (단, 각 니즈단계에서 남는 금액이 있을 경우 그 단계의 필요보장액은 '0'으로 하고, 부양가족 생활비 계산 시 국민연금을 반영함)

현재 35세인 안구홍씨는 대기업의 차장으로 세후 연소득은 80,000천원이며, 부인 진영희씨(30세)는 중소기업 대리로 세후 연소득은 30,000천원이다. 안구홍씨 부부는 아들 안수영(12세), 딸 안수진(6세)을 자녀로 두고 있으며, 현재 안구홍씨 가정의 현재 연간 생활비는 60,000천원을 지출한다. 부부의 정년은 본인 나이로 각자 64세 말까지다.

[유가족의 필요자금]

• 현재 주택담보대출 잔액(안구홍씨 사망 시 전액 상환)
  - 안구홍씨 부부는 10년 전 주택구입 시 300,000천원을 대출(대출기간 20년, 매월 말 원리금균등분할상환 방식, 대출이율 고정금리 연 5% 월복리)받았으며, 2023년 12월 말까지 120회차 상환
• 안구홍씨의 배우자 사망 시까지의 유족 생활비
  - 막내 자녀 독립(26세 독립함) 전 : 현 생활비의 80%
  - 막내 자녀 독립 후 : 현 생활비의 50%
• 안구홍씨의 배우자는 79세 말까지 생존한다고 가정함

[준비자금]

• 정기예금 : 50,000천원(10,000천원은 자녀 교육준비자금)
• 주식형펀드 : 30,000천원
• 안구홍씨의 종신보험(피보험자 안구홍) 사망보험금 : 100,000천원
  (60세 만기 정기특약 : 100,000천원, 재해사망특약 : 200,000천원)
• 안구홍씨 사망 시 국민연금 유족연금 : 안구홍씨 사망시점부터 현재물가기준으로 연 5,000천원이 지급됨(유족연금의 지급정지는 없다고 가정함)
• 진영희씨 은퇴 시 국민연금 노령연금 : 진영희씨 은퇴시점부터 현재물가기준으로 연 5,000천원이 지급됨(노령연금의 지급정지는 없다고 가정함)

[경제지표 가정]

• 물가상승률 : 연 3.0%
• 세후투자수익률 : 연 5.0%
※ 국민연금의 부양가족연금액은 고려하지 않음
※ 유족 생활비는 매년 초 필요하고, 국민연금은 매년 초 수령하며, 유족 생활비와 국민연금 수령액은 매년 물가상승률만큼 증액됨

---

① 268,808천원　　② 292,224천원　　③ 356,902천원
④ 391,138천원　　⑤ 406,788천원

09

다음 사례에서 보험료 미납과 보험계약의 부활에 대한 설명으로 가장 적절한 것을 고르시오. (단, 선지는 각각 별개의 사례임)

> 김동원씨는 2020년 3월 생명보험에 가입하여 보험료를 매월 납입하고 있던 중 갑작스런 퇴사로 인해 2024년 9월 보험료를 납기일까지 납입하지 못하였다.

① 보험료 납입유예기간에 보험금지급사유가 발생한 때에는 보험금이 지급되지 않는다.

② 보험료 미납으로 보험계약이 해지된 경우 해지된 날로부터 3년 이내 보험계약의 부활을 청구할 수 있으며, 보험회사는 부활 청구를 반드시 승낙해야 한다.

③ 보험계약의 부활을 통해 보험료 미납으로 인해 보험계약이 해지된 후부터 부활되기 전까지 기간 동안 발생한 사고를 보장받을 수 있다.

④ 보험료 미납으로 보험계약이 해지된 경우 일반적으로 보험회사는 서류를 접수한 날부터 10영업일 이내 해약환급금을 지급해야 한다.

⑤ 보험료 미납으로 인해 보험계약이 해지되고 김동원씨가 해약환급금을 수령한 후에는 보험계약의 부활을 청구할 수 없다.

10

서정욱씨는 본인의 조기사망을 대비하여 자녀들의 교육 및 결혼자금으로 100,000천원을 준비해 두었다. 이 자금을 자녀의 교육자금으로 먼저 사용하고, 남는 금액은 결혼자금으로 활용할 계획이다. 다음 정보를 참고하여 CFP® 자격인증자가 제안하는 서정욱씨의 자녀 교육 및 결혼자금에 대한 추가적인 생명보험 필요보장액으로 가장 적절한 것을 고르시오.

> [교육 및 결혼자금 관련 정보]
> • 서연지(12세)는 7년 후, 서곤지(9세)는 10년 후 4년제 대학에 입학할 예정
> • 서연지, 서곤지 모두 28세에 결혼할 예정
> • 연간 대학교육비는 현재물가기준으로 25,000천원이며 매년 물가상승률만큼 증가
> • 결혼비용은 현재물가기준으로 50,000천원이며 매년 물가상승률만큼 증가
> • 물가상승률 : 연 3.5%
> • 세후투자수익률 : 연 7%
> • 교육비와 결혼비용은 연초에 필요함

① 94,845천원 ② 99,641천원 ③ 104,796천원
④ 199,640천원 ⑤ 299,640천원

11 □□□

다음 표는 A기업의 요약재무제표이다. ROE 변화요인에 대한 설명으로 가장 적절하지 않은 것을 고르시오.

(단위 : 억원)

구 분	2023년	2024년
당기순이익	14,000	12,000
매출액	130,000	145,000
평균총자산	150,000	160,000
평균자기자본	100,000	110,000

① 2023년도 ROE는 14.0%이다.
② 2024년도 ROE는 10.9%이고 전년 대비 변화율은 약 22.1% 하락하였다.
③ 매출액순이익률의 감소가 전년 대비 ROE 감소에 가장 큰 영향을 미쳤다.
④ 총자산회전율의 감소도 전년 대비 ROE 감소에 영향을 미쳤다.
⑤ 재무레버리지의 감소도 작지만 전년 대비 ROE 감소에 영향을 미쳤다.

12 □□□

다음과 같은 이표채의 시장수익률(매매수익률)이 6.0%일 때의 맥콜레이 듀레이션과 향후 시장수익률이 상승할 것으로 예상될 경우 이표채에 대한 듀레이션 전략을 설명한 것으로 가장 적절한 것을 고르시오.

[이표채 관련 정보]
- 잔존만기기간 : 3년
- 이자지급주기 : 연 단위 후급 이표채
- 표면이율 : 5.0%

	맥콜레이 듀레이션	듀레이션 전략
①	1.86	표면이율이 낮은 이표채에 투자
②	2.21	표면이율이 낮은 이표채에 투자
③	2.52	표면이율이 높은 이표채에 투자
④	2.55	표면이율이 높은 이표채에 투자
⑤	2.86	표면이율이 높은 이표채에 투자

13 □□□ 안종환씨는 은퇴자금 목적으로 보유하고 있는 자금을 주식형펀드에 투자하고자 다음 두 개의 펀드에 대해서 CFP® 자격인증자에게 성과를 평가해 줄 것을 요청하였다. CFP® 자격인증자가 조사한 두 펀드에 대한 다음 정보를 참고로 성과를 평가한 내용 중 가장 적절하지 않은 것을 고르시오. (단, 무위험이자율은 3.0%로 가정함)

펀 드	벤치마크 수익률	실현수익률	표준편차	베 타	Tracking error
A	13.0%	14.0%	20.0%	1.2	2.5%
B	13.0%	12.0%	9.5%	0.9	1.4%

① 베타가 큰 펀드 A가 펀드 B보다 요구수익률이 높다.
② 샤프척도로 평가할 때 펀드 B의 성과가 우수하다.
③ 트레이너척도로 평가할 때 펀드 B의 성과가 우수하다.
④ 정보비율로 평가할 때 펀드 B의 성과가 우수하다.
⑤ 젠센척도로 평가할 때 펀드 A의 종목선택 능력이 부진하다.

14 □□□ 현재가치 기준으로 10억원 상당의 주식 포트폴리오(베타계수 1.2)를 보유하고 있는 김대박씨는 여러 가지 경제상황으로 보아 향후 선물만기일까지 5% 정도의 주가지수 하락을 예상하고 있다. 이에 따라 김대박씨는 주가하락에 따른 손실을 보전하기 위하여 KOSPI200지수선물을 이용하기로 하였다. 현재 KOSPI200지수는 185.00이고, KOSPI200지수선물가격은 189.20이다. 김대박씨의 지수선물을 이용한 헤지전략에 대한 설명으로 가장 적절한 것을 고르시오. (단, KOSPI200지수선물 거래승수 250,000원임)

① 베타를 감안할 경우 주가하락 위험을 없애기 위해 주가지수선물 26계약을 매수해야 한다.
② 베타를 감안하여 선물거래를 할 경우 선물시장에서는 87,425천원의 이익을 보게 된다.
③ 김대박씨의 예상대로 주가가 5% 하락할 경우 현물시장에서 50,000천원의 손실을 보게 된다.
④ 김대박씨가 주가지수선물을 통해 헤지거래를 할 경우 최종적으로 37,425천원의 이익을 보게 된다.
⑤ 만약 예상과 달리 주가가 상승할 경우 헤지된 포지션(주식 + 선물)에서 큰 손실이 발생한다.

15

□□□

다음은 주택 A 경매 관련 권리 현황을 나타낸 표이다. 주택 A의 권리분석에 대한 설명으로 가장 적절한 것을 고르시오. (단, 선지는 각각 별개의 사례임)

순위	권리	권리자	권리금액
1	근저당권	주선영	20,000천원
2	임차권 (대항력 + 확정일자 없음)	이지훈	70,000천원 (임차보증금)
3	근저당권	나지환	30,000천원
4	가압류	박현수	10,000천원
5	주선영의 근저당권으로 임의경매 신청		

※ 배당액 : 40,000천원

① 해당 경매에 참가하기 위해서는 입찰가격의 10% 이상을 입찰보증금으로 제출해야 한다.

② 이지훈씨가 주선영씨의 근저당권 20,000천원을 대위변제한다면 말소기준권리는 나지환씨의 근저당권이 된다.

③ 이지훈씨가 주선영씨의 근저당권 20,000천원을 대위변제한다면 임차권자 이지훈씨는 보증금에 대해 대항력을 행사할 수 없다.

④ 배당에 있어 가압류는 등기순위와 관계없이 항상 근저당권보다 선순위 이므로 주택 A 경매 시 배당순위는 박현수씨의 가압류가 나지환씨의 근 저당권보다 앞선다.

⑤ 박현수씨는 주택 A 경매 시 배당요구를 해야만 배당에 참가할 수 있는 채권자이다.

16

□□□

정봉주씨는 아파트 A를 매수하고자 한다. 다음 정보를 고려할 때 거래사례 비교법에 의한 아파트 A의 가치로 가장 적절한 것을 고르시오.

[아파트 A 관련 정보]

- 아파트 A 면적 : 84m^2
- 거래사례 가격 : 7,240천원/m^2
- 사정보정 : 1.00(거래사례는 거래당사자 간의 사정이 개입되지 않은 정상적인 거래로 판단)
- 시점수정치 : 0.85(아파트매매가격지수 활용)
- 지역요인 격차율 : 1.00(본 건은 거래사례와 인근지역에 위치하여 지역요인 동일함)
- 개별요인 격차율(개별요인 격차율은 가격의 요인격차율을 곱하여 계산함)
  - 외부요인 : 아파트 A가 사례부동산보다 15% 우세
  - 건물요인 : 아파트 A가 사례부동산보다 5% 열세
  - 기타요인 : 아파트 A와 사례부동산 차이 없음

① 431,365천원 ② 487,640천원 ③ 564,753천원
④ 627,860천원 ⑤ 770,452천원

17 □□□

장영훈씨는 임대용 오피스텔을 매입하여 5년간 운영한 후 매각할 계획을 하고 있다. 다음의 정보를 참고하여 세전할인현금흐름분석법에 의한 임대용 오피스텔의 매수 여부 판단으로 가장 적절한 것을 고르시오.

[임대용 오피스텔 매입 관련 정보]

• 장영훈씨의 요구수익률 : 연 20%
• 오피스텔의 가격 : 총액 3,000,000천원
　　　　　　　　　　(대출금 700,000천원과 임대보증금 300,000천원이 포함됨)
• 5차년도 종료 후 오피스텔 매각대금의 세전현금흐름은 2,500,000천원
• 양도소득세 등 세금과 부대비용은 고려하지 않음

[세전현금흐름 예상액]

연 도	세전현금흐름 예상액
1차년도	−300,000천원
2차년도	−200,000천원
3차년도	450,000천원
4차년도	450,000천원
5차년도	600,000천원

---

① 오피스텔의 세전투자가치가 1,882,572천원이므로 매수하지 않는다.
② 오피스텔의 세전투자가치가 2,334,362천원이므로 매수하지 않는다.
③ 오피스텔의 세전투자가치가 2,554,582천원이므로 매수하지 않는다.
④ 오피스텔의 세전투자가치가 2,334,362천원이므로 매수한다.
⑤ 오피스텔의 세전투자가치가 3,334,362천원이므로 매수한다.

18

☐☐☐

이태현씨(50세)는 5년 전부터 은퇴저축을 위해 주식형펀드에 매월 말 300천원씩 납입하고 있다. 은퇴저축은 은퇴시점인 60세까지 계속 납입할 계획이며, 가입 후 현재까지의 세전투자수익률은 연 5%이다. 앞으로도 해당 펀드가 계속해서 연 5%로 운용된다면 은퇴시점에 펀드를 환매할 경우 세후투자수익률로 가장 적절한 것을 구하시오. (단, 펀드 환매 시 환매차익 전액에 대해서 배당소득세 15.4%(지방소득세 포함)가 과세되며, 금융소득종합과세는 고려하지 않는 것으로 가정함)

① 4.7%

② 4.4%

③ 4.1%

④ 3.6%

⑤ 3.2%

※ 다음의 은퇴설계 정보를 참고하여 문제 19번과 20번의 질문에 답하시오.

[은퇴설계 관련 정보]

• 김영수(48세) : 연봉 50,000천원
• 은퇴기간 : 김영수씨 나이 62세부터 89세 말까지 28년
• 은퇴 후 필요한 연간 생활비는 현재물가기준으로 연간 45,000천원임
• 사망 직전 5년간 발생할 수 있는 간병비로 현재물가기준 연간 20,000천원씩이 필요함
• 현재 저축(투자) 중인 은퇴자산으로는 주식형펀드 A가 있으며, 현재시점에서의 펀드의 평가액은 135,000천원이고, 60세까지 매월 말일에 1,200천원을 납입할 예정임
• 국민연금은 김영수씨 나이 62세부터 매년 초 현재물가기준으로 14,000천원을 수령하는 것으로 가정함
• 경제적 가정
  - 소득증가율 : 연 5%
  - 은퇴자산의 세후투자수익률 : 연 7%
  - 물가상승률 : 연 4%
• 국민연금과 은퇴 후 필요한 생활비 및 간병비는 매년 물가상승률만큼 인상됨

19

□□□

김영수씨는 현재 저축(투자)하고 있는 주식형펀드만으로는 은퇴기간 중 목표로 하는 은퇴소득을 확보할 수 없다고 생각하여 추가적인 은퇴저축을 계획하고 있다. 김영수씨가 목표은퇴소득을 충족하기 위해 은퇴시점에서 추가적으로 필요한 은퇴일시금으로 가장 적절한 것을 고르시오. (은퇴 후 필요한 생활비 및 간병비를 목표은퇴소득으로 고려함)

① 378,816천원   ② 395,214천원   ③ 440,657천원
④ 483,882천원   ⑤ 566,466천원

20
□□□

김영수씨는 은퇴기간 중 추가적으로 필요한 은퇴일시금 마련을 위해 추가저축을 계획하고 있다. 다음의 정보를 참고하여 김영수씨의 추가저축에 대한 설명으로 가장 적절한 것을 고르시오.

[추가저축 관련 정보]

- **추가저축 목표금액** : 은퇴시점까지 500,000천원을 마련하는 것으로 함
- **저축방법** : 주식형펀드 B에 지금부터 10년간 매월 말에 저축하며, 매년 초에 직전년도 소득증가율만큼 증액하여 저축함
- 매월 말 추가저축액이 저축 여력을 초과하는 경우 저축 여력을 한도로 저축함

① 만약 추가저축을 현재시점에서 일시금으로 저축한다면 최소 254,175천원을 저축해야 한다.

② 저축 첫해에는 연간 15,613천원을 저축해야 한다.

③ 저축 첫해에는 매월 1,757천원을 저축해야 한다.

④ 추가저축 여력이 월 3,000천원이라면 저축 10년차에는 저축 여력을 한도로 저축해야 하므로 은퇴시점에서 목표금액을 달성할 수 없다.

⑤ 매년 증액하지 않고 10년간 매월 말 정액으로 저축할 경우 첫해의 월 저축액은 증액저축 시보다 408천원 많다.

21 □□□ CFP® 자격인증자는 백병우씨(60세)의 목표은퇴소득을 충족할 수 있도록 현재 별도로 가지고 있는 여유자금의 일부를 분할지급식 펀드에 투자하여 은퇴소득으로 사용할 것을 제안하고자 한다. 은퇴자산의 세후투자수익률을 충족하면서 목표은퇴소득을 충족하기 위한 추가저축(투자) 제안에 대한 설명으로 가장 적절하지 않은 것을 고르시오.

[은퇴설계 관련 정보]

- 은퇴기간 : 60세부터 25년
- 은퇴기간 중 목표은퇴소득 : 연 34,000천원
- 국민연금 : 60세부터 매년 초 12,000천원 수령하는 것으로 가정함
- 현재 준비된 은퇴자산으로는 연금보험이 있음
  - 60세 시점의 연금적립금 평가액은 100,000천원이며, 60세부터 25년간 매년 초 연금을 수령할 예정임
  - 은퇴기간 중 공시이율은 연 2%를 적용함
- 경제지표 가정
  - 은퇴자산의 세후투자수익률 : 연 4%
  - 은퇴기간 중 물가상승률 : 연 0%

---

① 은퇴기간 중 목표은퇴소득을 충족하기 위해서는 국민연금과 연금보험 이외에 추가적인 은퇴자산이 필요한 상황이다.

② 은퇴기간 중 국민연금과 연금보험의 적립금만으로 매년 확보할 수 있는 은퇴소득은 17,022천원이다.

③ 은퇴기간 중 목표은퇴소득에서 공적연금을 차감한 연간 은퇴소득 부족액은 22,000천원이다.

④ 전통적 접근방식에 의해 계산한 총은퇴일시금은 276,550천원이다.

⑤ 추가로 확보하는 은퇴자산은 기대수익률이 약 4.7%가 되는 분할지급식 펀드에 투자해야 한다.

22 □□□

이해정씨(60세)는 은퇴기간별 목표로 하는 은퇴생활비를 확보할 수 있도록 은퇴자산 포트폴리오를 구성하고자 한다. 다음 정보를 참고하여 이해정씨가 목표은퇴소득을 충족하기 위해 현재 은퇴자산 포트폴리오에 투자해야 하는 금액으로 가장 적절한 것을 고르시오. (은퇴자산 포트폴리오 투자금액은 각 금융상품별 투자금액의 합계액을 의미함)

[은퇴설계 관련 정보]

- 은퇴기간 : 60세부터 25년간
- 은퇴기간별 필요소득
  - 60 ~ 69세 말(10년) : 월 4,200천원
  - 70 ~ 79세 말(10년) : 월 3,200천원
  - 80 ~ 84세 말(5년) : 월 3,700천원(사망 직전 5년간의 간병비 포함)
- 국민연금은 60세부터 매월 초 1,200천원을 수령하는 것으로 가정함
- 은퇴자산 포트폴리오는 분할지급식 정기예금과 채권형펀드, 주식형펀드에 배분하여 구성함
- 금융상품의 세후투자수익률

구 분	정기예금	채권형펀드	주식형펀드
세후투자수익률	연 3.0%	연 4.0%	연 6.0%

- 은퇴자산 운용 및 은퇴소득 인출방법
  - 은퇴소득은 분할지급식 정기예금에서 매월 초에 정액을 정기분할지급하는 방식임
  - 최초 10년 동안 분할지급식 정기예금에서 매월 초에 연금을 수령함
  - 채권형펀드는 10년간 투자한 후 전액 환매하여 분할지급식 정기예금에 예치하고 10년간 매월 초 연금을 수령함
  - 주식형펀드는 10년간 투자한 후 전액 환매하여 채권형펀드에 10년간 투자하고, 이를 다시 전액 환매 후 분할지급식 정기예금에 예치하여 5년간 매월 초 연금을 수령함
- 은퇴기간 중 물가상승률은 0.0%로 가정함

---

① 312,055천원   ② 435,295천원   ③ 505,263천원

④ 550,694천원   ⑤ 659,705천원

23 ☐☐☐ 다음은 거주자 안경준씨의 2024년도 상가 양도에 관한 정보이다. 안경준씨가 상가 B를 양도하고 예정신고할 경우 양도소득 산출세액으로 적절한 것을 고르시오. (안경준씨는 2024년도 중 두 상가건물 이외에 다른 부동산 등을 처분한 사실이 없음)

상가 A 관련 정보	상가 B 관련 정보
• 취득일 : 2021년 5월 10일 • 양도일 : 2024년 7월 20일 • 취득가액 : 570,000천원 (취득부대비용 포함) • 양도가액 : 500,000천원	• 취득일 : 2016년 8월 20일 • 양도일 : 2024년 11월 25일 • 취득가액 : 400,000천원 • 구입 당시 취득세 : 18,400천원 • 구입 당시 중개수수료 : 2,600천원 • 보유기간 중 재산세 : 12,000천원 • 양도가액 : 1,000,000천원 • 양도 시 중개수수료 : 6,000천원

① 112,532천원
② 116,548천원
③ 137,588천원
④ 141,452천원
⑤ 147,792천원

24
□□□

다음은 거주자 변영호씨의 2024년도 귀속 종합소득세 신고 자료이다. 이를 토대로 2024년도 변영호씨의 종합소득세를 산출한 것으로 적절한 것을 고르시오.

[종합소득세 신고 관련 정보]

내 역	금 액
근로소득금액	50,000천원
사업소득금액	80,000천원
직장공제회 초과반환금	2,000천원
정기예금 이자소득금액	12,000천원
국내 비상장법인의 현금배당	8,000천원
집합투자기구로부터의 이익	5,000천원
일시적 강연료수입(기타수입)	23,000천원

※ 기타소득(강연료 수입)의 실제 소요된 필요경비 : 15,000천원
※ 종합소득공제 : 5,500천원

① 33,785천원
② 33,945천원
③ 34,435천원
④ 35,135천원
⑤ 35,660천원

25

□□□

다음은 허정도씨의 2024년도 귀속 금융소득 관련 정보이다. 이 정보를 토대로 종합소득세 신고 시 합산되는 금융소득금액으로 적절한 것을 고르시오.

[금융소득 관련 정보]

구 분	금 액
공익신탁의 이익	8,000천원
은행정기예금이자	45,000천원
뮤추얼펀드 현금배당	28,000천원
상장법인 A의 주식배당 (자기주식처분이익을 재원으로 한 배당)	35,000천원
비상장법인 B의 현금배당	20,000천원

① 130,000천원 ② 133,500천원 ③ 136,300천원
④ 141,500천원 ⑤ 144,300천원

26

□□□

거주자 진선미씨가 보유하고 있는 주택 A를 다음과 같은 조건으로 2024년 9월 25일에 양도한 경우, 양도소득 산출세액으로 적절한 것을 고르시오. (진선미씨와 생계를 같이하는 1세대는 양도일 현재 주택 A 외의 다른 주택을 보유하고 있지 않으며, 당해 연도에 다른 부동산 등을 처분한 사실이 없음)

[주택 A 관련 정보]

- 양도가액 : 2,000,000천원
- 취득가액(취득 당시 부대비용 포함) : 700,000천원
- 필요경비 : 100,000천원
- 취득시기 : 2011년 4월 10일
- 주택 A는 조정대상지역 내에 있는 주택(고가주택)으로 보유기간 중 8년을 거주하였으며, 양도일 현재 1세대 1주택 비과세 요건을 충족함

① 17,825천원 ② 30,725천원 ③ 32,140천원
④ 49,874천원 ⑤ 50,824천원

상속설계

27 □□□

정준호씨는 추석을 앞두고 조부의 묘를 벌초하고 승용차로 귀가하던 중 교통사고로 아버지와 함께 사망하였고, 두 사람의 사망의 선후관계는 밝혀지지 않았다. 다음의 경우 모친 이경옥 씨의 상속분으로 가장 적절한 것을 고르시오.

- 정준호의 유족 : 배우자 김소영, 부친 정찬휘, 모친 이경옥, 남동생 정진영
- 정준호의 상속재산 : 200,000천원
- 부친 정찬휘의 상속재산 : 350,000천원

---

① 350,000천원   ② 230,000천원   ③ 150,000천원

④ 120,000천원   ⑤ 80,000천원

28 □□□

갑은 부친 정을 승용차에 태우고 귀가하던 중 중앙선을 침범한 자동차와 충돌하는 사고를 당하여 현장에서 부자가 모두 사망하였다. 갑에게는 처 을과 자녀 병이 있고 을은 갑의 사고 당시 태아를 임신하고 있었다. 사망 당시 갑에게는 100,000천원, 정에게는 40,000천원의 상속재산이 있었다. 사례에 관한 다음 설명 중 가장 적절하지 않은 것을 고르시오.

① 갑과 정이 동시사망한 것으로 추정되고 태아가 사산하였다면, 갑의 재산은 처 을과 직계비속인 병이 공동으로 상속한다.

② 을이 고의로 태아를 낙태한 경우 갑의 재산상속의 동순위자를 살해한 것으로 보아 을은 상속결격사유에 해당하여 갑의 재산을 상속할 수 없다.

③ 갑과 정이 동시사망한 것으로 추정되고 태아가 사산하였다면, 부친 정의 사망으로 인한 처 을의 상속분은 24,000천원이다.

④ 갑과 정이 동시사망한 것으로 추정되고 태아가 생존하였다면, 갑과 정의 동시사망에 따른 자녀 병의 최종 상속분은 60,000천원이다.

⑤ 갑이 먼저 사망하고 부친 정이 나중에 사망한 것으로 추정된다면 갑의 상속인은 을과 병, 태아이다.

29

박태진씨는 췌장암으로 오랜 투병생활 끝에 사망하였다. 유족으로는 배우자 김선우, 장남 박태범, 차남 박경원, 장녀 박아정, 차녀 박민아가 있다. 박태진씨 사망 당시 재산은 총 34억원이나 배우자 김선우가 재산형성에 특별히 기여한 점이 인정되어 7억원의 기여분이 인정되었다. 장남 박태범에게는 13년 전 사업자금으로 4억원을 증여하였으며, 장녀 박아정에게는 6년 전 혼인자금으로 2억원을 증여하였다. 또한 차남 박경원에게는 공정증서유언을 통해 5억원을 유증하였다. 이 경우 상속인들의 구체적 상속분으로 적절한 것을 고르시오.

	김선우	박태범	박경원	박아정	박민아
①	9억원	3억원	2억원	2억원	6억원
②	9억원	5억원	3억원	3억원	3억원
③	9억원	6억원	4억원	2억원	4억원
④	16억원	2억원	1억원	4억원	6억원
⑤	16억원	3억원	2억원	4억원	3억원

30

올해 6월 5일에 사망한 이희준씨(57세)의 상속과 관련된 다음의 자료를 바탕으로 상속세 계산 시 적용되는 상속공제에 대한 설명으로 가장 적절한 것을 고르시오.

□□□

- **상속개시일 현재 상증법상 상속재산평가액**
  - 상가 : 1,000,000천원(임대보증금채무 20,000천원)
  - 예금 : 300,000천원
  - 사망보험금 : 500,000천원(이희준씨가 보험료를 전액 납부함)
  - 은행대출금 : 300,000천원
  - 주식평가가액 : 10,000,000천원(이희준씨가 당 주식회사의 최대주주임)
- **상속인** : 배우자 김정미(53세), 장녀 이효선(24세), 장남 이효준(22세), 막내아들 이효식(17세), 막내아들은 장애인이며 통계법상 기대여명의 연수는 60년임
- **상속개시 당시 자녀는 모두 피상속인 소유의 주택에 거주하고 있었음**

---

① 이효식씨를 통해 받을 수 있는 상속공제액은 600,000천원이다.

② 생전 이희준씨가 한 번도 증여를 한 적이 없고 손자에게 모든 상속재산을 유증하는 경우 상속공제액은 0원이 된다.

③ 이희준씨가 최대한 적용받을 수 있는 '그 밖의 인적공제'의 합계액은 820,000천원이다.

④ 이희준씨의 순금융재산가액은 1,480,000천원이다.

⑤ 이희준씨가 이효선씨와 상속개시일 10년 전부터 계속하여 1세대를 구성해왔고 대통령령으로 정하는 1세대 1주택에 해당하며, 이 주택을 이효선씨가 상속하는 경우 동거주택상속공제를 적용받을 수 있다.

정답 및 해설 | p.33

fn.Hackers.com

단일사례
TEST 4

재무설계 원론

풀어본 횟수를 체크하세요!

01

☑☐☐

정미라씨는 주택담보대출 400,000천원을 대출기간 15년, 연 7% 월복리 상품에 매월 말 원리금균등분할상환을 하고 있다. 정미라씨는 2023년 12월 말에 60회차까지 상환했으며, 2024년 1월부터 대출이율 연 4%, 대출기간 20년인 월복리 대출상품으로 바꾸려고 한다. 이 경우 매월 줄어드는 대출원리금 상환액으로 적절한 것을 고르시오. (단, 주택담보대출 조기상환수수료와 신규 취급수수료 등은 없음)

① 3,595천원　　② 3,574천원　　③ 1,876천원
④ 1,751천원　　⑤ 1,719천원

02

☐☐☐

박봉필씨는 주택담보대출을 받아 주택을 구매하고자 한다. 정부의 부동산 규제 강화로 인해 LTV가 70%에서 50%로, DTI는 60%에서 40%로 조정되었다. 박봉필씨의 대출조건이 다음과 같을 때, 규제 강화 전후의 박봉필씨의 최대 대출가능금액의 차이로 가장 적절한 것을 고르시오. (단, 최대 대출금액은 LTV와 DTI 기준에 따른 금액 중 낮은 금액을 기준으로 산정함)

[대출조건]
- 구입 예정 주택가격 : 600,000천원
- 박봉필의 연소득 : 54,000천원
- 대출이율 : 연 5.0% 월복리
- 대출기간 : 20년
- 대출상환방식 : 매월 말 원리금균등상환방식

---

① 109,118천원
② 123,647천원
③ 136,373천원
④ 147,254천원
⑤ 175,321천원

03

민병기씨는 CFP® 자격인증자로부터 은퇴자금으로 500,000천원이 필요하다는 제안을 받았다. 민병기씨는 은퇴자금 마련을 위해 현재 보유하고 있는 자산을 다음 두 가지 상품 중 하나의 상품에 지금부터 5년 동안 저축하고자 한다. 이때, 첫 1년간의 저축액을 비교한 설명으로 적절한 것을 고르시오.

[금융상품 관련 정보]
- A상품 : 매년 초 3.0%씩 증액저축
- B상품 : 매월 초 정액저축
- 금융상품 세후투자수익률 : 연 4.0%

① A상품보다 B상품에 저축하는 경우 저축액이 약 2,007천원 더 많다.
② A상품보다 B상품에 저축하는 경우 저축액이 약 2,432천원 더 적다.
③ A상품보다 B상품에 저축하는 경우 저축액이 약 2,432천원 더 많다.
④ A상품보다 B상품에 저축하는 경우 저축액이 약 3,409천원 더 많다.
⑤ A상품보다 B상품에 저축하는 경우 저축액이 약 3,409천원 더 적다.

04

□□□

송진우씨는 임대소득을 위하여 오피스텔 건물 매입을 고려하고 있다. 현재 1,200,000천원에 매입하여 5년 동안 보유·운영 후 다시 매도할 예정이며, 보유기간 동안 해당 건물은 매년 3.5%씩 가치가 상승할 것으로 예상된다. 오피스텔 임대를 통하여 예상되는 소득이 다음과 같을 때 오피스텔 투자에 대한 NPV와 IRR로 가장 적절한 것을 고르시오. (단, 세금과 부동산 매매 및 운용에 대한 비용은 고려하지 않으며, 송진우씨의 요구수익률은 세후 연 7.5%임)

[임대소득 관련 정보]
- 1차년도 말 : 30,000천원
- 2차년도 말 : 35,000천원
- 3 ~ 4차년도 말 : 50,000천원
- 5차년도 말 : 55,000천원

	NPV	IRR
①	−33,056	5.85%
②	−33,056	6.87%
③	−34,663	7.02%
④	34,663	7.86%
⑤	34,663	8.79%

05

□□□

이강열씨는 100,000천원을 가지고 투자를 시작하려고 한다. 다음 중 투자안별 수익률에 대한 적절한 설명으로 모두 묶인 것을 고르시오. (단, 세금 및 기타 비용은 없다고 가정함)

가. 100,000천원을 투자하여 10년 후 130,000천원을 받는다면, 연간수익률은 5.39%이다.

나. 100,000천원을 투자하여 10년 동안 매년 말 15,000천원씩 받는다면, 연간 수익률은 8.14%이다.

다. 100,000천원을 투자하고 투자 즉시 8,000천원을 시작으로 매년 초 8,000천원씩 정액으로 영구히 받는 경우 연간 수익률은 8.70%이다.

라. 100,000천원을 투자하고 투자한 첫해 말 9,000천원으로 시작하여 매년 말 3%씩 증액된 금액을 15년간 받는다면, 연간 수익률은 6.70%이다.

① 가, 다 ② 나, 라 ③ 가, 나, 다
④ 가, 나, 라 ⑤ 나, 다, 라

06
□□□

정민국씨는 생명보험 보장액이 추가적으로 필요한 것을 깨닫고 생명보험에 가입하고자 CFP® 자격인증자에게 하나생명 종신보험과 두울생명 종신보험의 코스트 비교를 의뢰하였다. 가입설계서에 예시된 동일 연령 기준의 정보가 다음과 같다면 두 종신보험의 벨쓰방식에 의한 단위 보험금액 100천원당 코스트를 비교한 것으로 가장 적절한 것을 고르시오. (단, 정민국씨와 자격인증자가 정한 이자율은 연 5%이며, 하나생명은 유배당, 두울생명은 무배당 상품임)

구 분	하나생명 종신보험	두울생명 종신보험
주계약 사망보험금	100,000천원	100,000천원
당해 보험연도 말의 해약환급금	6,250천원	6,320천원
직전 보험연도 말의 해약환급금	5,148천원	5,234천원
연간 납입보험료	1,440천원	1,320천원
연간 배당금	56천원	무배당

① 하나생명의 100천원당 코스트는 605.435원이다.

② 두울생명의 100천원당 코스트는 538.311원이다.

③ 두울생명은 100천원당 코스트로 하나생명보다 34.1원만큼 더 많이 부담하고 있다.

④ 하나생명은 100천원당 코스트로 두울생명보다 42.7원만큼 더 많이 부담하고 있다.

⑤ 하나생명은 100천원당 코스트로 두울생명보다 52.57원만큼 더 많이 부담하고 있다.

07

진수혁씨(40세)는 현재 시점에서 일반사망 한다고 가정할 경우 필요한 생명 보험 필요보장액을 알아보고자 CFP® 자격인증자에게 상담을 의뢰하였다. 다음 자료를 참고로 생애가치법으로 계산한 진수혁씨 가정의 추가적인 생명 보험 필요보장액으로 적절한 것을 고르시오.

> [생명보험 필요보장액 관련 정보]
> • 진수혁 평균연봉 : 80,000천원
> • 생활비 : 연간 20,000천원
> • 예상정년 : 59세 말까지 근무 가능
> • 연봉은 매년 말에 받는 것으로 가정하고, 할인율은 연 6.0%를 적용함
> • 보험가입정보
>   - 종신보험 : 사망보험금은 일반사망 시 주계약에서 100,000천원, 60세 만기 정기특약 에서 50,000천원이 지급됨

① 538,195천원   ② 588,202천원   ③ 629,487천원
④ 688,195천원   ⑤ 729,487천원

08

최주영씨는 장기개호상태가 발생할 경우 5년간 정액으로 매년 초 40,000 천원을 지급하는 보험상품에 가입하고 있다. 아래 정보를 참고하여 만약 최 주영씨가 사망하기 5년 전에 실제로 개호상태가 발생할 경우 부족분을 해 결하기 위해 현재시점에서 추가로 준비해야 할 금액(일시금)으로 가장 적절 한 것을 고르시오.

> [개호비용 관련 정보]
> • 최주영씨는 현재 35세로 82세 말까지 48년간 생존할 것으로 예상하고 있음
> • 개호상태 발생 시 필요비용(현재물가기준) : 연 35,000천원
> • 세후투자수익률 : 연 7.0%
> • 개호비용상승률 : 연 3.0%
> ※ 개호비용은 매년 초 필요하며, 매년 개호비용상승률만큼 상승함

① 39,144천원   ② 56,342천원   ③ 95,985천원
④ 112,605천원   ⑤ 132,963천원

09
□□□

박금석씨는 췌장염으로 인해 다음과 같이 병원에서 치료를 받았다. 박금석씨의 실손의료보험(3세대) 의료비 보험금에 대한 설명으로 가장 적절하지 않은 것을 고르시오. (단, 처방조제비는 고려하지 않음)

[입원기간 및 진료비 내역]

• **입원기간** : 10일
• **진단명** : 췌장염
• **진료기관** : A상급종합병원
• **급여**
  - 일부 본인부담 : 본인부담금 1,800천원, 공단부담금 3,000천원
  - 전액 본인부담 : 250천원
• **비급여 진료비** : 1,000천원
※ 비급여 진료비에는 상급병실차액과 3대 비급여 항목에 대한 치료비는 포함되어 있지 않음

---

① 박금석씨가 가입한 실손의료보험(3세대)의 갱신주기는 1년이다.
② 입원기간 중 1인실을 일정기간 사용한 경우 기준병실과의 차액의 50%를 약관에서 정한 1일 평균금액 한도 내에서 보상받을 수 있다.
③ 진료기관이 병·의원급일 경우에도 진료비 금액이 동일하다면 동일한 보험금이 지급된다.
④ 급여항목에서는 1,440천원의 보험금이 지급된다.
⑤ 비급여항목에서는 800천원의 보험금이 지급된다.

10 □□□

이선영씨는 남편 사망 후 수령한 2억원의 사망보험금을 일시금으로 예치한 후 매년 확정기간 분할수령방법으로 연금을 수령하고자 한다. 다음 중 수익률이 가장 높은 연금수령 형태를 고르시오. (연금은 기시에 수령하는 것으로 가정함)

① 가입시점부터 20년간 매년 17,000천원 수령
② 5년간 거치 후 15년간 매년 25,000천원 수령
③ 10년간 거치 후 10년간 매년 40,000천원 수령
④ 5년간 거치 후 15년간 매월 2,000천원 수령
⑤ 가입시점부터 13,000천원을 시작으로 매년 3%씩 증액된 금액을 20년간 수령

11

□□□

김영국씨는 지난 1년간 분산투자 차원에서 투자자금의 일부를 미국과 일본의 주식펀드에 각각 투자해 왔다. 투자 결과가 다음과 같을 때 두 펀드의 원화기준 투자수익률로 가장 적절한 것을 고르시오. (단, 해외펀드 투자 시 환위험은 별도로 헤지하지 않았음)

구 분	투자시점(1년 전)		현 재	
	펀드 기준가격	환 율	펀드 기준가격	환 율
미국펀드	12.0$	1,153원/$	13.2$	1,162원/$
일본펀드	1,000¥	1,022원/100¥	1,180¥	992원/100¥

		미국펀드	일본펀드
①		10.00%	18.00%
②		10.86%	18.00%
③		10.00%	14.54%
④		10.86%	14.54%
⑤		12.23%	14.54%

12

□□□

장민철 펀드매니저는 향후 채권가격이 하락할 가능성이 클 것으로 예상하고 있다. 운용하는 장기채권펀드의 편입종목이 다음과 같을 때 채권가격 하락에 대처할 운용방식으로 가장 적절하지 않은 것을 고르시오.

[채권펀드 관련 정보]

- **채권펀드의 총규모** : 5,000억원
- **채권펀드의 듀레이션** : 2.40
- **채권펀드의 편입종목**
  - 잔존만기 1년, 할인채
  - 잔존만기 2년, 표면금리 6.0%인 이표채
  - 잔존만기 2년, 표면금리 5.0%인 복리채
  - 잔존만기 3년, 표면금리 7.0%인 이표채
  - 잔존만기 4년, 표면금리 3.0%인 복리채
  - 기타 단기 유동자산

① 잔존만기 3년 이표채를 잔존만기 4년 복리채로 교체한다.
② 잔존만기 3년 이표채를 잔존만기 2년 이표채로 교체한다.
③ 채권펀드의 듀레이션을 2.20으로 조정한다.
④ 할인채 비중을 축소하고 단기유동성 자산의 비중을 증가시킨다.
⑤ 표면금리가 높은 잔존만기 2년 이표채의 비중을 증가시킨다.

13 □□□

B 기업의 다음 정보를 참고로 가중평균자본비용(WACC)을 계산한 수치에 가장 가까운 것을 고르시오.

[B 기업 관련 정보]
- 평균부채비용(세전) : 6.0%
- 실효법인세율 : 21%
- 보통주비중 : 30%
- B 기업 주식수익률의 표준편차 : 28%
- B 기업 주식수익률과 시장수익률의 상관계수 : 0.8
- 주식시장 수익률의 표준편차 : 20%
- 주식시장 위험프리미엄 : 10%
- 무위험이자율 : 4%
- 우선주비중 : 20%
- 우선주주가 : 10,000원
- 우선주 주당 배당금액 : 720원

① 6.97% ② 7.06% ③ 8.14%
④ 8.37% ⑤ 8.63%

14

□□□

유진희씨와 최유민씨는 옵션의 변동성 전략을 활용하여 옵션 거래를 하고자 한다. 유진희씨는 180pt 콜옵션과 180pt 풋옵션을 각각 7계약씩 매수하는 스트래들 매수 전략을 활용하고, 최유민씨는 190pt 콜옵션과 170pt 풋옵션을 각각 3계약씩 매수하는 스트랭글 매수 전략을 활용한다. 기초자산인 KOSPI200지수가 만기시점에 210pt이고 옵션 1계약당 거래승수가 250천원일 때, 유진희씨와 최유민씨의 만기 시 수익으로 가장 적절한 것을 고르시오. (단, 옵션 거래에 따른 세금 및 기타 비용은 없다고 가정함)

Call 프리미엄	행사가격	Put 프리미엄
20	170pt	4
14	180pt	6
8	190pt	8

	유진희씨의 만기 시 수익	최유민씨의 만기 시 수익
①	15,000천원	6,000천원
②	15,000천원	8,000천원
③	17,500천원	6,000천원
④	17,500천원	8,000천원
⑤	17,500천원	9,000천원

15

다음 정보를 참고하여 각 기업에 대한 설명 중 가장 적절하지 않은 것을 고르시오.

(단위 : 천원)

구 분	A기업	B기업	C기업
현재주가	15,000	17,500	20,000
EPS	1,250	2,500	2,000
BPS	1,000	2,000	2,500
EV/EBITDA	7	5	9

① PER을 기준으로 판단할 때 가장 고평가된 기업은 A기업이다.

② PBR을 기준으로 판단할 때 가장 저평가된 기업은 C기업이다.

③ EV/EBITDA를 기준으로 가장 저평가된 기업과 PER을 기준으로 가장 저평가된 기업은 동일하다.

④ 각 기업의 기대성장률이 모두 5%라면 PEG가 가장 낮은 기업은 B기업이다.

⑤ A기업 PBR은 C기업 PBR의 2배 이상이다.

16 ☐☐☐

박종우씨는 상가임대업을 운영하기 위해 부동산 A를 매수하였다. 현재 매수한 부동산 A를 5년 간 보유 후 매도할 경우의 내부수익률(IRR)과 수익성지수(PI)로 가장 적절한 것을 고르시오.

[부동산 A 관련 정보]

- 취득가격 : 600,000천원
- 임대료 수익 : 연 22,000천원(지금부터 매년 말 발생하며, 매년 동일함)
- 부동산 A를 5년차 말에 매도할 경우 예상 매도가격 : 700,000천원
- 박종우씨의 요구수익률 : 5.0%

※ 임대료수익 외 기타 수익 없음

	내부수익률(IRR)	수익성지수(PI)
①	5.974%	1.07
②	5.974%	1.26
③	6.589%	1.07
④	6.589%	1.26
⑤	6.589%	1.43

17

☐☐☐

하태용씨는 상업용 건물에 투자할 것을 계획하고 있다. 다음 정보를 고려할 때 하태용씨가 받을 수 있는 대출금액에 대한 설명으로 가장 적절한 것을 고르시오. (단, 임대보증금 등은 고려하지 않음)

[부동산 현황 정보]

• 순영업소득(NOI) : 연 84,000천원
• 현재 시세 : 900,000천원

[대출 관련 정보]

• 은행은 LTV와 DCR 기준 중 낮게 산출된 금액으로 대출가능금액을 결정하고자 함
  - LTV : 현재 시세의 60%
  - DCR : 1.2 이상
• 대출조건 : 대출이율 고정금리 6% 월복리, 대출기간 10년, 매월 말 원리금균등 분할상환 방식

---

① 하태용씨는 LTV를 기준으로 최대 360,000천원까지 대출이 가능하다.
② DCR은 연간 총소득을 기준으로 하여 보유하고 있는 모든 부채의 상환능력을 나타내는 지표이다.
③ DCR이 1.2 이상이 되기 위해서는 연간 원리금상환액이 '84,000 ÷ 1.2' 이상이어야 한다.
④ DCR을 계산하기 위해서 매월 원리금상한액은 '84,000 ÷ 1.2 이하의 값' 중 가장 큰 값을 입력한다.
⑤ 하태용씨는 DCR을 기준으로 최대 503,762천원까지 대출이 가능하다.

18

□□□

한봉수씨는 작년에 연 10%의 총투자수익률이 기대되는 근린상가를 9억원에 매입하기 위해 LTV 60%를 적용하여 연 6%의 금리로 은행에서 돈을 빌려 투자하였다. 다른 조건은 모두 동일하나 현재 대출금리만 연 7%로 상승하였을 때, 작년과 올해의 자기자본수익률로 가장 적절한 것을 고르시오.

	작년의 자기자본수익률	올해의 자기자본수익률
①	12%	13.5%
②	12%	16%
③	15.5%	12%
④	16%	13%
⑤	16%	14.5%

19

□□□

은퇴저축 목표금액을 마련하기 위해 서영희씨(40세)가 올해 초부터 저축할 경우 2차년도 저축액으로 가장 적절한 것을 고르시오.

[은퇴설계 관련 정보]

• 은퇴기간 : 서영희씨 나이 60세부터 25년
• 은퇴시점에 필요한 총은퇴일시금 : 650,000천원
• 저축방법 : 지금부터 20년간 매년 초에 물가상승률로 증액하여 저축
• 은퇴자산의 세후투자수익률 : 연 5.0%
• 물가상승률 : 연 2.0%

① 14,688천원　　　② 15,909천원　　　③ 16,227천원
④ 17,326천원　　　⑤ 18,722천원

※ 다음의 자료를 참고하여 문제 20번과 21번의 질문에 답하시오.

[은퇴설계 관련 정보]

- 민정호 : 45세
- 은퇴기간 : 65세부터 25년간
- 국민연금 : 65세부터 매년 초 현재물가기준으로 12,000천원의 연금을 수령함
- 월간 은퇴기본 생활비 : 3,000천원
- 은퇴자산으로 저축하고 있는 연금보험
  - 9년 전에 가입한 상품으로 민정호씨 은퇴시점까지 계속해서 납입할 예정
  - 납입보험료 : 월 500천원을 매월 말 납입
  - 공시이율 : 연 3.0%이며, 향후에도 변동 없음
- 물가상승률 : 연 2.0%

20

민정호씨가 현재 저축 중인 연금보험에서 65세부터 25년간 매년 초 정액으로 연금을 수령한다고 가정할 경우 연간 연금액 수준을 현재물가기준으로 평가한 금액으로 가장 적절한 것을 고르시오.

① 9,370천원   ② 10,319천원   ③ 12,029천원

④ 14,215천원   ⑤ 15,334천원

21

민정호씨는 은퇴를 하면 국민연금과 연금보험에서 수령하는 연금이 유일한 은퇴소득이다. 추가적인 은퇴저축을 하지 않고 현재 준비하고 있는 국민연금과 연금보험의 연금만으로 은퇴생활을 하는 경우 현재물가기준으로 확보할 수 있는 연간 은퇴소득 수준으로 가장 적절한 것을 고르시오.

① 18,668천원   ② 20,302천원   ③ 22,345천원

④ 24,337천원   ⑤ 27,372천원

22 □□□

은퇴생활을 시작한 이진우씨(60세)는 안정적으로 은퇴소득을 확보하기 위해 계획을 세우고 있다. 다음의 정보를 참고하여 은퇴소득 인출을 위한 은퇴자산 포트폴리오에 대한 설명으로 가장 적절하지 않은 것을 고르시오.

[은퇴설계 관련 정보]

- 은퇴기간 : 이진우씨 나이 60세부터 25년간
- 은퇴생활비 : 연간 35,000천원
- 국민연금 : 매년 초 15,000천원을 수령함
- 물가상승률 : 0%
- 연간 은퇴소득 부족분은 은퇴자산 포트폴리오에서 매년 초 인출하여 충당함

[은퇴자산 포트폴리오 관련 정보]

- 은퇴기간 중 안정적인 은퇴소득 인출을 위해 은퇴자산을 생활비계정, 저축계정, 투자계정에 적정 수준으로 배분함

구 분	생활비계정	저축계정	투자계정
세후수익률	0%	2%	5%
계정유지금액 수준	2년 생활비	3년 생활비	25년 - Tn[1]

[1] Tn은 60세 기준 5년을 시작으로 매년 1년씩 가산한 연수

- 2년간 필요한 생활비는 생활비계정에서 관리하고, 매년 말일을 기준으로 저축계정에서 생활비계정으로 1년간의 생활비를 이체하며, 동시에 저축계정 기시 배분 금액 미달액을 투자계정에서 저축계정으로 이체함

---

① 현재시점에서 저축계정에 57,678천원을 배분한다.
② 현재시점에서 투자계정에 234,868천원을 배분한다.
③ 매년 말 투자계정에서 저축계정으로 18,846천원을 이체한다.
④ 현재시점에서 은퇴자산 포트폴리오 총투자금액은 332,546천원이다.
⑤ 은퇴자산 포트폴리오의 세후수익률은 2.9% 수준이다.

세금설계

23
□□□

임대업을 운영하는 김현준씨는 상가건물을 타인에게 임대하고 있다. 다음의 자료를 참고하여 김현준씨의 2024년도 귀속 부동산 임대사업소득에 대한 총수입금액으로 적절한 것을 고르시오. (단, 1년은 365일로 가정함)

[부동산 임대소득 관련 정보]

- 임대기간 : 2024년 5월 1일 ~ 2024년 12월 31일(총 245일)
- 임대조건 : 1층 임대보증금 6억원에 월 임대료 2,000천원,
  2층 임대보증금 4억원에 월 임대료 1,000천원(부가가치세 별도)
- 상가의 취득비용 : 2022년 9월 취득(토지분 5억원, 건물분 4억원)
- 임대보증금에서 발생한 이자수입 : 5,000천원
- 기획재정부령으로 정하는 정기예금 이자율은 3.5%로 가정
- 김현준씨는 복식장부의무자로 기장에 의해 신고함

① 약 30,746천원   ② 약 33,095천원   ③ 약 35,746천원
④ 약 38,095천원   ⑤ 약 40,000천원

24

□□□

다음은 박연성씨(48세, 남성)의 동거가족과 관련된 정보이다. 다음의 자료를 참고하여 박연성씨의 2024년도 인적공제액과 의료비세액공제액으로 적절한 것을 고르시오.

[박연성씨의 동거가족 관련 정보]
- **본인(48세)** : 근로소득금액 52,000천원(총급여액 65,000천원)이 있으며, 안경구 입비로 700천원을 지출함
- **모친(72세)** : 이자소득금액 3,000천원이 있음
- **아들(19세)** : 연간 소득금액이 없으며, 장애인복지법에 따른 장애인임
- **딸(14세)** : 연간 소득금액이 없으며, 수술비로 7,000천원을 지출함
- **동생(45세)** : 사업소득금액 46,000천원이 있음

	인적공제액	의료비세액공제액
①	9,000천원	832.5천원
②	9,000천원	862.5천원
③	10,000천원	832.5천원
④	10,000천원	862.5천원
⑤	10,500천원	832.5천원

25

복식부기의무자이자 개인사업자인 정새미씨는 일반음식점업과 상가임대업을 영위하고 있다. 정새미씨의 2024년도 소득금액과 결손금 및 이월결손금과 관련된 정보는 다음과 같다. 정새미씨의 2024년도 귀속 종합소득 과세표준으로 가장 적절한 것을 고르시오.

[정새미씨의 2024년도 소득금액 관련 정보]

구 분	금 액
일반사업소득금액	△4,000천원
임대사업소득금액	24,000천원
이자소득금액	25,000천원
기타소득금액	8,000천원

※ 종합소득공제액 : 10,000천원

[정새미씨의 이월결손금 관련 정보]

구 분	금 액
일반사업소득금액	△4,000천원
임대사업소득금액	△2,000천원
이자소득금액	–
기타소득금액	△7,000천원

① 30,000천원   ② 31,000천원   ③ 34,000천원
④ 35,000천원   ⑤ 38,000천원

26
□□□

유종진씨와 나서현씨 부부는 은퇴자금을 마련하고자 연금계좌에 투자하려는 계획을 세우고 있다. 유종진씨의 2024년 귀속 총급여액은 75,000천원이고, 나서현씨의 2024년 귀속 총급여액은 50,000천원이다. 다음 사례들의 연금계좌세액공제액을 계산한 것으로 가장 적절한 것을 고르시오. (단, 각 사례는 별개의 사례임)

> 가. 유종진씨는 2024년도 중 연금저축펀드에 8,000천원을 납입하고, 개인형 퇴직연금(IRP)에 2,000천원을 납입하였다.
> 나. 나서현씨는 2024년도 중 연금저축펀드에 2,000천원을 납입하였고, 유종진씨는 연금저축펀드와 확정기여(DC)형 퇴직연금에 본인 부담으로 각각 3,000천원씩 납입하였다.
> 다. 나서현씨는 2024년도 중 개인형 퇴직연금(IRP)에 7,000천원을 납입하였다.

	가	나	다
①	960천원	660천원	840천원
②	960천원	1,020천원	1,050천원
③	1,200천원	660천원	840천원
④	1,200천원	1,020천원	1,050천원
⑤	1,200천원	1,050천원	1,020천원

27

□□□

상속재산의 분할에 대한 설명으로 가장 적절한 것을 고르시오.

① 포괄유증 및 법정상속으로 상속지분이 결정되면 상속재산은 완전히 상속인이나 유증받는 자의 소유로 귀속된다.

② 상속인들은 공동상속재산에 대해 상속인 전원의 동의가 있어야만 임대차 등 관리행위를 할 수 있다.

③ 상속재산을 분할함에 있어 유언에 의한 분할방법의 지정이나 분할금지가 있더라도 공동상속인은 언제든지 협의로 상속재산을 분할할 수 있다.

④ 상속재산분할에 관하여 정해진 법정기간이 없고, 상속이 발생한 이후라면 언제든지 상속인간 상속재산분할이 가능하다.

⑤ 상속재산의 분할은 원칙적으로 상속분, 유증받을 지분에 맞게 분할되어야 하며 반드시 상속분과 분할재산의 비율이 일치해야 한다.

28

□□□

이현주씨는 오랜 지병으로 2024년 5월 3일 사망하였다. 이현주씨는 사망 전 3년 동안 다음과 같이 보유하고 있던 토지와 상가를 처분하고 채무를 부담한 내역이 있다. 다음 중 추정상속재산가액으로 적절한 것을 고르시오.

[이현주씨 재산처분 및 채무 부담 내역]

(단위 : 천원)

구 분	처분 및 차입일	처분 및 차입액	사용용도 입증금액
토 지	2022. 8. 24.	180,000	160,000
상 가	2024. 1. 7.	250,000	150,000
대출 A	2022. 4. 21.	350,000	250,000
대출 B	2023. 7. 3.	250,000	200,000

① 18,000천원　　② 20,000천원　　③ 34,000천원

④ 50,000천원　　⑤ 80,000천원

29
□□□

거주자 박세준씨(42세)가 지금까지 증여받은 아래 내역을 참고로 하여 2024년 9월 20일에 아버지로부터 다음과 같이 증여받고 법정신고기한 이내에 증여세를 신고할 경우 납부할 증여세액으로 적절한 것을 고르시오. (단, 박세준씨는 혼인 및 출산공제 해당없음)

구 분	증여일	증여 당시 증여재산평가가액	비 고
할아버지	2012. 7. 3.	200,000천원	−
아버지	2020. 6. 20.	3,000,000천원	창업자금 증여세 과세특례
어머니	2021. 5. 10.	100,000천원	−
아버지	2024. 9. 20.	500,000천원	−

① 92,150천원
② 94,090천원
③ 101,000천원
④ 102,000천원
⑤ 111,000천원

30
☐☐☐

갑이 을에게 상속세 및 증여세법상 시가가 900,000천원인 상가를 500,000천원에 양도하였다. 갑과 을이 특수관계자일 경우와 특수관계자가 아닐 경우 각각의 증여재산가액으로 적절한 것을 고르시오. (단, 양도거래 대가의 정당성은 인정받지 않음)

	특수관계자일 경우	특수관계자가 아닐 경우
①	100,000천원	100,000천원
②	130,000천원	100,000천원
③	130,000천원	130,000천원
④	400,000천원	130,000천원
⑤	400,000천원	300,000천원

정답 및 해설 | p.47

복합사례

복합사례
TEST 1

복합사례 Ⅰ (원론 · 보험 · 투자 · 세금)

복합사례 Ⅱ (보험 · 부동산 · 은퇴 · 상속)

복합사례 Ⅲ (원론 · 투자 · 은퇴 · 세금)

아래 주어진 정보를 참고하여 1번부터 10번까지의 질문에 답하시오. (질문하지 아니한 상황은 일반적인 것으로 판단하며, 개별 문제의 가정은 다른 문제와 관련 없음. 질문에 등장하는 개인은 모두 세법상 거주자에 해당함)

김상민씨는 2024년 1월 초에 CFP® 자격인증자를 찾아와 재무설계를 의뢰하였다. CFP® 자격인증자가 파악한 김상민씨의 정보는 아래와 같다.

Ⅰ 고객정보 (나이는 2024년 1월 초 만 나이임)

1. 동거가족
   - 김상민(35세) : 중견기업 제조업체 근로자, 종합소득금액 52,000천원
   - 허미란(33세) : 배우자, 전업주부
   - 김정훈(5세) : 아들
   - 김미정(3세) : 딸

2. 부모 및 형제자매
   - 김정한(73세) : 부친, 사업소득금액 1,000천원, 김상민씨가 실질적인 부양을 하고 있으며 주거환경상 별거하고 있음
   - 윤정옥(69세) : 모친, 전업주부, 김상민씨가 실질적인 부양을 하고 있으며 주거환경상 별거하고 있음
   - 김상철(28세) : 남동생, 지체 장애인, 김상민씨와 생계를 같이하고 있으며 질병의 요양상 일시퇴거한 상태임

II 재무목표

1. 재무관리 관련
- 김상민씨는 현재 주택담보대출을 상환 중에 있으나 달성하고자 하는 재무목표가 있기 때문에 현재 상환 중인 금액이 과도하지는 않은지 궁금해 하고 있다.
- 김상민씨는 두 자녀의 교육 및 결혼자금 마련을 위해 준비 중에 있으며, 부족한 자금에 대한 추가저축을 고려하고 있다.

2. 위험관리(보험설계) 관련
- 김상민씨는 자녀들이 아직 어리기 때문에 자신이 사망할 경우 가족들이 경제적인 어려움을 겪을 가능성이 높아 걱정하고 있으며, 현재 가입하고 있는 생명보험 상품이 조기사망이나 장애 발생 시 충분한 보장을 제공하고 있는지 궁금해 하고 있다.
- 김상민씨가 현재 거주 중인 아파트는 보험가액보다 낮은 금액의 주택화재보험에 가입하고 있는데, 아파트에 화재가 발생할 경우 보장금액이 충분한지 궁금해 하고 있다.

3. 투자설계 관련
김상민씨는 자녀의 결혼자금 마련 등을 위해 보유자산을 늘리고자 더 많은 금융자산의 구입을 고려하고 있으며, 금융자산을 추가 구입할 경우 어떤 금융자산이 더 유리한지 파악하고 싶어 한다.

4. 세금설계 관련
- 김상민씨는 연말정산을 할 때 어느 정도의 소득공제와 세액공제를 받아 유리하게 절세할 수 있는지 궁금해 하고 있다.
- 김정한씨는 자신의 사업과 관련된 수입과 비용이 사업소득금액에 어떻게 영향을 미칠지 궁금해 하고 있다.

III 경제지표 가정

- 물가상승률 : 연 3%
- 세후투자수익률 : 연 6%

IV 자산 세부내역 (2023년 12월 31일 현재)

1. 금융자산

(단위 : 천원)

구 분	명 의	가입일	만기일	투자원금	평가금액[1]	자금용도
CMA	김상민	2017. 5. 2.	–	30,000	32,000	–
정기예금	허미란	2022. 10. 1.	2025. 10. 1.	20,000	22,000	교육자금
주식형펀드	김상민	2021. 1. 5.	–	30,000	42,000	결혼자금
주식혼합형펀드	허미란	2020. 8. 25.	–	10,000	12,800	은퇴자금
채권혼합형펀드	김상민	2022. 6. 27.	–	8,000	9,100	은퇴자금
연금저축펀드[2]	김상민	2020. 4. 1.	–	18,000	21,000	은퇴자금

[1] 즉시 인출 가능하며 인출 관련 수수료 및 세금은 없음
[2] 주식형이며, 매년 2/4분기 상여금을 재원으로 4,500천원씩 납입하고 있음

2. 보장성보험

(1) 생명보험

(단위 : 천원)

구 분	종신보험[1]	암보험[2]	암보험[3]
보험계약자	김상민	허미란	김상민
피보험자	김상민	김상민	허미란
수익자	허미란	허미란	허미란
보험가입금액	200,000	30,000	20,000
계약일	2018. 12. 5.	2019. 5. 19.	2019. 5. 19.
월납보험료	172	32	23
보험료 납입기간	20년납	전기납	전기납

[1] 김상민씨 사망 시 사망보험금은 주계약에서 200,000천원이 지급되고, 60세 만기 정기특약에서 50,000천원이 지급됨
[2] 김상민씨 암사망 시 30,000천원, 암진단 시 10,000천원이 지급됨(5년 단위 갱신형 보험으로 갱신 시 보험나이 증가에 따른 보험료가 인상될 수 있으며, 일반사망 시 지급되는 보험금은 없음)
[3] 허미란씨 암사망 시 20,000천원, 암진단 시 10,000천원이 지급됨(만기 환급형이며, 암 이외의 원인으로 사망 시 사망보험금은 지급되지 아니하며, 사망시점의 해약환급금이 지급됨)

(2) 주택화재보험

보험계약자/피보험자	김상민
계약일/만기일	2023. 12. 2./2024. 12. 2.
보험가입금액	300,000천원
보험료	연간 50천원

3. 부채
- 신용카드 잔액 : 1,850천원
- 주택담보대출 잔액
  - 2021년 12월 초 아파트(기준시가 4억원) 구입 시 100,000천원 대출
  - 대출조건 : 20년 만기의 매월 말 원리금균등분할상환, 대출이율 연 7.5% 월복리 (고정금리)
  - 기타 : 3년 이내 조기상환 시 상환금액의 1.6%에 해당하는 금액의 조기상환수수료 부과

V 자녀교육 및 결혼비용 관련 정보

1. 자녀교육 관련 정보
- 아들 김정훈씨, 딸 김미정씨는 각각 19세부터 4년간 매년 초 현재물가기준으로 12,000천원의 대학교육비 필요
- 대학교육비는 매년 연 3.5%씩 상승함

2. 자녀결혼 관련 정보
- 예상 결혼 연령 : 아들 김정훈 나이 32세, 딸 김미정 나이 28세
- 결혼비용 : 현재물가기준 100,000천원 필요
- 결혼비용은 매년 물가상승률만큼 상승

01

풀어본 횟수를 체크하세요!

김상민씨의 주택담보대출에 대한 적절한 설명으로 모두 묶인 것을 고르시오.

> 가. 2023년 12월 말 현재 25회를 상환하였으며 주택담보대출 잔액은 95,130천원이다.
> 나. 2023년 12월 말 현재까지 상환한 대출원금은 4,870천원이다.
> 다. 김상민씨의 연 총소득이 52,000천원이라고 가정할 때, 현재 김상민씨의 주거관련부채상환비율은 54.67%로 가이드라인인 28%를 넘어 재무건전성이 매우 위험한 상태이다.
> 라. 동일한 대출이율이 적용될 경우 현재물가기준으로 비교하면 대출상환을 원리금균등상환방식으로 하는 것이 만기일시상환방식으로 하는 것보다 유리하다.

① 가, 다 ② 나, 라 ③ 가, 나, 다
④ 가, 나, 라 ⑤ 나, 다, 라

02

김상민씨는 두 자녀의 교육자금 마련을 위하여 아들 김정훈의 대학입학시점까지 금융상품에 투자할 계획이다. CFP® 자격인증자는 현재의 정기예금 투자금액으로는 김정훈의 대학입학시점에서 교육자금이 부족할 것으로 판단하여, 부족한 자금을 마련하기 위해 추가적인 투자를 할 것을 조언하려고 한다. 매년 말 채권혼합형펀드에 대학교육비상승률만큼 증액하여 투자할 경우 첫해 말 저축액으로 가장 적절한 것을 고르시오. (단, 정기예금과 채권혼합형펀드의 세후투자수익률은 각각 2%, 5.5%로 가정함)

① 3,745천원 ② 4,526천원 ③ 5,135천원
④ 5,314천원 ⑤ 6,513천원

03

□ □ □

김상민씨는 자녀의 결혼자금을 수익률 6%의 주식형펀드에 준비해두고 있다. 김상민씨는 결혼 준비자금의 적정성 여부를 먼저 판단한 후, 준비자금이 부족할 경우 매월 말 주식형펀드에 정액으로 추가적으로 저축하는 것을 고려하고 있다. 현재 준비된 결혼 준비자금으로 두 자녀의 결혼자금을 충족시킬 수 있는지 판단한 내용으로 적절한 것을 고르시오.

① 현재 준비된 주식형펀드의 수익률을 감안하면 김미정의 결혼시점에 필요한 자금을 초과하여 마련할 수 있다.

② 현재시점에서 필요한 두 자녀의 결혼자금 일시금은 75,270천원이다.

③ 김미정의 결혼시점에서 필요한 결혼자금 일시금은 157,599천원이다.

④ 김미정의 결혼시점에서 228,325천원이 부족하므로 매월 말 422천원을 저축하여야 한다.

⑤ 김미정의 결혼시점에서 226,813천원이 부족하므로 매월 말 335천원을 저축하여야 한다.

04

□ □ □

김상민씨는 자녀의 결혼자금 마련을 위해 추가적으로 펀드상품에 가입하고자 추천펀드의 정보를 수집하였다. 다음 펀드 정보를 고려할 때 샤프척도와 트레이너척도에 대한 설명으로 가장 적절하지 않은 것을 고르시오.

> [펀드상품 관련 정보]
> • 펀드의 실현수익률 : 연 6.8%
> • 펀드수익률의 표준편차 : 9.2%
> • 펀드의 베타계수 : 0.75
> • 벤치마크 수익률 : 5.5%
> • 무위험이자율 : 연 1.8%

① 샤프척도는 자본시장선의 원리를 이용하여 포트폴리오 성과를 측정한다.

② 트레이너척도는 0.067이며 그 값이 클수록 투자기간 중 포트폴리오 성과가 우월한 것으로 판단한다.

③ 개인투자자의 경우 몇 개 이내의 펀드에 분산투자하므로 트레이너척도보다는 샤프척도를 더 많이 사용한다.

④ 샤프척도는 0.722이며 체계적 위험 한 단위당 실현된 초과수익률을 의미한다.

⑤ 샤프척도는 펀드의 운용능력을 평가하는 용도로 사용하며 지수가 클수록 운용능력이 우수한 것으로 평가한다.

05
□□□

김상민씨는 최근 보유자산을 늘리고자 추가적으로 A기업의 주식을 구매하려고 한다. A기업의 배당은 매년 일정한 성장률로 증가한다. 구매하고자 하는 주식의 정보가 다음과 같을 때, 해당 주식의 주가를 구하는 과정과 평가에 대한 설명 중 적절하지 않은 것을 고르시오.

> [국내주식 정보]
> • 실질무위험수익률 : 10%
> • 물가상승률 : 3%
> • 위험프리미엄 : 2%
> • 기업의 배당성향 : 40%
> • 자기자본수익률(ROE) : 6%
> • 2024년 주당순이익 : 12,000원

① A기업의 요구수익률은 15%이고, 앞으로 3.6%로 성장할 것으로 예상된다.
② 산업평균 PER이 4.2라면 2024년 주당순이익 기준 적정주가는 50,400원이다.
③ 2025년 해당 주식의 주가가 43,500원이라면 2025년의 PER은 3.76으로 추정된다.
④ 2025년 해당 주식의 주당순이익은 12,432원으로 추정된다.
⑤ 2024년 배당액이 2,000원이라면 2024년의 주가는 17,544원으로 추정된다.

06
□□□

다음 추가 정보를 고려할 때 2024년 1월 초 김상민씨가 일반사망 시 니즈분석 방법에 따른 추가적인 생명보험 필요보장액으로 가장 적절한 것을 고르시오.

[추가 정보]

- 부인과 자녀의 필요자금(다음의 항목만 필요자금으로 고려함)
  - 2024년 1월 초 현재 아파트 주택담보대출 잔액
  - 2024년 1월 초 현재 두 자녀의 대학 교육자금(일시금)
  - 2024년 1월 초 현재 두 자녀의 결혼 필요자금(일시금)
  - 막내 독립 전(28세) 전까지 가족양육비 : 현재물가기준 연 30,000천원
- 준비자금(다음의 항목만 준비자금으로 반영함)
  - 김상민씨의 종신보험 사망보험금
  - 김상민씨 사망에 따른 유족연금은 현재물가기준 연 6,000천원이며, 막내 독립 전까지 수령하는 금액만 고려함
  - ※ 가족양육비는 매년 초 필요하고, 국민연금 유족연금은 매년 초 수령하며, 가족양육비 와 국민연금 수령액은 매년 물가상승률만큼 증액됨
  - ※ 국민연금 유족연금의 부양가족연금액은 고려하지 않음

---

① 389,074천원   ② 439,074천원   ③ 562,820천원

④ 688,794천원   ⑤ 806,462천원

07 □□□

김상민씨가 거주하는 아파트에 화재가 발생하여 건물에 대하여 재산손해액 50,000천원, 잔존물제거비용 7,000천원, 손해방지비용 5,000천원, 기타협력비용 5,000천원이 발생하였다. 주택화재보험을 통해 김상민씨가 받을 수 있는 보험금의 합계로 가장 적절한 것을 고르시오. (단, 보험가액은 350,000천원임)

① 55,000천원　　② 60,000천원　　③ 65,000천원
④ 67,000천원　　⑤ 70,000천원

08 □□□

김상민씨가 아래와 같은 자동차 사고로 사망 시 가해차량이 가입된 자동차보험 약관상 지급될 수 있는 사망보험금으로 가장 적절한 것을 고르시오. (단, 보험금은 사고일로부터 7일 이내에 지급한다고 가정함)

> [사고 관련 정보]
> - 사망자 : 김상민(1988년 4월 21일)
> - 사망일 : 2024년 9월 10일
> - 과실관계 : 사고 후 김상민씨의 과실비율은 20%로 판명됨
> - 김상민씨의 월평균 현실소득액 : 4,000천원, 직업 정년은 65세임
> - 취업가능월수에 대한 호프만계수
>   - 343개월 : 212.7177
>   - 344개월 : 213.1286
> - 상대방 가해 승용차는 개인용자동차보험의 모든 담보에 가입되어 있음

① 332,053천원　　② 464,214천원　　③ 521,798천원
④ 580,275천원　　⑤ 665,275천원

09 □□□

다음의 2024년도 귀속 지출 내역을 참고하여 김상민씨의 2024년도 귀속 연말정산 시 최대한 적용받을 수 있는 종합소득공제액과 특별세액공제액으로 가장 적절한 것을 고르시오. (단, 김상민씨의 총급여액은 65,000천원으로 가정함)

[2024년도 귀속 지출 내역]

• 김상민씨의 연금보험료 등 지출 내역
  - 국민연금보험료 본인 부담액 : 150천원
  - 고용보험료 본인 부담액 : 60천원
• 김상민씨의 교육비 지출 내역
  - 아들의 태권도학원 등록비 : 200천원
  - 딸의 미술학원 등록비 : 160천원
  - 배우자의 대학원 등록비 : 8,000천원
• 김상민씨의 의료비 지출 내역
  - 아버지의 질병 치료를 위한 수술비 : 5,000천원
  - 아들의 시력보정용 안경 구입비 : 750천원
  - 동생의 장애 치료를 위한 병원비 : 600천원

	종합소득공제액	특별세액공제액
①	10,210천원	676.5천원
②	10,210천원	796.5천원
③	13,710천원	676.5천원
④	13,710천원	796.5천원
⑤	13,710천원	1,996.5천원

10 □□□

소매업을 영위하는 김정한씨(개인사업자이자 일반과세사업자)의 사업소득과 관련하여 다음의 설명 중 가장 적절한 것을 고르시오. (단, 김정한씨는 복식부기의무자임)

[2024년도 귀속 사업현황]
- 매출액 5,500천원(판매장려금 500천원 포함)이 발생하였다.
- 2020년에 발생한 이월결손금 3,500천원이 있다.
- 지출한 필요경비에는 다음의 항목들이 포함되어 있다.
  - 사업용 자산의 손해보험료(적립보험료 부분 제외) : 700천원
  - 유형자산 처분손실 : 900천원
  - 기업업무추진비 한도초과액 : 300천원

① 김정한씨의 사업소득금액을 계산하기 위한 총수입금액은 판매장려금을 제외한 5,000천원이다.

② 2020년에 발생한 이월결손금은 종합소득금액을 계산할 때 고려하지 않는 항목이다.

③ 사업용 자산의 손해보험료는 사업소득금액 계산 시 필요경비에 산입된다.

④ 김정한씨의 사업소득금액 계산 시 필요경비불산입액은 1,200천원이다.

⑤ 김정한씨가 추계에 의하여 장부를 작성하더라도 이월결손금 공제를 받을 수 있다.

아래 주어진 정보를 참고하여 11번부터 20번까지의 질문에 답하시오. (질문하지 아니한 상황은 일반적인 것으로 판단하며, 개별 문제의 가정은 다른 문제와 관련 없음. 질문에 등장하는 개인은 모두 세법상 거주자에 해당함)

박현철씨는 2024년 1월 초에 고다윤 CFP® 자격인증자를 찾아와 재무설계를 의뢰하였다. CFP® 자격인증자가 파악한 박현철씨의 정보는 아래와 같다.

Ⅰ 고객정보 (나이는 2024년 1월 초 만 나이임)

1. 동거가족
   - 박현철(51세) : 개업공인회계사, 작년도 수입 180,000천원
   - 서은영(50세) : 배우자, 전업주부
   - 박보성(23세) : 아들, 대학생
   - 박보미(18세) : 딸, 고등학생, 장애인

2. 부모 및 형제자매
   - 박성환(76세) : 부친, 박현철과 별도 주택에서 아내 홍선자와 거주
   - 홍선자(73세) : 모친, 전업주부
   - 박현정(53세) : 누나, 전업주부, 현장호(55세, 개인사업자)와 결혼하여 딸 2명과 함께 현장호 소유주택에 거주
   - 박현우(49세) : 남동생, 금융회사 부장, 이수미(45세, 교사)와 결혼하여 외동딸 박은정(20세)과 함께 박현우 소유주택에 거주

Ⅱ 자산 세부내역 (2023년 12월 31일 현재)

1. 금융자산
(단위 : 천원)

구 분	명 의	가입일	만기일	투자원금	평가금액[1]	자금용도
CMA	박현철	2023. 5. 2.	–	85,000	86,200	–
정기예금	서은영	2022. 10. 1.	2025. 10. 1.	40,000	41,452	–
적립식 주식형펀드	박현철	2019. 1. 5.	–	28,000	( )	자녀교육
상장주식	박현철	2020. 8. 25.	–	30,000	( )	자녀결혼
변액연금보험[2]	박현철	2018. 1. 2.	–	월 500	( )	은퇴자금

[1] 즉시 인출 가능하며 인출 관련 수수료 및 세금은 없음
[2] 투자수익률이 연 5.5%로 기대되는 주식혼합형펀드를 선택하여 운용하고 있으며, 수익률은 향후에도 변동 없는 것으로 가정함

2. 부동산자산

(단위 : 천원)

구 분	소유자	취득일자	취득 당시 기준시가/취득원가	현재 기준시가/적정시세	비 고
아파트 A	박현철	2015. 5. 7.	623,870/950,000	800,000/1,200,000	• 전용면적 138.6㎡ • 박현철 세대 전원이 취득 이후 계속 거주
상가 B	박현철	–	–	380,000/380,000	• 임대보증금 : 30,000 • 월임대료 : 2,500 • 2016년 부친으로부터 증여 받음

※ 기준시가의 의미는 다음과 같으며, 2024년 기준시가는 2023년도 말과 변동 없음
 - 양도소득세 계산 시 적용되는 양도 및 취득 당시 기준시가를 의미
 - 상속세 및 증여세법상 보충적 평가방법 적용 시 아파트는 공동주택가격, 상가는 국세청장이 산정·고시한 상가 건물의 기준시가(부수토지 포함)를 의미
 - 지방세법상 시가표준액 및 종합부동산세법상 공시가격을 의미

3. 보장성보험
(1) 생명보험

(단위 : 천원)

구 분	종신보험[1]	암보험[2]	실손의료보험[3]
보험계약자	박현철	서은영	박현철
피보험자	박현철	서은영	박현철
수익자	서은영	법정상속인	박현철
보험가입금액	500,000	50,000	• 입원 : 질병당 30,000 • 통원(외래) : 회(건)당 250, 약제 50
계약일	2008. 11. 13.	2011. 10. 5.	2019. 5. 19.

[1] 일반사망 시 주계약에서 500,000천원, 65세 만기 정기특약에서 50,000천원이 추가로 지급됨
[2] 만기환급형이며 암진단 시 30,000천원, 암수술 1회당 3,000천원, 암사망 시 사망보험금 300,000천원이 지급됨
[3] 3세대 실손의료보험 선택형(급여 90%, 비급여 80%)으로 가입

(2) 주택화재보험

보험계약자/피보험자	박현철
계약일/만기일	2023. 12. 2./2024. 12. 2.
보험가입금액	200,000천원
보험료	연간 40천원

4. 국민연금
박현철씨는 65세부터 매년 초 현재물가기준으로 12,000천원의 연금을 수령함

III 재무목표

1. 위험관리(보험설계) 관련
박현철씨는 자신이 사망하더라도 가족들이 현재의 생활 수준을 유지하기를 원하며, 질병 또는 사고가 발생할 경우 현재 가입 중인 생명보험 상품의 보장금액이 충분한지 알고 싶어 한다.

2. 부동산설계 관련
서은영씨는 음식점 운영을 위해 상가를 매수할 계획을 가지고 있어 투자기법을 통한 분석 후 더 유리한 상가를 매수하고자 한다.

3. 은퇴설계 관련
박현철씨 부부는 은퇴 이후 목표로 하는 은퇴생활 수준을 충족하기 위해 필요한 은퇴일시금이 어느 정도 되는지 궁금해 하며, 부족한 은퇴일시금 마련을 위한 추가저축(투자)을 계획하고자 한다. 은퇴설계 관련 추가 정보는 다음과 같다.
- 은퇴나이와 기대수명 : 박현철씨는 65세부터 은퇴생활을 시작하며 기대수명은 89세 말까지이다.
- 은퇴생활을 위한 연간 은퇴생활비는 현재물가기준으로 연 45,000천원을 필요로 한다.
- 총은퇴일시금은 은퇴 첫해 부족한 소득액을 초기인출률 4.5%로 나누어 산출한다.
- 국민연금은 매년 초에 지급되고 은퇴소득은 매년 초에 필요하며 매년 물가상승률만큼 증가한다.
- 현재 준비하고 있는 은퇴자산으로는 6년 전에 가입한 변액연금보험만 있다.
- 현재 추가저축 여력은 월 3,000천원이며, 저축 여력은 매년 4%씩 증가될 것으로 예상된다.

4. 상속설계 관련
박현철씨는 사전증여가 상속설계에서 어떤 절세 효과가 있는지, 부모 사망에 따라 본인이 받을 수 있는 구체적 상속재산이 어느 정도 되는지 궁금해 하고 있다. 상속설계 관련 추가 정보는 다음과 같다.

(1) 박성환(부친), 홍선자(모친)의 자산현황(2024년 1월 1일 현재)
- 금융자산

(단위 : 천원)

구 분	금융자산	금년도 예상소득	비 고
박성환	1,500,000	이자소득 : 30,000 배당소득 : 10,000	예상소득 모두 원천징수세율 15.4%(지방소득세 포함)가 적용되는 금융소득임
홍선자	800,000	이자소득 : 15,000 배당소득 : 1,000	

- 부동산자산

(단위 : 천원)

구 분	소유자	취득일	취득 당시 취득원가	현재 적정시세	비 고
아파트 C	박성환	2006. 7. 21.	750,000	1,750,000	• 전용면적 165 ㎡ • 부친세대 전원이 취득 후 계속 거주
토지 D	박성환	2004. 8. 21.	450,000	1,350,000	• 소득세법상 비사업용 토지에 해당
상가 E	박성환	2008. 4. 6.	650,000	1,600,000	• 임대보증금 : 250,000 • 월임대료 : 4,500
상가 F	박성환	2014. 8. 1.	350,000	550,000	• 임대보증금 : 20,000 • 월임대료 : 1,300

※ 임대보증금 운용수익률은 연 5%

(2) 박성환(부친)의 증여현황(2024년 1월 1일 현재)　　　　　　　　　　(단위 : 천원)

수증자	증여일	증여재산	증여재산가액[1]
배우자 홍선자	2016. 5. 10.	상장주식	200,000
아들 박현철	2016. 4. 22.	부동산(상가 B)	250,000
아들 박현우	2016. 4. 22.	부동산	230,000
딸 박현정	2016. 4. 22.	현 금	300,000
손자 박보성	2018. 8. 6.	현 금	30,000

[1] 상속세 및 증여세법상 증여일 현재의 증여재산 평가가액임

Ⅳ 경제지표 가정

- 물가상승률 : 연 3%
- 세후투자수익률 : 연 6%

11

□□□

다음의 추가 정보를 참고하여 박현철씨가 오늘 사망할 경우 유동성을 제공하기 위한 생명보험의 필요보장액으로 가장 적절한 것을 고르시오.

[추가 정보]

- 예상 사후정리비용
  - 장례비 : 18,000천원
  - 최후의료비 : 25,000천원
  - 사후조정자금 : 45,000천원
  - 상속처리비용 : 350,000천원
- 유동자산 분류 시 유의사항
  - 국민연금의 유족연금이나 일시금 등 국민연금의 급부는 고려하지 않음
  - 변액연금보험은 해지하지 않고 계속 납입하여 배우자의 은퇴자금으로 사용함
  - 부동산 및 골프회원권은 유동자산으로 고려하지 않음

① 유동자산이 생명보험 필요보장액을 189,652천원 초과하므로 추가적인 보장이 필요 없다.

② 유동자산이 생명보험 필요보장액보다 189,652천원 부족하므로 추가적인 보장이 필요하다.

③ 유동자산이 생명보험 필요보장액을 239,652천원 초과하므로 추가적인 보장이 필요 없다.

④ 유동자산이 생명보험 필요보장액보다 239,652천원 부족하므로 추가적인 보장이 필요하다.

⑤ 유동자산이 생명보험 필요보장액보다 310,348천원 부족하므로 추가적인 보장이 필요하다.

12 □□□

다음과 같은 사고가 발생한 경우 가해차량이 가입된 자동차보험에서 박현우씨에게 지급되는 보험금에 대한 설명으로 가장 적절한 것을 고르시오.

[사고 관련 정보]
- 박현우씨는 자가용으로 퇴근하던 중 과속하던 차량에 치여 후유장애평가율(노동능력상실률) 40%의 판정을 받았으며, 박현우씨의 과실은 30%이다.
- 사고일 : 2024년 5월 6일
- 박현우씨의 생년월일 : 1974년 3월 15일
- 박현우씨의 월평균현실소득액은 5,200천원, 직업정년은 65세로 가정함
- 박현우씨의 차량가액 : 25,000천원(출고일 2023년 4월 1일)
- 취업가능월수(178개월)에 대한 호프만계수 : 132.9495
- 취업가능월수(178개월)에 대한 라이프니쯔계수 : 125.5070
- 상대방 가해 승용차는 개인용자동차보험의 모든 담보에 가입되어 있음

① 박현우씨의 차량이 가해차량의 과실로 파손된 경우 수리비용의 최대 30%까지 가해차량의 자동차보험에서 보상받을 수 있다.
② 차량의 수리비용으로 7,000천원이 발생했다면 자동차 시세하락 손해로 1,400천원을 보상받을 수 있다.
③ 노동능력상실률이 50% 미만이므로 후유장해에 따른 위자료는 4,000천원이다.
④ 상실수익액 산정 시 라이프니쯔계수를 사용하여 계산한다.
⑤ 박현우씨의 후유장애에 따라 가해차량의 보험사로부터 지급받을 수 있는 후유장해보험금은 195,254천원이다.

13

□□□

박현철씨의 아파트에 원인 모를 화재가 발생하였다. 화재보험 가입내용이 다음과 같을 때 박현철씨가 가입한 화재보험에서 보상받을 수 있는 보험금으로 가장 적절한 것을 고르시오. (단, 아파트 관리사무실에서 별도로 가입한 화재보험은 없음)

[보험 관련 정보]
- 보험가액 : 400,000천원
- 보험가입금액 : 200,000천원
- 재산손해액 : 120,000천원
- 잔존물제거비용 : 10,000천원
- 기타협력비용 : 5,000천원

① 70,000천원　　　② 75,000천원　　　③ 81,250천원
④ 83,450천원　　　⑤ 86,250천원

14
□□□

박현철씨는 은퇴소득을 확보하기 위해 6년 전부터 변액연금보험에 가입하여 매월 말 500천원을 납입하고 있다. 박현철씨는 향후 은퇴시점까지 보험료를 계속 납입하고 은퇴시점부터 20년간 매년 초에 연금을 수령할 계획이다. 박현철씨가 매년 수령할 수 있는 연금액으로 가장 적절한 것을 고르시오. (단, 변액연금의 사업비 등 제반비용은 고려하지 않는 것으로 가정함)

① 13,600천원   ② 15,300천원   ③ 17,000천원
④ 18,200천원   ⑤ 19,500천원

15
□□□

박현철씨가 목표로 하는 은퇴소득을 확보하기 위하여 은퇴시점에서 부족한 은퇴일시금으로 적절한 것을 고르시오.

① 518,901천원   ② 733,333천원   ③ 894,800천원
④ 1,009,430천원   ⑤ 1,109,232천원

16
□□□

박현철씨는 은퇴시점에서 부족한 은퇴일시금 마련을 위해 은퇴저축을 계획하고 있다. 추가저축은 지금부터 은퇴시점까지 매년 초 저축 여력 증가율만큼 증액하여 매월 말에 저축하며, 저축하고자 하는 금융상품의 세후투자수익률은 연 7%이다. 박현철씨가 목표은퇴소득 충족을 위해 올해 매월 말 추가로 저축해야 하는 금액으로 가장 적절한 것을 고르시오. (단, 은퇴시점에서 부족한 은퇴일시금은 900,000천원이라고 가정함)

① 2,156천원   ② 2,251천원   ③ 2,342천원
④ 2,443천원   ⑤ 2,575천원

17
□□□

서은영씨는 음식점 운영을 위해 상가 G를 매수할 예정이다. 매입을 검토하고 있는 상가 G에 대한 정보가 다음과 같을 때, 서은영씨가 상가 G 투자시 생각하는 요구수익률과 상가 G의 직접환원법에 의한 수익가치에 대한 설명으로 가장 적절한 것을 고르시오.

[상가 G 관련 정보]
- 상가 G의 예상 순영업이익(NOI) : 월 2,500천원
- 은행의 대출이자율 : 4.0%
- 대출가능 금액 : 매입가의 20%
- 상가 G의 매도인이 제시하는 금액 : 500,000천원
- 세금과 부대비용 등은 고려하지 않음

① 서은영씨가 상가 G 투자 시 생각하는 요구수익률이 연 4.0%일 경우 매도인이 제시하는 금액으로 매수한다면 200,000천원의 이익이 발생한다.

② 서은영씨가 상가 G 투자 시 생각하는 요구수익률이 연 5.0%일 경우 매도인이 제시하는 금액으로 매수한다면 100,000천원의 이익이 발생한다.

③ 서은영씨가 상가 G 투자 시 생각하는 요구수익률이 연 6.0%일 경우 매도인이 제시하는 금액으로 매수한다면 50,000천원의 손해가 발생한다.

④ 서은영씨가 상가 G 투자 시 생각하는 요구수익률이 연 8.0%일 경우 수익가치는 350,000천원이다.

⑤ 서은영씨가 상가 G 투자 시 생각하는 요구수익률이 연 10%일 경우 수익가치는 320,000천원이다.

18 ☐☐☐ 박현철씨의 부친인 박성환씨가 소유하고 있는 토지 D는 현재 나대지로서 종합합산과세 대상군으로 분류되어 재산세 부담이 상대적으로 더 크다. 박성환씨는 소유한 토지 D를 개발하여 수익성 있는 사업으로 운용하고자 한다. 인근의 유사한 표준지공시지가와 실거래를 이용하여 산정한 토지 D의 적정시세는 1,350,000천원으로 주변지역에 전철역이 개발 중이며 역세권에 해당한다. 박성환씨가 소유한 토지 D를 다음과 같이 개발하여 다세대주택을 신축할 경우 예상되는 토지 D의 자기자본 투자가치로 가장 적절한 것을 고르시오. (순영업수익을 기준으로 계산할 것)

[추가 정보]
- 토지 D의 지목은 대지, 토지면적은 800㎡이며, 제2종 일반주거지역으로 건폐율은 50%, 용적률은 200%임
- 다세대주택으로 개발할 경우 ㎡당 건축비는 직접비와 간접비를 모두 합하여 약 850천원/㎡이 소요될 것으로 예상되며, 비용은 개발시점에 전액 투입되는 것으로 가정함
- 수익은 개발시작 1년 후인 신축건물 준공시점부터 발생할 것으로 예상되며, 보증금은 250천원/㎡, 월세는 15천원/㎡이고 보증금 운용이율은 5.5%임
- 순영업수익 산정 시 일반관리비 및 운영비는 고려하지 않음
- 다세대주택으로 5년간 보유한 후 매각할 예정이며 5년째 순영업수익을 기준으로 종합환원율 8.0%를 적용하여 매각할 것으로 예상되며 박성환씨의 기대수익률은 6.0%임

① 토지의 자기자본 투자가치는 약 2,254,613천원으로 예상된다.
② 토지의 자기자본 투자가치는 약 2,648,520천원으로 예상된다.
③ 토지의 자기자본 투자가치는 약 2,841,458천원으로 예상된다.
④ 토지의 자기자본 투자가치는 약 3,648,512천원으로 예상된다.
⑤ 토지의 자기자본 투자가치는 약 3,891,320천원으로 예상된다.

19

□□□

부친인 박성환씨가 2024년 1월 1일 사망한다면 박현철씨를 비롯한 그의 상속인들이 박성환씨의 소유 재산을 상속받을 때 납부해야 할 상속세의 규모와 납부 방법에 대해서 궁금해 하고 있다. 다음의 추가 정보를 고려하였을 때 상속세 및 증여세법상 설명으로 가장 적절한 것을 고르시오.

[박성환씨 상속 관련 정보]

(단위 : 천원)

구 분	상속세 및 증여세법상 평가액	비 고
금융자산	1,500,000	–
부동산자산	( )	시나리오 Ⅲ. 재무목표 4. 상속설계 관련 참고
사전증여자산	( )	시나리오 Ⅲ. 재무목표 4. 상속설계 관련 참고

- 상속재산에서 차감되는 장례비용은 15,000천원이며 신용대출이 270,000천원이 있는 것으로 가정함
- 상속세 과세표준은 '상속세 과세가액 – 상속공제'로 산출한다.
- 상속공제는 일괄공제, 금융재산 상속공제만 고려하며 순금융재산은 1,200,000천원으로 가정한다.

① 상속세 과세가액은 7,730,000천원이다.
② 상속세 산출세액은 2,912,500천원이다.
③ 납부할 세액이 2,800,000천원이라면 분납 신청 시 납부할 세액에서 1천만원을 공제한 금액만큼을 한도로 분납할 수 있다.
④ 박성환씨가 증여한 사전증여재산은 1,010,000천원이다.
⑤ 금융재산 상속공제액은 300,000천원이다.

20
□□□

박현철씨는 부모의 상속을 준비하면서 상속설계의 중요성을 깨닫고 만일의 상황에 대비해 자신이 사망한 이후 유족들이 상속분쟁을 겪지 않도록 유언장을 작성해두려고 한다. 다음 중 박현철씨 유언에 대한 적절한 설명으로 모두 묶인 것을 고르시오.

가. 박현철씨는 언제든지 유언을 하거나 생전행위로써 유언의 일부나 전부를 철회할 수 있으며, 유언을 철회할 권리를 포기하는 것도 가능하다.

나. 박현철씨가 비밀증서방식으로 봉서된 유언장을 작성하였다면 그 표면에 기재된 날, 즉 제출 연월일로부터 5일 이내에 공증인 또는 법원서기에게 제출하여 그 봉인 위에 확정일자인을 받아야 한다.

다. 박현철씨가 공정증서유언을 하는 경우 유언자의 의사에 따라 기명날인이 된 것으로 볼 수 있다면 반드시 유언자 자신이 기명날인을 할 필요는 없다.

라. 유언집행자를 별도로 지정하지 않았다면 부친인 박성환씨가 유언집행자가 된다.

마. 박현철씨가 자필증서유언을 작성하면서 유언내용과 연월일, 주소, 성명을 자신이 쓰고 날인하였더라도 검인이나 개봉 절차를 거치지 않으면 그 효력이 발생하지 않는다.

① 가, 나
② 나, 다
③ 나, 다, 라
④ 나, 다, 라, 마
⑤ 가, 나, 다, 라, 마

복합사례 Ⅲ

아래 주어진 내용을 참고하여 21번부터 30번까지의 질문에 답하시오. (질문하지 아니한 상황은 일반적인 것으로 판단하며, 개별 문제의 가정은 다른 문제와 관련 없음. 질문에 등장하는 개인은 모두 세법상 거주자에 해당함)

정수호씨는 2024년 1월 초에 허윤도 CFP® 자격인증자를 찾아와 재무설계를 의뢰하였다. CFP® 자격인증자가 파악한 정수호씨의 정보는 아래와 같다.

Ⅰ 고객정보 (나이는 2024년 1월 초 만 나이임)

1. 배우자 및 직계비속
   - 정수호(40세) : ㈜한성유통 차장
   - 김영지(37세) : 배우자, 전업주부
   - 정나윤(11세) : 딸, 학생
   - 정두준(7세) : 아들, 학생

2. 부모 및 형제자매
   - 정한수(75세) : 부친, 2023년도 중 정수호와 별개의 거주지에서 아내 심재순씨와 함께 거주
   - 심재순(70세) : 모친(계모)
   - 정영미(43세) : 누나, 전남편과 이혼 후 김재호(48세)와 재혼, 자녀로 정영미의 아들 홍주현(14세)과 김재호의 딸 김은빛(17세)이 있으며 모두 김재호의 아파트에서 함께 거주

Ⅱ 재무적(정량적) 정보

1. 수입 내역
   - 정수호 : 세전 연수입 72,000천원

2. 지출 내역
   - 정한수 용돈 월 1,000천원, 김영지 용돈 월 700천원
   - 기타생활비 월 3,000천원
   - 보장성보험료 월 600천원

3. 자산 내역
   (1) 금융재산 현황
   (단위 : 천원)

구 분	명 의	현재 금액	비 고
채 권	정수호	30,700(액면금액)	소득세 원천징수세율은 14%임
정기예금	김영지	21,500(현재 금액)	소득세 원천징수세율은 14%임
상장주식	정수호	52,000(현재 평가액)	5종목으로 분산되어 있으며, 최초 투자금액은 40,000천원임
집합투자증권	정수호	132,000(현재 평가액)	–

   (2) 부동산자산
   (단위 : 천원)

구 분	소유자	취득일자	취득 당시 기준시가/취득원가	현재 기준시가/적정시세	비 고
아파트 A	정수호	2009. 4. 25.	300,000/350,000	950,000/1,200,000	• 전용면적 149 ㎡ • 정수호 세대 거주

Ⅲ 비재무적(정성적) 정보

• 정수호씨와 김영지씨의 위험 수용성향은 모두 위험중립형에 해당함

Ⅳ 재무목표

1. 재무관리 관련
   정수호씨는 퇴사 이후 재무적으로 큰 변화가 있을 것으로 예상하고 종합적인 재무전략을 수립하고자 한다. 그 중에서도 두 자녀의 대학교육자금을 마련하는 데 부족함은 없는지 점검해 보고 싶어 한다.

2. 투자설계 관련
   정수호씨는 현재 보유하고 있는 자산의 기대수익률과 위험을 파악하여 자산보유현황이 알맞은지 확인하고 싶어 한다. 또한 주식을 추가 구매하여 자녀의 교육자금을 마련하고자 한다.

3. 은퇴설계 관련

　　은퇴 이후의 삶에 대해 구체적으로 생각해 본 적이 없는 정수호씨 부부는 은퇴자산 마련을 위해 포트폴리오를 구성하고 싶어 한다. 은퇴설계 관련 추가 정보는 다음과 같다.

- 은퇴시기 : 정수호씨 나이 60세부터 25년간
- 목표은퇴소득 : 현재물가기준으로 연간 35,000천원
- 국민연금 : 정수호씨 나이 60세부터 연 15,000천원 수령할 예정
- 국민연금은 매년 초 지급되고 은퇴소득은 매년 초 필요하며 매년 물가상승률만큼 증가한다.

4. 세금설계 관련

- 정수호씨는 부양가족들을 위해 지출한 금액에 대해 세제혜택을 받을 수 있는지 궁금해 한다.
- 자녀들의 교육 문제로 현재 거주 중인 아파트를 매각하고 새로운 아파트로 이사 갈 때 발생하게 될 세금문제를 고려하고자 한다.

Ⅴ 경제지표 가정

- 물가상승률 : 연 3.5%
- 세후투자수익률 : 연 6%

Ⅵ 자녀교육 관련 정보

- 딸 정나윤씨, 아들 정두준씨는 각각 19세에 4년제 대학교에 입학할 예정이며, 대학교육비는 매년 초 현재물가기준으로 연간 12,000천원 필요할 것으로 예상함
- 대학교육비는 매년 연 4%씩 상승함

21

□□□

정수호씨는 퇴사 후 수입이 줄어들면 다른 직장으로 옮기는 것보다 개인사업을 하는 것을 고려해보고자 한다. 다음의 정보를 바탕으로 정수호씨가 준비해야 할 저축금액과 저축방법에 관한 CFP® 자격인증자의 조언으로 가장 적절하지 않은 것을 고르시오.

[추가 정보]
- 퇴직 및 사업예상시기 : 50세
- 필요한 사업자금 : 500,000천원(현재물가기준)
- 매년 저축가능한 금액(저축 여력) : 연 50,000천원
- 저축에 대한 세후투자수익률은 5%로 가정함
- 저축은 지금부터 사업개시 직전까지 할 예정임

① 정수호씨의 예상 사업개시시점에 필요한 사업자금은 705,299천원이다.

② 10년간 매년 말 정액으로 저축했을 경우 사업개시시점에서 필요한 사업자금을 충분히 마련할 수 있다.

③ 10년간 매년 말 물가상승률만큼 증액저축을 할 경우 첫해 저축해야 할 금액은 48,464천원이다.

④ 10년간 매년 말 물가상승률만큼 증액저축을 할 경우 2년째부터 저축 여력이 부족하여 더 이상 물가상승률로 증액하여 저축할 수 없다.

⑤ 현재 저축 여력으로 사업자금을 마련하는 것은 어렵다는 것을 설명하고 현재 별도의 목적없이 보유하고 있는 집합투자증권을 해지하여 사업자금에 충당하는 것을 권고하였다.

22

정수호씨는 첫째 자녀가 대학에 입학하는 시점까지 두 자녀의 대학교육자금을 모두 마련할 계획이다. 교육자금은 현재 가입 중인 상장주식을 활용할 계획이며, 상장주식의 세후투자수익률은 연 6%로 기대된다. 다음 중 CFP® 자격인증자의 평가로 적절한 것으로만 모두 묶인 것을 고르시오.

> 가. 두 자녀가 모두 졸업할 때까지의 교육비를 충당하기 위해 첫째 자녀 입학시점에서 필요한 일시금은 123,026천원이다.
> 나. 두 자녀의 교육자금을 위해 확보되어 있는 자금은 첫째 자녀가 입학하는 시점에 82,880천원이다.
> 다. 현재 보유 중인 정기예금을 해지하여 상장주식에 재투자하였다면, 첫째 자녀 입학시점에서 필요한 교육비를 모두 충당할 수 있다.
> 라. 만약 두 자녀가 향후 해외대학에 입학하게 될 경우, 환변동위험을 고려하여 환율 하락 시마다 조금씩 외화를 분할 매입하도록 주지한다.

① 모두 적절함   ② 가, 나   ③ 다, 라
④ 가, 나, 라   ⑤ 나, 다, 라

23

정수호씨는 현재 보유 중인 상장주식으로는 두 자녀의 교육자금을 마련할 수 없을 것으로 예상되어 추가적으로 세후투자수익률 6%의 저축을 하려고 한다. 교육자금의 부족액을 충당하기 위하여 현재부터 첫째 자녀 대학 입학시점까지 매년 말 정액저축을 하는 경우와 매년 말 대학교육비상승률만큼 증액시켜 저축을 하는 경우를 비교한 결과를 설명한 것으로 가장 적절한 것을 고르시오.

① 현재시점에서 정수호씨가 준비해야 할 교육비 부족액은 35,982천원이다.
② 정액저축을 하는 경우 매년 말 5,263천원을 저축해야 한다.
③ 대학교육비상승률만큼 증액저축을 하는 경우 첫해 말 저축액은 4,896천원이다.
④ 첫해 말 정액저축액이 증액저축액보다 367천원 많다.
⑤ 5회차 시점에 납입해야 하는 증액저축액은 정액저축액을 초과한다.

24
□□□

정수호씨는 ㈜성우상사에 투자하고자 다요인모형을 활용하여 해당 회사의 수익률을 분석하고자 한다. ㈜성우상사의 주식수익률은 최근 경기불황으로 인해 3.5% 하락했으며, 그 외 특이사항은 없다. 기대수익률은 연 12%이고 시장이자율과 물가상승률에 의하여 영향을 받는다고 할 때, ㈜성우상사의 실제수익률로 가장 적절한 것을 고르시오.

변 수	민감도	예상수치	실제수치
시장이자율	2.0	6.4%	6.0%
물가상승률	−2.0	4.8%	5.3%

① 17.3%

② 13.7%

③ 10.3%

④ 8.7%

⑤ 6.7%

25
□□□

CFP® 자격인증자는 정수호씨의 투자성향을 감안하여 다음과 같이 자산을 배분하였다. 1년 후 95.45%의 신뢰구간에서 달성 가능한 기대수익률의 범위를 적절하게 표시한 것을 고르시오. (단, 수익률 범위는 정규분포를 가정함)

자산군	기대수익률	투자비중	수익률 표준편차	기 타
채 권	5%	45%	3%	채권과 주식의
주 식	8%	55%	18%	상관계수는 0.2

① −13.86 ~ 27.16%

② −8.06 ~ 21.86%

③ −5.526 ~ 18.272%

④ −1.666 ~ 20.533%

⑤ −0.58 ~ 14.38%

※ 정수호씨는 은퇴자산 마련을 위해 포트폴리오를 구성하여 투자하려고 한다. 다음의 자료를 참고하여 문제 26번과 27번의 질문에 답하시오.

[은퇴자산 포트폴리오 관련 정보]
• 투자기간 : 20년
• 투자기간 중 목표수익률 : 연 6%
• 위험허용범위 : 포트폴리오 표준편차 8% 이내
• 자산군별 기대수익률 및 표준편차

구 분	기대수익률	표준편차	상관계수
주식형펀드	연 7%	10%	0.2
채권혼합형펀드	연 5%	4%	

26

정수호씨는 주식형펀드와 채권혼합형펀드로 포트폴리오를 구성하여 매월 말 2,000천원씩 투자하고자 한다. 은퇴저축의 목표수익률을 달성하기 위한 자산배분에 대한 설명으로 가장 적절한 것을 고르시오.

① 포트폴리오의 은퇴시점 평가액은 779,855천원이다.
② 정기저축(투자) 금액 중 주식형펀드의 투자비중은 53%이다.
③ 정기저축(투자) 금액 중 채권혼합형펀드에 투자하는 금액은 936천원이다.
④ 주식형펀드의 은퇴시점 평가액은 431,588천원이다.
⑤ 주식형펀드와 채권혼합형펀드로 구성한 포트폴리오만으로도 정수호씨가 목표로 하는 은퇴생활 수준의 총은퇴일시금을 충당할 수 있다.

27

정수호씨가 위 정보에서 제시한 은퇴저축 목표수익률 달성을 위한 포트폴리오를 구성하여 투자한 경우 투자기간 경과에 따른 포트폴리오의 표준편차로 가장 적절한 것을 고르시오.

① 2.1 ~ 2.5% 수준　② 3.2 ~ 3.6% 수준　③ 4.4 ~ 4.8% 수준
④ 5.5 ~ 5.9% 수준　⑤ 6.7 ~ 7.2% 수준

28 □□□

정수호씨가 보유하고 있는 상장주식은 다음의 5가지 종목으로 나눌 수 있다. 5가지 종목의 상장주식에 대한 정보가 다음과 같을 때, 각 주식의 베타의 크기를 비교한 것으로 가장 적절한 것을 고르시오. (단, 시장변동성은 10%로 가정함)

주 식	평가금액	비 중	시장과 상관계수	변동성
A	8,000천원	25%	1.20	8.50%
B	12,000천원	40%	0.85	10.95%
C	10,000천원	10%	1.12	11.20%
D	11,000천원	10%	0.76	9.80%
E	11,000천원	15%	1.08	8.70%
합 계	52,000천원	100%	–	–

① A > C > B > E > D
② A > C > E > B > D
③ C > A > B > E > D
④ C > A > E > B > D
⑤ C > A > E > D > B

29
☐☐☐

정수호씨의 소득공제 및 세액공제에 대한 설명으로 적절한 것을 고르시오.

① 정수호씨는 자녀 정나윤과 정두준에 대해 자녀세액공제 35만원을 공제 받을 수 있다.

② 정수호씨의 배우자 김영지씨가 결혼 전 다니던 회사에 재입사하여 근로 소득이 있다면 배우자공제를 받을 수 없다.

③ 정수호씨가 계약자이고 피보험자인 배우자 김영지씨의 보장성보험료를 납입한 경우 정수호씨가 보험료 세액공제를 받을 수 없다.

④ 배우자 김영지씨가 지출한 정치자금기부금은 공제대상이 되지 않으나 부양가족이 지출한 특례기부금은 기부금공제대상이 된다.

⑤ 정수호씨가 배우자 김영지씨를 위하여 교육비를 지급한 경우 교육비세액 공제를 받을 수 없다.

30
☐☐☐

정수호씨 부부는 자녀들의 교육 문제로 현재 거주하고 있는 아파트를 매각 하고 금년 중 새로운 아파트를 매입하여 이사를 하고자 한다. 다음의 아파 트 취득 관련 정보를 토대로 정수호씨가 부담하여야 하는 취득세와 그 부 가세에 대한 설명으로 가장 적절한 것을 고르시오.

[아파트 취득 관련 정보]
- **취득 아파트** : 서울 서초구 소재 아파트(전용면적 115.72㎡)
- **부동산 취득 가격**
  - 실지취득가액 : 720,000천원
  - 취득세 시가표준액 : 680,000천원
- **취득 방법** : 유상승계취득

① 아파트의 취득세 과세표준은 680,000천원이다.

② 아파트의 취득세(부가세 제외)로 7,200천원을 납부하여야 한다.

③ 취득한 아파트의 농어촌특별세는 720천원이다.

④ 취득한 아파트의 지방교육세는 1,296천원이다.

⑤ 아파트 취득으로 총 부담해야 할 취득세(부가세 포함)는 25,200천원이다.

정답 및 해설 | p.58

복합사례
TEST 2

아래 주어진 내용을 참고하여 1번부터 10번까지의 질문에 답하시오. (질문하지 아니한 상황은 일반적인 것으로 판단하며, 개별 문제의 가정은 다른 문제와 관련 없음. 질문에 등장하는 개인은 모두 세법상 거주자에 해당함)

조용환씨는 2024년 1월 초에 김하늘 CFP® 자격인증자를 찾아와 재무설계를 의뢰하였다. CFP® 자격인증자가 파악한 조용환씨의 정보는 아래와 같다.

Ⅰ **고객정보** (나이는 2024년 1월 초 만 나이임)

1. 동거가족
   - 조용환(38세) : ㈜D건설 과장
   - 이현주(35세) : 배우자, ㈜S코퍼레이션 대리
   - 조정민(8세) : 딸, 학생
   - 조민영(6세) : 딸, 장애인

2. 부모 및 형제자매
   - 조기용(71세) : 부친, 조용환씨가 실질적인 부양을 하고 있으며 주거환경상 별거하고 있음
   - 조민환(33세) : 동생, 아내 김선영(32세)과 함께 조민환 소유주택에 거주

3. 주거상황
   경기도 소재 아파트 A(조용환 소유)

Ⅱ **재무적**(정량적) **정보**

1. 수입 내역
   - 조용환 : 세전 연 수입 66,000천원(월 실수령액 4,600천원)
   - 이현주 : 세전 연 수입 42,000천원(월 실수령액 3,000천원)
   - 조기용 : 세전 이자소득금액 3,000천원
   - 조민환 : 세전 연 수입 34,000천원(월 실수령액 2,500천원)

2. 지출 내역
   - 조용환 용돈 월 300천원, 이현주 용돈 월 400천원
   - 자녀양육비 및 기타생활비 월 3,000천원
   - 조기용 대학등록금 연 10,000원
   - 질병치료를 위한 치료비 연 6,500천원(이 중 5,000천원은 조민영의 장애 치료를 위한 비용이며, 1,500천원은 2023년 이현주가 미용 목적으로 성형수술을 한 비용임)
   - 보장성보험료 월 250천원

3. 자산 내역
   (1) 금융재산 현황 (단위 : 천원)

구 분	명 의	가입일	만기일	투자원금	평가금액[1]	자금용도
MMF	조용환	2017. 8. 27.	–	15,000	18,900	–
정기예금	이현주	2023. 9. 3.	2026. 9. 3.	20,000	20,350	–
주식혼합형펀드	조용환	2020. 8. 25.	–	20,500	25,000	교육자금
채권혼합형펀드	조용환	2022. 7. 28.	–	9,000	13,000	–

[1] 즉시 인출 가능하며 인출 관련 수수료 및 세금은 없음

   (2) 부동산자산 (단위 : 천원)

구 분	소유자	취득일자	취득 당시 취득원가	현재 적정시세	비 고
아파트 A	조용환	2021. 10. 2.	800,000	850,000	• 전용면적 149 ㎡ • 조용환 세대 거주

4. 부채 내역
   - 급여통장을 마이너스통장으로 사용하고 있으며, 현재 잔액은 (−)3,000천원, 대출금리 6%(1년 고정)
   - 주택담보대출 잔액 : 현재 거주하는 아파트를 2021년 10월 2일 800,000천원(기준시가 550,000천원)에 구입하면서 K은행으로부터 200,000천원을 대출기간 20년, 매월 말 원리금균등분할상환조건으로 주택담보대출을 하였으며, 대출금리는 고정금리 연 7.5% 월복리임. 2023년 12월 31일 현재 27회 상환함

Ⅲ 비재무적(정성적) 정보
   - 조용환씨와 이현주씨의 위험 수용성향은 모두 성장형에 해당함

Ⅳ 고객 재무목표

1. 재무관리 관련
   조용환씨는 현재 상환하고 있는 주택담보대출에 대해 부담을 느끼고 있어 타 은행대출로의 차환을 고려하고 있다. 또한 자녀들의 해외유학을 계획하고 있기 때문에 교육자금이 충분히 마련되어 있는지도 궁금해 하고 있다. 자녀교육비 관련 추가 정보는 다음과 같다.
   - 대학교육비 : 두 자녀 모두 19세에 4년제 대학교에 입학할 예정이며 매년 초 현재물가기준으로 12,000천원이 필요
   - 유학비용 : 두 자녀가 대학을 졸업함과 동시에 2년간 유학을 보낼 계획이며 유학비용은 생활비를 포함하여 매년 초 현재물가기준으로 30,000천원이 필요
   - 대학교육비와 유학비용은 매년 연 3.5%씩 상승하는 것으로 가정함

2. 위험관리(보험설계) 관련

조용환씨는 현재 추가저축 여력이 (−)인 상황에서 추가적인 보험 가입은 희망하지 않고 있으며, 자신이 사망할 경우 현재 가입 중인 보험에서 지급되는 사망보험금에 대해 궁금해 하고 있다. 조용환씨 부부의 보험가입 현황은 다음과 같다.

(1) 조용환씨 부부 보험가입 현황
(단위 : 천원)

구 분	종신보험[1]	암보험[2]	실손의료보험[3]
보험계약자	조용환	조용환	조용환
피보험자	조용환	조용환	조용환
수익자	이현주	이현주	조용환
보험가입금액	200,000	30,000	10,000
계약일	2016. 11. 3.	2017. 1. 12.	2022. 6. 17.
보험료 납입기간	20년납	20년납	15년납

[1] 조용환씨 사망 시 사망보험금은 주계약에서 200,000천원이 지급되고, 재해 사망 시 100,000천원이 추가로 지급됨
[2] 암보험은 암진단 시 진단자금(일반암 10,000천원, 고액암 30,000천원)을 지급하고, 암을 직접적인 원인으로 사망 시 30,000천원이 추가로 지급됨
[3] 실손의료보험은 15년 주기로 재가입함

(2) 자녀 보험가입 현황
(단위 : 천원)

구 분	어린이 의료실비보험	어린이 의료실비보험
보험계약자	조용환	조용환
피보험자	조정민	조민영
수익자	이현주	이현주
보험가입금액	10,000	10,000
계약일	2017. 5. 2.	2019. 5. 19.
보험료 납입기간	100세납	100세납

3. 투자설계 관련

조용환씨는 현재 자산상태에 맞추어 노후자금을 마련하기 위해 주식, 펀드 등을 매입하려고 하며, 해당 자산들의 수익률이 어떻게 되는지 궁금해 하고 있다.

4. 세금설계 관련

조용환씨는 최대한의 절세를 추구하며 부양가족을 위해 지출한 비용들이 얼마나 공제될 수 있는지 궁금해 하고 있다.

V 경제지표 가정

- 물가상승률 : 연 3%
- 세후투자수익률 : 연 6%

01

풀어본 횟수를 체크하세요!

조용환씨는 현재 거주하고 있는 아파트를 2021년 10월 K은행으로부터 대출받아 구입하였다. 조용환씨가 부담하는 주택담보대출 원리금 상환에 대하여 분석한 내용으로 적절하지 않은 것을 고르시오.

① 2024년 1월 초 현재 주택담보대출금 미상환잔액은 189,413천원이다.

② 2024년 1월 초까지 상환한 원금은 10,587천원이다.

③ 2023년 한 해 동안 상환한 원금은 4,926천원이다.

④ 2023년 한 해 동안 상환한 이자액은 14,408천원이다.

⑤ 조용환씨, 이현주씨 가계의 주거관련부채상환비율은 47.7%로 가이드라인인 28%를 초과하므로 위험소견을 낼 수 있다.

02

조용환씨는 기존 주택담보대출에 대한 대출차환(refinancing) 검토를 김하늘 CFP® 자격인증자에게 부탁했다. 다음과 같은 조건의 H은행 대출로 차환하는 경우 CFP® 자격인증자의 평가로 가장 적절하지 않은 것을 고르시오.

[H은행 대출조건]
• 대출금액 : 2024년 1월 초 K은행의 주택담보대출 잔액
• 대출기간 : 25년
• 대출이율 : 매월 말 원리금균등분할상환 연 7.5% 월복리
• 신규대출에 따른 수수료 : 대출금액의 0.3%

① 기존 K은행 주택담보대출의 원리금상환액은 1,611천원이다.

② H은행 대출조건에 따른 신규대출 원리금상환액은 1,369천원이다.

③ 매월 절감되는 주택담보대출 원리금상환액은 207천원이다.

④ 매월 말 납부하는 상환액은 줄어들지만 대출상환기간이 연장되어 대출총이자는 상승한다.

⑤ CFP® 자격인증자는 대출조기상환플랜을 따로 마련하여 대출총이자를 줄일 수 있는 방법을 자문하는 것이 바람직하다.

03 □□□

조용환씨는 자녀들이 대학교를 졸업한 후 각각 2년씩 해외에서 유학생활을 하며 국제적인 감각을 얻기를 원한다. 조용환씨는 연 6% 세후투자수익률의 주식혼합형펀드에 저축하여 교육자금을 마련하고 있으며, 부족한 교육비 또한 동일한 금융상품에 저축하려고 한다. 필요한 교육자금은 모두 조정민의 대학입학시점까지 마련하려고 할 때, 자녀의 교육비에 대한 설명으로 가장 적절한 것을 고르시오.

① 현재시점에서 준비해야 할 교육비 일시금은 125,925천원이다.
② 현재시점에서 부족한 교육비 일시금은 80,575천원이다.
③ 정액으로 저축할 경우 추가적으로 저축할 금액은 매년 말 15,020천원이다.
④ 매년 말 대학교육비 및 유학비용 상승률만큼 증액하여 추가저축할 경우 첫해 말 저축액은 13,595천원이다.
⑤ 해외유학자금이라도 원화로 저축하고 있으므로 유학자금에 대한 환헤지는 실행하지 않는다.

04 □□□

조용환씨는 지방 건설현장으로 출장 중 고속도로에서 앞지르기를 시도하던 차량과 추돌하여 허리를 다쳐 입원하였다. 진단결과 요추부골절로 나타났으며 노동능력상실률 60%로 판정을 받았다. 다음의 자료를 기초로 조용환씨의 후유장애보험금으로 적절한 것을 고르시오 (단, 조용환씨 월소득은 5,500천원으로 가정함)

[지급보험금 관련 정보]
- 부상자 : 조용환(1985년 8월 18일생)
- 부상자의 정년 : 65세
- 사고일 : 2024년 7월 6일
- 조용환씨의 취업가능월수(313개월)에 해당하는 호프만계수 : 200.0498
- 과실관계 : 부상자 과실 없음
- 상대방 가해 승용차는 개인용자동차보험의 모든 담보에 가입되어 있음
- 보험금은 사고일로부터 7일 이내 지급

① 617,684천원   ② 640,164천원   ③ 683,114천원
④ 723,250천원   ⑤ 756,466천원

05 ☐☐☐

CFP® 자격인증자는 조용환씨가 가입한 생명보험의 가입현황을 바탕으로 현재시점에서 사망 시 지급되는 사망보험금에 대해 설명하였다. 다음 중 가장 적절한 내용으로만 묶인 것을 고르시오.

> 가. 조용환씨가 교통사고로 사망 시 종신보험에서 지급되는 사망보험금은 300,000천원이다.
> 나. 조용환씨가 암으로 사망 시 종신보험에서 지급되는 사망보험금은 300,000천원이다.
> 다. 조용환씨가 암으로 사망 시 실손의료보험에서 지급되는 사망보험금은 10,000천원이다.
> 라. 조용환씨가 일반암으로 진단받고 사망 시 암보험에서 지급받을 수 있는 보험금(진단비 포함)은 40,000천원이다.
> 마. 조용환씨가 교통사고로 사망 시 가입된 보험에서 지급되는 총 사망보험금은 210,000천원이다.

① 가, 라
② 다, 마
③ 가, 나, 다
④ 나, 라, 마
⑤ 나, 다, 라, 마

06 ☐☐☐

조용환씨는 CFP® 자격인증자에게 본인의 조기사망위험에 대해 조언을 구하였다. CFP® 자격인증자는 조용환씨가 현재 보유하고 있는 생명보험금 외에 추가적으로 필요한 생명보험 필요보장액을 생애가치방법으로 계산하여 조용환씨에게 제안하였다. 다음의 정보를 참고하여 추가적인 생명보험 필요보장액을 계산한 것으로 가장 적절한 것을 고르시오.

> **[생명보험 필요보장액 관련 정보]**
> • 조용환씨의 평균연봉 : 70,000천원
> • 가족부양비 : 평균연봉의 70%
> • 예상정년 : 64세 말까지 근무 가능
> • 부양비에 대한 할인율 : 연 5.0%
> • 가족부양비는 매년 말 발생하는 것으로 가정함

① 417,509천원
② 517,509천원
③ 553,384천원
④ 717,509천원
⑤ 753,384천원

07

조용환씨는 은퇴목적의 자산으로 상장사 주식을 매입할 생각을 하고 CFP® 자격인증자와 의논하였다. CFP® 자격인증자는 은퇴목적의 자산이라면 변동성이 큰 주식보다는 채권이 적절할 것 같다는 제안을 하였다. 이에 조용환씨는 채권을 매입할 계획을 하고 CFP® 자격인증자에게 매입단가 계산을 부탁하였다. 다음의 정보를 참고하여 계산한 채권의 세전매매단가로 가장 적절한 것을 고르시오. (단, 1년은 365일로 가정함)

[할인채 관련 정보]

- **채권의 종류** : 통화안정증권
- **이자지급 구분** : 할인채, 발행금리 3.48%
- **발행일** : 2023년 9월 25일
- **만기일** : 2025년 9월 25일
- **매매일** : 2024년 3월 19일
- **매매수익률** : 3.50%

① 9,238원   ② 9,488원   ③ 9,521원
④ 9,621원   ⑤ 9,744원

08

조용환씨는 다음과 같은 P전자의 회사채를 매입할 예정이다. 현재 8.2%인 P전자 회사채의 유통수익률이 시중금리 하락에 따라 1.2%p 하락하여 7.0%가 될 경우, P전자 회사채의 시장가격은 얼마로 변동하는지 수정듀레이션과 볼록성을 이용해 추정한 금액으로 적절한 것을 고르시오.

[P전자 회사채 관련 정보]

- **현재 채권가격** : 9,826원
- **표면이자율(3개월마다 이자지급)** : 5.4%
- **발행일** : 2021년 12월 16일
- **만기일** : 2024년 12월 16일
- **유통수익률** : 8.2%
- **듀레이션(년)** : 2.7724
- **볼록성(년)** : 7.2045

① 9,672원   ② 9,734원   ③ 10,045원
④ 10,151원   ⑤ 10,201원

09 □□□

조용환씨는 주식형펀드를 매입하여 금융포트폴리오의 수익률을 높이고자 CFP® 자격인증자에게 4개의 펀드에 대해 평가해 줄 것을 요청하였다. 다음 정보를 참고하여 평가했을 때 총위험 대비 초과수익률이 가장 우수한 펀드와 체계적 위험 대비 초과수익률이 가장 우수한 펀드로 가장 적절한 것을 고르시오. (단, 무위험이자율은 3.0%로 가정함)

펀 드	실현수익률	표준편차	베타계수
가	28.06%	22.06%	1.00
나	22.55%	15.40%	1.20
다	33.21%	25.02%	1.30
라	25.45%	18.33%	1.10

	총위험 대비 초과수익률	체계적 위험 대비 초과수익률
①	가	나
②	가	라
③	나	가
④	다	라
⑤	라	다

10

□□□

조용환씨의 종합소득공제와 세액공제에 대한 다음의 설명 중 적절하지 않은 것을 고르시오. (연말정산 시 부양가족에 대한 인적공제는 조용환씨가 받는 것으로 함)

① 조기용씨의 대학등록금에 대하여 1,350천원의 교육비세액공제를 받을 수 있다.

② 조용환씨는 연말정산에서 자녀 조민영에 대한 장애인공제와 부친 조기용에 대한 경로우대공제를 포함하여 9,000천원의 인적공제액을 공제받을 수 있다.

③ 조용환씨는 배우자 이현주씨가 사회복지법인에 기부한 기부금을 공제받을 수 없다.

④ 조용환씨는 조민영의 치료비에 대해 의료비세액공제를 받을 수 있지만, 이현주의 미용 목적의 성형수술에 대한 의료비세액공제를 받을 수 없다.

⑤ 조용환씨가 매월 납입하는 보장성보험료를 신용카드로 납부하였을 경우 신용카드 사용에 대한 소득공제를 받을 수 없다.

복합사례 Ⅱ

| (원론·부동산·은퇴·세금) 10문항 |

아래 주어진 정보를 참고하여 11번부터 20번까지 답하시오. (질문하지 아니한 상황은 일반적인 것으로 판단하며, 개별 문제의 가정은 다른 문제와 관련 없음. 질문에 등장하는 개인은 모두 세법상 거주자에 해당됨)

정종성씨는 2024년 1월 초에 이정만 CFP® 자격인증자를 찾아와 재무설계를 의뢰하였다. CFP® 자격인증자가 파악한 정종성씨의 정보는 아래와 같다.

Ⅰ **고객정보** (나이는 2024년 1월 초 만 나이임)

- 동거가족
  - 정종성(38세) : 중견 유통회사 차장, 연봉 60,000천원, 임대소득 연 59,000천원
  - 박유진(35세) : 배우자, 개인사업자(소매업), 임대소득 연 38,000천원
  - 정선재(7세) : 아들, 초등학교 1학년

Ⅱ **고객 재무목표**

1. 재무관리 관련

   정종성씨는 외아들 정선재의 교육 및 결혼자금을 준비하고 있지만, 현재로서는 충분하지 않은 것 같아 준비자금을 확보할 방법에 대해 고민이 많다.

2. 부동산설계 관련
   - 정종성씨는 보유하고 있는 상가가 노후되어 현재 시장임대료보다 낮은 월임대료를 받고 있는 상황으로 상가 리모델링을 통해 임대소득을 높이고 싶어 한다.
   - 정종성씨는 새로운 상가를 매수하여 아들 결혼시점에 증여할 마음이 있어 상가의 현재 시장가치를 궁금해 하고 있다.

3. 은퇴설계 관련

   정종성씨 부부는 은퇴기간 동안 필요한 은퇴소득 규모가 어느 정도 되는지, 목표로 하는 수준을 충족하기 위해 추가로 얼마나 저축해야 하는지를 궁금해 하고 있다.

4. 세금설계 관련
   - 정종성씨는 추후에 새로운 아파트를 구입하고자 현재 보유하고 있는 아파트를 양도하려고 하며, 아파트 양도 시 발생할 세금문제를 미리 파악하고 싶어 한다.
   - 박유진씨는 친구와 함께 영위하고 있는 사업의 운영과 관련하여 발생할 세금문제를 궁금해 하고 있다.

Ⅲ 경제지표 가정

- 물가상승률 : 연 3.5%
- 세후투자수익률 : 연 6%

Ⅳ 자산 세부내역 (2023년 12월 31일 현재)

1. 금융자산

(단위 : 천원)

구 분	명 의	가입일	만기일	투자원금	평가금액[1]	자금용도
MMF	정종성	2017. 5. 2.	–	15,000	17,200	–
정기예금	박유진	2022. 10. 1.	2025. 10. 1.	10,000	10,180	교육자금
주식형펀드	정종성	2021. 1. 5.	–	22,000	28,000	결혼자금

[1] 즉시 인출 가능하며 인출 관련 수수료 및 세금은 없음

2. 부동산자산

(단위 : 천원)

구 분	소유자	취득일	취득 당시 기준시가/취득원가	현재 기준시가/적정시세	비 고
아파트 A	정종성	2019. 10. 2.	550,000/720,000	1,500,000/1,800,000	• 전용면적 109㎡ • 취득 이후 1주택만을 보유하며, 정종성씨 가족이 계속 거주함
상가 B	정종성	–	–	750,000/1,100,000	• 전용면적 264㎡ • 임대보증금 : 300,000 • 월임대료 : 3,500
상가 C	박유진	–	–	380,000/520,000	• 전용면적 132㎡ • 임대보증금 : 100,000 • 월임대료 : 2,700

※ 기준시가의 의미는 다음과 같으며, 2024년 기준시가는 2023년도 말과 변동 없음
 - 양도소득세 계산 시 적용되는 양도 및 취득 당시 기준시가를 의미
 - 상속세 및 증여세법상 보충적 평가방법 적용 시 아파트는 공동주택가격, 상가는 국세청장이 산정·고시한 상가 건물의 기준시가(부수토지 포함)를 의미
 - 지방세법상 시가표준액 및 종합부동산세법상 공시가격을 의미
※ 상가 B, 상가 C는 국세청장이 산정·고시한 상업용 건물임

- 상가 B에 대한 세부 정보
  - 상가 B는 정종성씨가 부친으로부터 2007년 3월 16일에 증여 받았으며, 현재 임대용으로 운영 중임
  - 임대기간은 2022. 5. 20. ~ 2025. 5. 19.이며, 임대보증금 운용수익률은 연 5.5%임
- 상가 C에 대한 세부 정보
  - 상가 C는 박유진씨가 친정 아버지로부터 2019년 6월(상속개시일)에 상속 받은 상가이며, 현재 임대용으로 운영 중임
  - 임대기간은 2022. 1. 2. ~ 2025. 1. 1.이며, 임대보증금 운용수익률은 연 5.5%임

3. 보장성보험

(1) 생명보험

(단위 : 천원)

구 분	종신보험[1]	실손의료보험[2]	실손의료보험[2]
보험계약자	정종성	정종성	박유진
피보험자	정종성	정종성	박유진
수익자	박유진	정종성	박유진
보험가입금액	200,000	• 입원 : 질병당 50,000 • 통원(외래) : 회(건)당 250, 약제 50	• 입원 : 질병당 50,000 • 통원(외래) : 회(건)당 250, 약제 50
계약일	2017. 12. 5.	2022. 5. 12.	2022. 5. 12.
보험료 납입기간	20년납	1년 갱신형	1년 갱신형

[1] 정종성씨 사망 시 200,000천원의 사망보험금이 지급되며, 60세 전에 사망하는 경우에는 정기특약에서 50,000천원의 사망보험금이 추가로 지급됨
[2] 3세대 실손의료보험 선택형(급여 90%, 비급여 80%)으로 가입

(2) 일반화재보험

보험계약자/피보험자	정종성
계약일/만기일	2023. 12. 2./2026. 12. 2.
보험가입금액	• 화재손해(건물) : 200,000천원 • 화재(폭발 포함) 배상책임 : 대인 1.5억원, 대물 10억원 • 시설소유(관리)자 배상책임(화재, 폭발 제외)(자기부담금 10만원) : 대인 1억원, 대물 10억원
보험료	연간 240천원

4. 부채
- 자동차 할부금 : 2022년 2월 초 자동차를 60,000천원에 구입하며 선불금 5,000천원을 제외한 금액을 5년간 분할하여 상환하기로 함. 상환조건은 매년 말 8,000천원씩 상환하고 5년차 말에 나머지 대출잔액과 이자를 전액 상환하는 조건임. 대출금리는 연 7.5%이며, 현재 2회차 납입하였음

5. 국민연금
- 정종성씨는 조기노령연금을 신청하여 60세부터 매년 초 현재물가기준 10,000천원의 연금을 수령하며, 정종성씨 사망 후 유족연금으로 매년 초 현재물가기준 6,000천원이 지급되는 것으로 가정함
- 박유진씨의 국민연금은 고려하지 않는 것으로 가정함

Ⅴ 박유진씨의 개인사업 관련 현황 (2023년 12월 31일 현재)

- 박유진씨는 개인사업자(복식부기의무자)로 부가가치세법상 일반과세자이며 성실신고확인대상 사업자에 해당함
- 함께 사업을 영위하는 친구 윤소현씨는 경영에 참여하지 않고 출자만 한 공동사업자(출자공동사업자)가 아니며, 세법상 특수관계인이 아님
- 공동사업에 대한 손익분배율(손익분배비율은 변동 없음)
  - 박유진 : 55%
  - 윤소현 : 45%
- 공동사업(소매업)의 공동사업소득금액 현황
  - 매출액 : 4,000,000천원
  - 매출원가 : 600,000천원
  - 사업용 고정자산 감가상각 : 800,000천원(세법상 감가상각비 한도초과액 30,000천원 포함)
  - 종업원 인건비 : 1,800,000천원(윤소현씨의 동생 윤찬현씨의 인건비 40,000천원 포함)
  - 기타 사업 관련 경비 : 500,000천원(가사 관련 경비 30,000천원 포함)
  - 벌과금 : 10,000천원

VI 자녀 교육 및 결혼 비용 관련 정보

- 대학교육비 : 아들 정선재는 19세에 4년제 대학에 입학할 예정으로 대학교육비는 매년 초 현재물가기준으로 연 20,000천원이 필요하며, 매년 연 4%로 증가함
- 결혼 비용 : 아들 정선재를 30세에 결혼시킬 계획으로 결혼자금은 정선재가 30세가 되는 해 초에 현재물가기준으로 100,000천원이 필요하며, 매년 물가상승률로 증가함

VII 은퇴 관련 정보

- 은퇴기간 및 필요은퇴소득

구 분	부부의 은퇴기간	배우자 독거기간
은퇴기간	정종성씨 나이 60세부터 25년	정종성씨 사망 후 5년
연간 은퇴생활비	40,000천원(현재물가기준)	30,000천원(현재물가기준)
간병비	부부 각각 사망 직전 3년간 매년 20,000천원(현재물가기준)이 필요함	

- 정종성씨 퇴직 시 수령하는 퇴직급여를 은퇴자산으로 활용할 계획임
  - 정종성씨는 확정기여형(DC형) 퇴직연금제도에 가입하고 있으며, 55세 퇴직 시 퇴직금을 IRP에 이체하여 은퇴시점에 세전 350,000천원을 일시금으로 수령할 것으로 예상됨. 세후 일시금 수령액을 은퇴자금으로 사용할 예정임
  - 정종성씨는 작년 말까지의 근무분에 대한 퇴직급여를 중간정산하였음
  - 정종성씨의 올해 1월 급여는 5,000천원이고, 임금은 매년 초 2.5%씩 상승함
  - 퇴직연금계좌의 운용수익률은 연 5.5%로 가정함
- 국민연금은 매년 초 지급되고 은퇴소득 및 간병비용은 매년 초에 필요하며 매년 물가상승률만큼 상승함

11
□□□

정종성씨는 자녀 정선재의 교육자금 마련을 위하여 세후투자수익률 연 2%의 정기예금에 저축하고 있었으나 수익률이 낮은 관계로 자녀가 대학에 입학할 시점에 교육비를 마련하지 못할 것으로 예상하고 있다. CFP® 자격인증자가 현재의 정기예금을 해지하고 다음과 같은 저축방안을 실행할 것을 제안하려고 할 때, CFP® 자격인증자가 할 수 있는 조언으로 가장 적절한 것을 고르시오.

- 정기예금을 해지하여 주식혼합형펀드에 별도의 교육목적자금용 계좌를 만들어 예치한다.
- 부족자금은 7년 동안 매년 말 주식혼합형펀드에 정액으로 저축하여 5년 동안 예치한다.
- 주식혼합형펀드의 세후투자수익률은 연 6%이다.

① 정선재의 대학교육자금을 위해 현재 확보되어 있는 자금은 정기예금 투자원금인 10,000천원으로 본다.
② 주식혼합형펀드로 저축했을 때 정선재 대학입학시점에서 필요한 교육자금 일시금은 61,874천원이다.
③ 정기예금 해지금을 모두 주식혼합형펀드에 투자했다면 해지금은 정선재 대학입학시점에 33,698천원이 된다.
④ 부족자금의 현재가치는 104,019천원이다.
⑤ 정종성씨가 매년 말 저축해야 하는 금액은 9,260천원이다.

12
□□□

정종성씨는 외아들 정선재의 결혼자금 지원을 위하여 세후투자수익률 연 6%의 주식형펀드 계좌를 개설·납입하고 있지만, 계획한 결혼자금 마련이 어려울 것으로 판단되어 결혼시점까지 매년 말 추가로 정액저축할 예정이다. 정종성씨가 추가로 저축해야 할 금액으로 적절한 것을 고르시오.

① 1,735천원　　　② 1,993천원　　　③ 2,253천원
④ 2,418천원　　　⑤ 3,246천원

13 □□□ 정종성씨는 2022년 2월 초 자동차를 구입해서 선불금을 제외한 자동차 대금을 5년간 분할하여 매년 말 8,000천원씩 상환하고, 5년차 말에 나머지 대출잔액과 이자를 전액 상환하기로 하였다. 정종성씨가 5년차 말에 상환해야 하는 금액으로 적절한 것을 고르시오.

① 36,298천원　　② 37,000천원　　③ 38,950천원
④ 40,492천원　　⑤ 42,135천원

14 □□□ 정종성씨는 새로운 상가를 매수하여 아들(정선재)에게 결혼시점에 증여할 계획이다. 매수하고자 하는 상가의 연간 순영업이익은 70,000천원으로 기대된다. 대출가능 금액은 상가건물 가치의 70%이고 대출조건은 대출기간 20년, 이자율 연 6.0% 월복리, 매월 말 균등분할상환 조건이다. 정종성씨가 기대하는 지분환원율이 연 10%일 때 상가의 시장가치로 가장 적절한 것을 고르시오. (단, 종합환원율은 금융적 투자결합법에 의하여 산정함)

① 670,834천원　　② 730,689천원　　③ 776,053천원
④ 824,560천원　　⑤ 860,752천원

15 □□□ 정종성씨는 보유하고 있는 상가 B가 노후되어 현재 시장임대료보다 약 30% 정도 낮은 월 3,500천원을 받고 있어 임대수입의 정상화를 위해 시설을 개보수하는 리모델링을 검토하고 있다. 리모델링 비용으로 50,000천원을 일시불로 지급한 후 5년간 보유하는 투자방안에 대한 설명으로 가장 적절한 것을 고르시오. (단, 할인율 연 8% 월복리, 5년 후 리모델링 비용의 잔존가치는 없으며, 리모델링 기간 및 리모델링 후의 가치상승분은 고려하지 않음)

① 리모델링을 함으로써 19,638천원의 추가적인 임대소득이 증가하므로 리모델링을 실시한다.

② 리모델링을 함으로써 23,978천원의 추가적인 임대소득이 증가하므로 리모델링을 실시한다.

③ 리모델링을 함으로써 32,507천원의 추가적인 임대소득이 증가하므로 리모델링을 실시한다.

④ 리모델링을 함으로써 18,935천원의 투자손실이 발생하므로 리모델링을 실시하지 않는다.

⑤ 리모델링을 함으로써 20,825천원의 투자손실이 발생하므로 리모델링을 실시하지 않는다.

16 □□□ 정종성씨가 퇴직하면서 지급받은 퇴직금을 IRP에 이체하여 은퇴시점에서 일시금으로 수령하는 경우 은퇴시점에서의 세후 일시금 수령액으로 가장 적절한 것을 고르시오.

① 312,761천원   ② 392,224천원   ③ 445,631천원

④ 493,667천원   ⑤ 533,728천원

17

정종성씨는 부부의 은퇴기간 및 배우자의 독거기간 동안 필요한 기본 은퇴생활비 이외에 간병비까지 준비하는 것을 계획하고 있다. 정종성씨가 은퇴시점에서 목표로 하는 은퇴생활을 위해 필요한 총은퇴일시금으로 가장 적절한 것을 고르시오. (단, 총은퇴일시금 계산을 위한 세후투자수익률과 물가상승률은 경제지표 가정을 적용함)

① 1,332,726천원 ② 1,492,160천원 ③ 1,544,613천원
④ 1,739,676천원 ⑤ 1,891,438천원

18

정종성씨가 추가적으로 필요한 은퇴일시금 마련을 위해 은퇴저축을 하려고 한다. 총은퇴일시금 부족액을 마련하기 위한 추가저축에 대한 설명으로 가장 적절한 것을 고르시오. (단, 은퇴시점에 추가로 필요한 은퇴일시금은 1,000,000천원으로 가정함)

[추가저축 관련 정보]
- 저축방법 : 지금부터 20년간 매년 초에 25,000천원을 저축하고 이후 은퇴시점까지 거치함
- 추가저축에 대한 세후투자수익률 : 연 5%

① 계획대로 추가저축을 한다면 은퇴시점까지 추가로 필요한 은퇴일시금을 마련할 수 있다.
② 추가저축의 세후투자수익률을 연 1%p 높여 투자한다면 15년만 납입하더라도 추가로 필요한 은퇴일시금을 마련할 수 있다.
③ 20년간 매년 초 저축액을 35,000천원으로 높여 투자하는 경우 추가저축에 대한 세후투자수익률이 2.8% 이상이면 은퇴소득목표를 달성할 수 있다.
④ 저축기간 중 초기 10년은 6% 세후투자수익률로 운용하고, 남은 10년 및 은퇴시점까지의 기간 동안에는 4% 세후투자수익률로 운용한다면 은퇴소득목표를 달성할 수 있다.
⑤ 저축기간을 은퇴시점까지로 늘리더라도 은퇴소득목표를 달성할 수 없기 때문에 또 다른 추가적인 저축이 필요하다.

19
□□□

박유진씨는 현재 친구 윤소현씨(박유진씨와 특수관계인이 아님)와 동업으로 소매업을 영위하고 있다. 공동사업장 운영과 성실신고확인제도와 관련하여 소득세법상 자격인증자인 이정만 CFP® 자격인증자가 안내한 다음 설명 중 가장 적절한 것을 고르시오. (시나리오 Ⅴ. 박유진씨의 개인사업 관련 현황 자료를 참고하며 그 외의 내용은 없는 것으로 가정함)

① 박유진씨가 해당 사업장에 대한 성실신고확인서를 제출하면서 500천원의 비용이 발생하였다면 300천원의 성실신고확인비용 세액공제를 적용받을 수 있다.
② 윤소현씨가 출자공동사업자에 해당한다면 해당 사업은 공동사업에 해당한다고 볼 수 없다.
③ 박유진씨와 윤소현씨의 2023년 공동사업에 대한 소득세는 2024년 5월 31일까지 신고해야 한다.
④ 종업원 인건비에 포함된 윤찬현씨의 인건비 40,000천원은 공동사업장의 소득금액 계산 시 필요경비로 차감하지 않는다.
⑤ 박유진씨는 종합소득세 신고 시 36,000천원을 사업소득금액으로 신고할 것이다.

20
□□□

정종성씨가 아파트 A를 양도하는 경우 다음의 정보를 참고하여 양도소득세에 관하여 바르게 설명한 것을 고르시오.

[아파트 A 양도 관련 정보]
• 양도가액은 20억원이며, 양도시점의 주택기준시가는 17억원임
• 양도에 따른 비용은 고려하지 않음
• 주택의 처분 시점은 2024년 9월 10일임

① 정종성씨는 아파트 A의 양도로 인해 9억원을 초과하는 주택에 대해서 양도소득세를 부과한다.
② 정종성씨가 납부해야 할 양도소득세(부가세 별도)는 112,324천원이다.
③ 정종성씨가 아파트 A를 양도할 경우 취득가액은 기준시가를 적용한다.
④ 정종성씨가 아파트 A를 양도할 경우 양도한 날로부터 2개월 이내에 납세지 관할세무서장에게 신고하여야 한다.
⑤ 정종성씨가 상장주식을 매각하여 양도소득세 기본공제를 받은 경우 동일 과세연도에 주택 양도 시 기본공제를 받을 수 없다.

복합사례 Ⅲ

아래 주어진 내용을 참고로 하여 21번부터 30번까지 답하시오. (질문하지 아니한 상황은 일반적인 것으로 판단하며, 개별 문제의 가정은 다른 문제와 관련 없음. 질문에 등장하는 개인은 모두 세법상 거주자에 해당함)

노준호씨는 2024년 5월 초에 박형민 CFP® 자격인증자를 찾아와 재무설계를 의뢰하였다. CFP® 자격인증자가 파악한 노준호씨의 정보는 아래와 같다.

┃ 고객정보 (나이는 2024년 1월 초 만 나이임)

1. 동거가족
   - 노준호(52세) : 본인, 개인사업자, 연소득 120,000천원
   - 윤수진(49세) : 배우자, 전업주부
   - 노민영(21세) : 아들, 대학생

2. 부모 및 형제자매
   - 노창선(78세) : 부친, 올해 사망하였음
   - 허미향(75세) : 모친, 홀로 자신의 아파트에 거주하고 있음
   - 노준식(55세) : 형, 부인 계은미씨와 슬하에 자녀 노승환(25세)을 두고 있으며 함께 거주함
   - 노정미(49세) : 여동생, 배우자 김현철과 자녀 김은미(20세)와 함께 거주하고 있음

3. 주거상황
   노준호씨는 현재 거주 중인 아파트 A를 2020년 3월 매입하였으며 매입 시 금융기관으로부터 100,000천원의 주택담보대출을 받았음. 대출기간은 20년이며, 대출금리는 고정금리 연 7.5% 월복리 원리금균등분할상환 조건임. 2023년 12월 말일 현재 45회차 상환함

Ⅱ 고객 재무목표

1. 위험관리(보험설계) 관련
   - 노준호씨는 현재 소유하고 있는 상가에 대해 보험가액보다 낮은 보험금액으로 일반 화재보험에 가입하고 있는데, 상가에 화재가 발생할 경우 가입된 보험에서 지급되는 보험금 수준을 알고 싶어 한다.
   - 노준호씨는 상해 또는 질병이 발생할 경우 현재 가입 중인 실손의료보험의 보장금액이 충분한지 궁금해 하고 있다.

2. 투자설계 관련
   노준호씨 부부는 은퇴를 앞두고 노후자금 마련에 가장 큰 관심을 기울이고 있어 새로운 포트폴리오를 구성하여 노후를 대비하는 것을 염두에 두고 있다.

3. 부동산설계 관련
   노준호씨는 부동산 투자자산을 다양한 방식으로 운용하기 위해 다가구주택의 임대사업을 추가하는 것을 고려하고 있다.

4. 상속설계 관련
   노준호씨는 부친 노창선씨가 사망한 후 납부해야 할 상속세의 규모에 대해서 궁금해 하고 있으며, 추후에 본인이 사망할 경우에는 상속세를 절세하기 위해 어떤 방법을 사용할 수 있는지 궁금해 하고 있다.

Ⅲ 자산 세부내역 (2023년 12월 31일 현재)

1. 금융자산

(단위 : 천원)

구 분	명 의	가입일	만기일	투자원금	평가금액[1]	자금용도
MMF	노준호	2020. 11. 20.	–	45,000	52,100	–
정기예금	윤수진	2022. 10. 13.	2025. 10. 13.	20,000	20,350	–
상장주식[2]	노준호	2019. 8. 22.	–	100,000	185,000	–
주식혼합형펀드[3]	노준호	2018. 4. 15.	–	103,500	145,000	결혼자금
채권혼합형펀드[3]	노준호	2021. 11. 28.	–	39,000	42,000	교육자금
변액연금보험	윤수진	2020. 4. 1.	–	22,500	25,000	은퇴자금

[1] 즉시 인출 가능하며 인출관련 수수료 및 세금은 없음
[2] 4종목으로 분산되어 있음
[3] 주식혼합형펀드와 채권혼합형펀드는 각각 매월 1,500천원씩 납입함

2. 부동산자산

(단위 : 천원)

구 분	소유자	취득일	취득 당시 기준시가/취득원가	현재 기준시가/적정시세	비 고
아파트 A	노준호	2008. 3. 5.	200,000/320,000	550,000/750,000	• 전용면적 148.5㎡ • 가족과 계속 거주
상가 B	노준호	2019. 8. 21.	630,000/680,000	820,000/980,000	• 전용면적 396㎡ • 임대보증금 : 300,000 • 월임대료 : 3,500

※ 기준시가의 의미는 다음과 같으며, 2024년 기준시가는 2023년도 말과 변동 없음
 - 양도소득세 계산 시 적용되는 양도 및 취득 당시 기준시가를 의미
 - 상속세 및 증여세법상 보충적 평가방법 적용 시 아파트는 공동주택가격, 상가는 국세청장이 산정·고시한 상가 건물의 기준시가(부수토지 포함)을 의미
 - 지방세법상 시가표준액 및 종합부동산세법상 공시가격을 의미
※ 상가 B는 국세청장이 산정·고시한 상업용 건물임

3. 보장성보험

(1) 생명보험

(단위 : 천원)

구 분	종신보험[1]	암보험[2]	실손의료보험[3]	실손의료보험[3]
보험계약자	노준호	윤수진	노준호	윤수진
피보험자	노준호	윤수진	노준호	윤수진
수익자	윤수진	윤수진	노준호	윤수진
보험가입금액	300,000	30,000	• 입원 : 질병당 50,000 • 통원(외래) : 회(건)당 250, 약제 50	• 입원 : 질병당 50,000 • 통원(외래) : 회(건)당 250, 약제 50
계약일	2017. 9. 8.	2016. 3. 12.	2017. 3. 18.	2017. 3. 18.
보험료 납입기간	20년납	20년납	1년 갱신형	1년 갱신형

[1] 종신보험의 사망보험금은 주계약에서 300,000천원이 지급되며, 재해 사망 시 150,000천원이 추가로 지급됨
[2] 암보험은 암사망 시 30,000천원, 암진단 시 10,000천원이 지급됨(만기환급형이며, 암 이외의 원인으로 사망 시 사망보험금은 지급되지 아니하며, 사망시점의 해약환급금이 지급됨)
[3] 3세대 실손의료보험 선택형(급여 90%, 비급여 80%)으로 가입

(2) 일반화재보험

보험계약자/피보험자	노준호
계약일/만기일	2023. 12. 2./2026. 12. 2.
보험가입금액	• 화재손해(건물) : 300,000천원 • 화재(폭발 포함) 배상책임 : 대인 1.5억원, 대물 10억원 • 시설소유(관리)자 배상책임(화재, 폭발 제외)(자기부담금 10만원) : 대인 1억원, 대물 10억원
보험료	연간 300천원

Ⅳ 노창선씨(부친)의 금융자산 현황 (2024년 1월 1일 현재)

(단위 : 천원)

구 분	현재 금액	비 고
정기예금	80,000(현재 예금액)	-
주식형펀드	100,000(현재 평가액)	-
종신보험	300,000(사망보험금)	• 계약자 및 피보험자 : 노창선 • 수익자 : 노창선 • 총 납입보험료 : 100,000천원 • 총 납입보험료 중 30,000천원은 노창선이 납부, 나머지 70,000천원은 노준호가 납부함
비상장주식	500,000(현재 평가액)	• 노창선씨가 최대주주
은행차입금	150,000	-
임대보증금	200,000	-

Ⅴ 경제지표 가정

• 물가상승률 : 연 3.5%
• 세후투자수익률 : 연 6%

21 □□□

노준호씨가 오늘 일반사망 할 경우 추가 정보를 참고하여 배우자 윤수진씨가 가족들의 부양비 및 생활비를 유동자산만으로 유지할 수 있는 기간과 가장 가까운 것을 고르시오.

[추가 정보]
- 노준호씨 가정의 연간 가계지출 : 연봉의 40%(본인의 생명보험료, 용돈 등 본인을 위한 지출비용 7,000천원이 포함됨)
- 사후정리비용과 국민연금의 유족연금은 고려하지 않음
- 지출비용은 매년 초 필요하며 매년 물가상승률만큼 증가함

① 6년 초과 7년 이하
② 7년 초과 8년 이하
③ 8년 초과 9년 이하
④ 9년 초과 10년 이하
⑤ 10년 초과 11년 이하

22 ☐☐☐

2024년 4월 중 노준호씨의 소유 상가 B(일반건물)에서 화재가 발생하였다. 다음 정보를 고려할 때 일반화재보험 보통약관상 상가 B 화재로 지급될 보험금에 대한 설명으로 가장 적절하지 않은 것을 고르시오. (단, 재고자산은 없는 것으로 가정함)

[보험 관련 정보]

• 보험 가입 내용
  - 보험가액 : 500,000천원
  - 보험가입금액 : 300,000천원
• 화재로 인한 손해액 및 비용
  - 재산손해액 : 50,000천원
  - 잔존물제거비용 : 10,000천원
  - 손해방지비용 : 5,000천원
  - 기타협력비용 : 8,000천원
  - 배상책임액(대물) : 100,000천원

---

① 일반화재보험 보통약관에서 지급되는 재산손해액에 대한 보험금은 37,500천원이다.

② 일반화재보험 보통약관에서 지급되는 잔존물제거비용에 대한 보험금은 7,500천원이다.

③ 일반화재보험 보통약관에서 지급되는 손해방지비용에 대한 보험금은 3,750천원이다.

④ 일반화재보험 보통약관에서 지급되는 기타협력비용에 대한 보험금은 8,000천원이다.

⑤ 일반화재보험 보통약관에서 지급되는 화재보험금은 총 154,250천원이다.

23 □□□ 노준호씨는 상가 B의 화재를 처리하던 도중 미끄러져 골절상을 입고 다음 과 같이 병원치료를 받았다. 노준호씨의 실손의료보험(3세대)에서 지급되는 보험금으로 가장 적절한 것을 고르시오. (단, 처방조제비는 고려하지 않음)

[입원기간 및 진료비 내역]

| 입원 기간 | 진단명 | 진료기관 | 급 여 | | 비급여 진료비 |
| | | | 일부 본인부담 | 전액 본인부담 | |
			본인부담금	공단부담금		
15일	골 절	A상급 종합병원	1,200천원	2,500천원	150천원	800천원

※ 비급여 진료비에는 상급병실차액과 3대 비급여 항목에 대한 치료비는 포함되어 있지 않음

① 1,600천원 ② 1,680천원 ③ 1,720천원
④ 1,800천원 ⑤ 2,020천원

24 □□□ 노준호씨는 노후를 대비하기 위해 4종목의 상장주식을 활용한 포트폴리오 를 구성하고자 한다. 노준호씨가 보유하고 있는 주식 중 포트폴리오 기대수 익률과 베타계수가 가장 큰 투자안으로 적절한 것을 고르시오.

| 주 식 | 기대수익률 | 베 타 | 투자안별 투자비중 | | |
			1	2	3
A	7%	1.3	20%	50%	20%
B	10%	0.5	60%	10%	20%
C	13%	1.1	10%	25%	30%
D	8%	−0.2	10%	15%	30%
합 계	−	−	100%	100%	100%

	기대수익률	베타계수
①	투자안 1	투자안 1
②	투자안 1	투자안 2
③	투자안 2	투자안 1
④	투자안 3	투자안 2
⑤	투자안 3	투자안 3

25
☐☐☐

CFP® 자격인증자는 노준호, 윤수진씨 부부의 은퇴자산 마련을 위한 자산배분을 주식과 채권만으로 재구성하기로 결정하고 다음과 같이 시장의 자료를 수집하였다. 다음 자료를 토대로 자산배분전략을 수립한 결과를 설명한 내용으로 가장 적절하지 않은 것을 고르시오.

> [시장자료 관련 정보]
> • 주식의 세후예상수익률 : 연 10%, 수익률의 표준편차 : 18%
> • 채권의 세후예상수익률 : 연 4%, 수익률의 표준편차 : 3%
> • 주식과 채권의 수익률의 상관계수 : 0.22

① 주식과 채권의 투자비중을 각각 50%로 설정하면 포트폴리오의 세후기대수익률은 7%이다.

② 포트폴리오의 세후기대수익률을 6%로 설정할 경우 주식과 채권의 투자비중은 각각 33.33%와 66.67%로 자산을 배분하는 것이 위험을 축소하면서 목표한 기대수익률을 달성하는 방안이다.

③ 주식과 채권의 투자비중을 각각 50%로 설정하면 포트폴리오의 위험(표준편차)은 9.44%로 계산된다.

④ 주식과 채권의 투자비중을 각각 50%로 설정하면 포트폴리오의 세후실현수익률이 −2.44 ~ 16.44%에 있을 가능성은 약 95%이다.

⑤ 포트폴리오의 위험을 6.2%로 축소하려면 주식 투자비중을 30% 이하로 줄여야 하는데 이 경우 포트폴리오의 세후실현수익률이 6% 이하일 가능성이 높다.

26
☐☐☐

노준호씨는 투자자금 1억원을 이자율이 3%인 일본국채에 투자하였다. 투자 당시 환율은 940원/100¥이었고, 1년 만기 선물환율은 940원/100¥이었다. 1년 후 환율이 982원/100¥일 경우 다음 설명 중 적절하지 않은 것을 고르시오.

① 선물환 거래를 이용해 환헤지를 한 경우 투자 초기에 3%의 수익률이 고정된다.

② 환헤지를 안 한 경우 1년 후 원화표시 투자수익률은 약 7.6%로 나타난다.

③ 1년 후 환율이 상승했으므로 선물환을 이용해 환헤지를 한 경우가 안 한 경우보다 원화표시 수익률이 약 1.23%p 높게 나타난다.

④ 선물환 거래를 이용해 환헤지를 한 경우가 안 한 경우보다 약 4,600천원 수익이 적다.

⑤ 만약 1년 후 환율이 예상과 달리 하락하였다면 환헤지를 한 경우가 안 한 경우보다 수익률이 높게 나타날 것이다.

※ 노준호씨는 부동산 투자자산의 다양한 운용방식을 모색하기 위하여 상가 위주의 부동산 자산에서 다가구주택의 임대사업을 추가하는 것을 검토하고 있다. 추가 정보를 바탕으로 문제 27번과 28번의 질문에 답하시오.

[추가 정보]

- 매입가격 : 6,000,000천원
- 토지면적 : 500㎡, 건물연면적 : 1,000㎡
- 임대료(월) 가능총수익 : ㎡당 50천원, 예상되는 보증금 총액 : 700,000천원
- 예상공실액 : 가능총수익의 5%, 임대보증금 운용수익률 : 연 8%
- 운영경비 : 유효총수익의 30%
- 부동산 소재지역 내 유사한 부동산의 종합환원율 : 8%
- 금융기관에서는 수익형 부동산의 경우 수익환원법(직접환원방식)에 의한 가격을 기준으로 LTV 60%로 대출기준을 적용함
- 대출금 : 연 8.5%, 5년 만기, 만기일시상환, DCR 1.5 이상 요구
- 금융기관은 위의 대출기관 중 보수적으로 낮게 산출된 대출금액을 적용함

27

노준호씨가 대출을 받아 위의 다가구주택을 매입할 경우 금융기관에서 받을 수 있는 최대 대출금액으로 가장 적절한 것을 고르시오.

① 321,440천원
② 1,680,732천원
③ 3,271,800천원
④ 3,421,490천원
⑤ 4,018,000천원

28

노준호씨가 다가구주택의 임대사업으로 얻을 수 있는 실투자수익률(Cash on Cash rate)을 산출한 것으로 가장 적절한 것을 고르시오. (단, 대출금은 2,990,000천원, 이자율 연 8.5%, 만기일시상환 조건임)

① 2.91%
② 4.26%
③ 5.58%
④ 6.18%
⑤ 6.27%

29 ☐☐☐ 거주자인 부친 노창선씨가 2024년 1월 1일 사망한 이후 상속인들이 상속재산 분할에 대한 협의를 하고 있다. 노창선씨의 상속재산에 대한 가정이 다음과 같을 때, 상속세 과세표준으로 가장 적절한 것을 고르시오.

[노창선씨 상속재산 관련 가정]

• 노창선씨의 상속세 과세가액은 870,000천원이라고 가정한다.
• 상속세 과세표준은 '상속세 과세가액 − 상속공제'로 산출한다.
• 상속공제는 일괄공제, 금융재산 상속공제만 계산하며 그 외의 공제항목에 대해서는 고려하지 않는다.
• 상속공제 한도액은 1,290,000천원이라고 가정한다.

---

① 304,000천원
② 325,000천원
③ 346,000천원
④ 396,000천원
⑤ 420,000천원

30
□□□

노준호씨는 배우자 윤수진씨에게 상가 B에 대한 부담부증여를 실행할지 여부를 결정하고자 한다. 다음과 같은 상가 B에 대한 추가정보를 고려할 때, 윤수진씨에게 상가 B를 부담부증여하는 경우 증여세 산출세액으로 적절한 것을 고르시오.

[상가 B 관련 정보]

(단위 : 천원)

구 분	금 액	비 고
증여가액	( )	시나리오 Ⅲ. 자산 세부내역 2. 부동산자산 참고
채무액	300,000	상가 B 임대보증금 (세법상 채무액 인수 인정)
실지취득가액	680,000	시나리오상 취득당시 취득원가
기타필요경비	15,000천원	–

※ 상가 B의 토지가액과 건물가액을 구분하지 않음

① 20,000천원
② 16,000천원
③ 15,000천원
④ 13,000천원
⑤ 8,000천원

정답 및 해설 | p.73

종합사례

종합사례
TEST 1

아래 주어진 정보를 참고하여 문제 1번부터 20번까지 질문에 답하시오. (질문하지 아니한 상황은 일반적인 것으로 판단하며, 개별 문제의 가정은 다른 문제와 관련 없음. 질문에 등장하는 개인은 모두 세법상 거주자에 해당함)

대형 로펌에서 8년째 변호사로 근무 중인 강정기씨는 5년 후에는 자신의 개인 변호사 사무실을 개업할 계획을 가지고 있어 사업자금 마련 방안에 대해서 고민하던 중 CFP® 자격인증자를 찾아가 상담을 하게 되었다. 또한 가계의 재무상태 점검, 자녀의 교육 및 결혼자금 마련, 부부의 은퇴자금 마련 방안에 대해서도 함께 상담받기를 원해서 CFP® 자격인증자와 상의한 결과 종합재무설계를 진행하기로 하였다. CFP® 자격인증자가 2024년 1월 초에 강정기씨로부터 수집한 정보는 다음과 같다.

Ⅰ 고객정보 (나이는 2024년 1월 초 만 나이임)

1. 동거가족
   - 강정기(39세) : 변호사, 연봉 150,000천원, 실수령액 월 9,400천원
   - 이수진(35세) : 부인, 전업주부로 소득 없음
   - 강한비(4세) : 딸, 유치원생

2. 부모 및 형제자매
   - 강성호(76세) : 부친, 상가임대업을 하고 있으며, 강정기씨와는 별도 주택에서 부인 한순이씨와 함께 거주함
   - 한순이(70세) : 모친, 소득 없음
   - 강승기(37세) : 남동생, 대기업 과장, 전 부인과 이혼하고 2년 전에 박현주씨와 재혼함. 강승기씨의 자녀인 강준영(14세), 강민경(11세)과 박현주씨의 자녀 최진호(12세)와 함께 거주하며, 자녀들에 대한 입양절차는 없었음. 강승기씨 세대는 주택을 소유하지 않았음

3. 주거상황
   서울시 서초구에 소재하는 아파트에 거주하고 있으며, 2019년 11월 초 아파트를 구입할 때 주택담보대출 300,000천원을 매월 말 원리금균등분할상환 조건, 대출기간 20년, 대출이율(고정금리) 연 5.4% 월복리 조건으로 대출받음(2023년 12월 말 현재 50회차 상환하였음)

II 고객 재무목표

1. 재무관리 관련
(1) 가계 재무상태 점검

강정기씨 부부는 현금흐름 관리에 대한 전문적인 조언을 구하고 있으며, 이번 기회에 재무목표를 이루기 위하여 종합적인 재무전략을 수립하고자 한다.

(2) 사업자금 관련 정보
- 5년 후 개인 변호사 사무실을 개업할 계획임
- 현재물가기준으로 임차비용 100,000천원과 기타비용 50,000천원이 필요할 것으로 예상됨
- 각 비용은 매년 물가상승률만큼 증가됨

(3) 자녀 교육자금 관련 정보
- 강한비는 19세에 4년제 대학에 입학하고, 23세부터 3년간 유학할 예정임
- 대학교의 연간 교육비는 매년 초 20,000천원, 유학비용은 매년 초 50,000천원임
- 교육비는 매년 교육비상승률로 증가됨

(4) 자녀 결혼자금 관련 정보
- 강한비는 30세에 결혼하는 것으로 가정함
- 예상 결혼 비용은 현재물가기준으로 60,000천원임
- 결혼 비용은 기시에 발생하며 매년 물가상승률만큼 증가됨

2. 위험관리(보험설계) 관련
- 강정기씨는 자신이 사망할 경우 가족들이 현재 생활수준을 유지할 수 있는지 궁금해 한다.
- 강정기씨 부부는 현재 가입 중인 보장성보험에서 질병 또는 사망에 대해 충분한 보장을 제공하고 있는지 궁금해 한다.

3. 은퇴설계 관련
강정기씨 부부는 강정기씨 나이 65세에 은퇴를 예상하면서 목표로 하는 은퇴생활 수준을 충족하기 위해 필요한 은퇴일시금이 어느 정도 되는지 궁금해 하며, 부족한 은퇴일시금 마련을 위한 추가저축(투자) 방법을 고민하고 있다.

4. 부동산설계 관련
강정기씨 부부는 투자 목적으로 경기도에 위치한 아파트의 매입을 고려하고 있으며, 아파트의 가치가 어느 정도인지 알고 싶어 한다.

5. 투자설계 관련
   - 강정기씨 부부는 현재 보유하고 있는 자산이 어느 정도의 수익을 낼 수 있을지 궁금해 하고 있다.
   - 강정기씨는 현재 보유하고 있는 자산을 다양한 방면에서 평가한 결과를 통해 미래의 자금운용 계획을 세우고자 한다.

6. 세금설계 관련
   - 강정기씨는 강성호씨가 보유하고 있는 자산을 상속받게 될 경우 발생할 상속세를 절세하고 싶어 한다.
   - 강승기씨는 강성호씨로부터 상속받은 상가를 양도할 때 발생할 양도소득세에 대해 알고 싶어 한다.

7. 상속설계 관련
   강정기씨는 강성호씨 생전에 구체적인 의사표시가 가능할 때 미리 강성호씨의 상속 준비에 도움이 되고자 하며, 상속인 간 분쟁없는 승계를 위해 가족사망 시나리오별 상속설계에 관심을 가지고 있다.

Ⅲ 재무정보 (2023년 12월 31일 현재)

1. 금융자산
(단위 : 천원)

구 분	명 의	가입일	월납입액	투자원금	평가금액[1]	자금용도
보통예금	강정기	20. 2. 1.	–	–	15,700	결제용 계좌
MMF	이수진	22. 5. 1.	–	–	35,700	
정기예금	이수진	22. 7. 1.	–	22,000	22,500	–
정기적금	강정기	21. 6. 1.	1,000	–	32,500	사업자금
상장주식	강정기	20. 3. 1.	–	8,000	10,200	사업자금
적립식 주식형펀드 A	이수진	21. 8. 1.	600	–	18,300	교육자금
적립식 주식혼합형펀드 B	강정기	20. 9. 3.	300	50,000	75,140	은퇴자금
거치식 주식형펀드 C	이수진	22. 3. 1.	–	15,000	20,500	결혼자금

[1] 즉시 인출 가능하며 인출 관련 수수료 및 세금은 없음

2. 부동산자산

(단위 : 천원)

구 분	소유자	취득일자	취득 당시 기준시가/취득원가	현재 기준시가/적정시세
아파트 (102.64㎡)	강정기	19. 11. 1.	650,000/750,000	750,000/850,000
토 지[1]	이수진	–	–	150,000/200,000

[1] 이수진씨가 친정 아버지로부터 2020년 6월(상속개시일)에 상속 받은 토지임

※ 상기 부동산 보유현황은 2024년 12월 31일까지 변동이 없음

※ 기준시가의 의미는 다음과 같으며, 2024년 기준시가는 2023년도 말과 변동 없음
  - 양도소득세 계산 시 적용되는 양도 및 취득 당시 기준시가를 의미
  - 상속세 및 증여세법상 보충적 평가방법 적용 시 아파트는 공동주택가격, 상가는 국세청장이 산정·고시한 상가 건물의 기준시가(부수토지 포함)를 의미
  - 지방세법상 시가표준액 및 종합부동산세법상 공시가격을 의미

3. 보장성보험(생명보험)

(단위 : 천원)

구 분	종신보험[1]	실손의료보험[2]	암보험[3]
보험계약자	이수진	강정기	강정기
피보험자	강정기	강정기/이수진	이수진
수익자	이수진	강정기	이수진
보험가입금액	200,000	• 입원 : 질병당 50,000 • 통원(외래) : 회(건)당 250, 약제 50	30,000
계약일	18. 5. 1.	20. 2. 1.	20. 2. 1.
납입기간	20년납	100세납	20년납

[1] 종신보험은 주계약에서 200,000천원, 60세 만기 정기특약에서 100,000천원이 지급되며, 재해사망 시 200,000천원이 추가로 지급됨

[2] 3세대 실손의료보험 선택형(급여 90%, 비급여 80%)으로 가입

[3] 암보험은 순수보장형으로 5년 단위 갱신형이며, 암진단 시 30,000천원 지급(만기 시 환급금과 사망 시 사망보험금 없음)

4. 공적연금

(단위 : 천원)

구 분	가입자	가입기간	연금개시연령	연간 연금액 (현재물가기준)
국민연금	강정기	15. 1. 3. ~ 현재	65세 초	15,000

Ⅳ 재무제표

1. 재무상태표(2023년 12월 31일 현재)

(단위 : 천원)

자 산				부채 및 순자산			
항 목		금 액	명 의		항 목	금 액	명 의
현금성자산				유동 부채	신용카드	6,240	강정기
	현 금				신용대출		
	보통예금	15,700	강정기	비유동 부채	주택담보대출	( )	강정기
	MMF	35,700	이수진		임대보증금		
저축성자산				총부채		( )	
	정기예금	22,500	이수진				
	정기적금	32,500	강정기				
투자자산							
	상장주식	10,200	강정기				
	적립식 주식형펀드 A	18,300	이수진				
	적립식 주식혼합형펀드 B	75,140	강정기				
	거치식 주식형펀드 C	20,500	이수진				
금융 자산	금융자산 총액	230,540					
부동산 자산	토지 등	200,000	이수진				
	부동산자산 총액	200,000					
사용 자산	아파트	850,000	강정기				
	자동차	35,000	강정기				
	가재도구	30,000	공 동				
	사용자산 총액	915,000					
기타 자산	보장성보험 해약환급금[1]	10,250	이수진				
	기타자산 총액	10,250					
총자산		1,355,790		순자산		( )	

[1] 종신보험의 해약환급금이며, 비상예비자금 및 운용 가능한 자산에서 제외함

2. 월간 현금흐름표(2023년 12월)

(단위 : 천원)

구 분	항 목	금 액
Ⅰ. 수입		9,400
Ⅱ. 변동지출	본인 용돈	(500)
	배우자 용돈	(500)
	부모님 용돈	(500)
	자녀(보육비, 사교육비 등)	(1,970)
	기타 생활비(의식주, 공과금 등)	(460)
	변동지출 총액	(3,930)
Ⅲ. 고정지출	보장성보험료 등	(965)
	대출이자 등	(1,200)
	고정지출 총액	(2,165)
저축 여력(Ⅰ－Ⅱ－Ⅲ)		3,305
Ⅳ. 저축·투자액	대출상환원금	(845)
	정기적금	(1,000)
	적립식펀드	(900)
	저축·투자액 총액	(2,745)
추가저축 여력(순현금흐름)(Ⅰ－Ⅱ－Ⅲ－Ⅳ)		560

㈜ 강정기씨 (세전)연수입 150,000천원

㈜ 주택담보대출 300,000천원의 50회차 원금 845천원, 이자 1,200천원 상환

Ⅴ 부친 강성호씨의 **자산현황** (2024년 1월 1일 현재)

1. 금융자산
- 정기예금 : 원금 400,000천원, 이자율 연 3%, 원천징수세율 15.4%(지방소득세 포함)
- 상장주식 : 2020년 5월에 80,000천원에 취득함

2. 부동산자산
(단위 : 천원)

구 분	소유자	취득시기	취득 당시 기준시가/취득원가	현재 기준시가/적정시세	비 고
주 택	강성호	12. 3. 1.	180,000/250,000	350,000/450,000	• 지방세법상 고급주택 아님 • 취득 이후 줄곧 1주택만을 보유하며 강성호, 한순이씨 두 내외만 거주함
상 가[1]	강성호	14. 4. 1.	300,000/400,000	450,000/600,000	• 임대보증금 : 100,000 • 월임대료 : 5,000

[1] 상가의 임대계약은 2023년 10월 경에 이루어져 2024년도 말까지 변동이 없음
※ 상기 부동산 보유현황은 2024년 12월 31일까지 변동이 없음
※ 기준시가의 의미는 시나리오 'Ⅲ. 재무정보_2. 부동산자산'의 내용을 참고함

3. 부친의 증여현황
(단위 : 천원)

수증자	증여일	증여재산	증여 당시 재산가액	현재 재산가액[1]
강정기	2012. 7. 1.	현 금	200,000	400,000
한순이	2015. 3. 8.	예 금	200,000	350,000
강승기	2018. 4. 1.	주 식	200,000	350,000
강준영	2019. 5. 2.	토 지	100,000	200,000

[1] 상속세 및 증여세법상 증여재산 평가가액임

Ⅵ 경제지표 가정

- 물가상승률 : 연 4%
- 교육비상승률 : 연 6%
- 세후투자수익률 : 연 6%

01

다음 재무상태표 관련 정보를 고려할 때 강정기, 이수진씨 부부의 연도별 재무상태표상 순자산이 각각 적절하게 연결된 것을 고르시오.

[2022년 12월 31일 기준 재무상태표 관련 정보]

- 2022년의 총자산은 1,049,730천원으로 가정한다.
- 2022년의 유동부채는 7,350천원으로 가정한다.
- 2022년의 비유동부채는 주택담보대출 잔액만 있으며, 2019년부터 계속해서 상환 중이다.

	2022년 12월 31일 기준	2023년 12월 31일 기준
①	771,185천원	1,088,520천원
②	778,535천원	1,088,520천원
③	778,535천원	1,094,760천원
④	781,350천원	1,094,760천원
⑤	792,079천원	1,078,355천원

02

CFP® 자격인증자가 강정기, 이수진씨 부부의 재무제표를 분석한 내용으로 가장 적절하지 않은 것을 고르시오.

① 현재 순현금흐름은 (+)이므로 자녀교육자금 및 은퇴자금 등 장기적인 재무목표를 위해 저축하기 용이하다.

② 현금흐름표상 주택담보대출 상환이자는 고정지출로 분류하고, 상환원금은 저축·투자액 계정으로 분류한다.

③ 총부채부담율은 46%로 재무건전성에 부정적인 영향을 미친다.

④ 주거관련부채부담율은 19.25%로 가이드라인인 28% 이하이므로 바람직한 수준이다.

⑤ 강정기씨 부부는 부채를 보유하고 있으면서 주식과 펀드를 하고 있는 것으로 보아 투자와 부채상환을 통합적으로 고려하고 있지 않다.

03

이수진씨는 보유하고 있는 MMF를 다음과 같은 포트폴리오로 구성하고 있다. 펀드 D와 펀드 E의 상관계수가 0.67일 때, 1년 후 실제 포트폴리오의 수익률이 95.45%의 확률로 나타날 수 있는 범위로 가장 적절한 것을 고르시오. (단, 베타는 KOSPI200지수 대비의 값임)

펀 드	기대수익률	변동성(연)	투자비중	베 타
D	5%	7%	40%	1.21
E	8%	9%	60%	0.84

① −0.77% ~ 14.37%

② −6.80% ~ 6.80%

③ −7.57% ~ 7.57%

④ −8.34% ~ 21.94%

⑤ −15.91% ~ 29.51%

04

강정기씨는 5년 후 현재 근무하는 로펌을 퇴직하고 개인 변호사 사무실을 개업하고자 한다. 이와 관련된 다음 설명 중 가장 적절하지 않은 것을 고르시오. (단, 세금 관련 내용은 2024년 현재 세법규정을 적용함)

① 5년 후 변호사 사무실을 개업하는 시점에서 필요한 자금은 약 182,498천원이다.

② 사업자금 마련을 위한 현재의 월저축액과 현금흐름표상 추가저축 여력 금액을 매월 초 세후투자수익률 연 6%로 저축하면 5년 후 시점에 필요한 사업자금을 마련할 수 있다.

③ 강정기씨는 사업자등록을 한 첫해에도 간편장부로 사업소득금액을 계산할 수 없다.

④ 강정기씨는 간이과세를 적용받을 수 없으므로 반드시 일반과세자로 사업자등록을 해야 한다.

⑤ 강정기씨가 상가를 분양받아 변호사 사무실을 개업한 경우 상가 매입 시 부담한 부가가치세 매입세액은 환급이 가능하다.

05

강정기, 이수진씨 부부는 자녀 강한비의 교육자금 및 결혼자금을 현재 투자하고 있는 적립식 주식형펀드 A와 거치식 주식형펀드 C를 통해 마련하고자 한다. 부족한 자금은 강한비가 대학에 입학하기 전까지 매월 말에 현재 적립식 주식형펀드 A에 불입하는 월 600천원에 추가하여 저축할 계획이다. 자녀의 교육자금 및 결혼자금과 관련한 분석 내용으로 적절하지 않은 것을 고르시오. (단, 적립식 주식형펀드 A와 거치식 주식형펀드 C의 연간 세후투자수익률은 8%로 가정함)

① 현재시점에서 교육 필요자금은 약 162,006천원이다.
② 현재시점에서 교육 부족자금은 약 143,706천원이다.
③ 현재시점에서 결혼 필요자금은 약 22,491천원이다.
④ 현재시점에서 결혼 부족자금은 약 1,991천원이다.
⑤ 총부족금액을 해결하기 위해서는 매월 약 1,146천원을 추가하여 저축하여야 한다.

06

강정기씨는 보유 포트폴리오에서 주식 비중을 늘리고자 주식 F, G에 대한 정보를 수집하였다. 아래 정보를 참고하여 증권시장선(SML)을 이용한 주식의 현재가격에 대한 평가로 적절한 것을 고르시오. (단, 무위험이자율은 3%, 시장포트폴리오의 기대수익률은 12%, 시장포트폴리오 수익률의 표준편차는 20%임)

주 식	기대수익률	수익률의 표준편차	시장포트폴리오와의 상관계수
F	10%	18%	0.70
G	13%	28%	0.90

① 주식 F 고평가, 주식 G 고평가
② 주식 F 저평가, 주식 G 저평가
③ 주식 F 고평가, 주식 G 저평가
④ 주식 F 저평가, 주식 G 고평가
⑤ 주식 F 고평가, 주식 G 적정가

07
□□□

다음은 이수진씨가 가입하고 있는 적립식 주식형펀드 A의 운용성과보고서의 일부이다. 이 운용성과보고서와 관련된 설명으로 가장 적절한 것을 고르시오. (단, 무위험수익률은 3.0%임)

[펀드 관련 정보]

- 펀드 실현수익률 : 12.3%
- 펀드 수익률의 표준편차 : 8.2%
- 벤치마크에 대한 민감도(베타) : 1.2
- 벤치마크 대비 초과수익률 : 2.3%
- 트래킹에러(tracking error)의 표준편차 : 1.5%

---

① 정보비율은 1.533으로 계산된다.
② 샤프척도는 1.134로 계산되며, 체계적 위험 한 단위당 실현된 초과수익률을 나타낸다.
③ 트레이너척도는 0.078로 계산되며, 총위험 한 단위당 실현된 초과수익률을 나타낸다.
④ 펀드의 요구수익률은 15%이다.
⑤ 젠센척도는 (−)로 나타나며, 펀드매니저들의 증권선택능력이 부족하다고 할 수 있다.

08

강정기씨가 다음의 자동차 사고로 사망할 경우 강정기씨가 가입한 자동차보험에 관한 설명으로 가장 적절한 것을 고르시오.

[지급보험금 관련 정보]
- 사망자 : 강정기(1984년 8월 15일생)
- 사망일(사고일) : 2024년 6월 20일
- 강정기씨의 월평균현실소득액은 12,000천원, 직업 정년은 60세로 가정함
- 강정기씨의 차량가액 : 35,000천원(출고일 2023년 6월 7일)
- 취업가능월수(241개월)에 해당하는 호프만계수 : 166.6045
- 취업가능월수(241개월)에 해당하는 라이프니쯔계수 : 151.8924
- 강정기씨 과실 : 10%
- 상대방 가해 승용차는 개인용자동차보험의 모든 담보에 가입되어 있음

① 자동차 사고에 따른 강정기씨의 위자료는 50,000천원이다.
② 자동차 사고에 따른 강정기씨의 장례비는 10,000천원이다.
③ 자동차가 출고된 지 1년이 지났고 추돌 당해 수리비용이 10,000천원이 발생한 경우 자동차 시세하락 손해로 2,000천원을 보상받을 수 있다.
④ 강정기씨 사망에 따라 가해차량의 보험사로부터 지급받을 수 있는 상실수익액은 1,215,139천원이다.
⑤ 강정기씨 사망에 따라 가해차량의 보험사로부터 지급받을 수 있는 사망보험금은 총 1,276,052천원이다.

09
□□□

강정기, 이수진씨 부부의 보장성보험 관련 정보를 분석한 결과로 가장 적절하지 않은 것을 고르시오.

① 강정기씨가 오늘 암으로 사망할 경우 가입한 종신보험에서 지급되는 보험금은 300,000천원이다.

② 이수진씨가 동호회 활동을 목적으로 수상보트를 즐기다가 상해를 입어 입원한 경우에는 실손의료보험에서 보험금이 지급되지 않는다.

③ 강정기씨가 오늘 교통사고로 사망하는 경우 가입한 종신보험에서 지급되는 사망보험금은 300,000천원이다.

④ 강정기씨의 소득세와 생명보험료 및 용돈이 연간 36,000천원, 소득기간을 59세 말까지, 할인율을 연 6.0%라고 가정할 경우 생애가치방법에 의한 생명보험 필요보장액은 약 1,341,105천원이다.

⑤ 강정기씨가 가입한 암보험의 책임개시일은 2020년 3월 1일을 포함하여 90일이 지난 날의 다음 날에 시작되었다.

10
□□□

강정기씨는 정년퇴직 시 받은 퇴직금을 즉시연금상품에 가입하여 은퇴자금으로 활용하고자 한다. 강정기씨가 65세에 은퇴하여 79세 말까지 생존하는 것으로 가정할 때, 강정기씨에게 가장 유리한 연금지급 방식(은퇴시점에서의 일시금 가치가 가장 큰 것)을 고르시오. (단, 보기는 모두 강정기씨 기준 단생연금 방식이며, 65세 시점 일시금 계산을 위한 할인율은 연 6.0%로 가정함)

① 평준 생애수입방법을 선택하여 65세부터 매년 말 정액으로 38,000천원을 수령

② 확정기간 분할수령방법을 선택하여 65세부터 10년 간 매년 초 정액으로 60,000천원을 수령

③ 확정기간 분할수령방법을 선택하여 65세부터 15년 간 매년 초 정액으로 45,000천원을 수령

④ 보증부 생애수입방법을 선택하여 65세부터 매년 말 정액으로 35,000천원을 수령하되 15년간은 보증지급

⑤ 이자수령방법을 선택하여 65세부터 매월 초 정액으로 2,000천원을 지급받고 사망 시 400,000천원을 수령

※ 강정기씨의 은퇴설계와 관련한 다음의 추가 정보를 참고하여 문제 11 ~ 13번의 질문에 답하시오.

[은퇴설계 관련 정보]
- 강정기씨는 65세에 은퇴하여 25년간 은퇴생활을 희망하고, 현재물가기준으로 연간 35,000천원 수준의 은퇴생활을 유지하고자 함
- 은퇴소득으로 사용할 목적으로 현재 저축하고 있는 자산은 적립식펀드 B 하나뿐임
  - 펀드 유형 : '다소 높은 위험'의 주식혼합형펀드
  - 현재 적립금 평가액 : 75,140천원(납입원금 50,000천원)
  - 추가 투자액 : 26년간 매월 말일에 300천원을 정액으로 투자할 예정
  - 투자수익률(세전) : 연 6%
  - 펀드의 환매차익은 전액 배당소득세(지방소득세 포함)가 과세되는 것으로 가정함
- 은퇴 첫해 은퇴소득은 초기인출률(IWR) 4%를 적용하여 인출하고, 이후 매년 필요한 은퇴소득은 직전년도 은퇴소득에 물가상승률을 반영한 금액을 인출하는 것으로 가정함

11

□□□

강정기씨가 목표로 하는 은퇴생활 수준을 충족하기 위해 추가적으로 필요한 은퇴일시금으로 가장 적절한 것을 고르시오.

① 889,854천원
② 952,457천원
③ 1,136,780천원
④ 1,386,235천원
⑤ 1,740,316천원

12 □□□ 강정기씨 부부는 은퇴자금 마련을 위해 현재 이수진씨 소유의 토지를 매각하여 매각대금 200,000천원으로 포트폴리오를 구성하는 것을 고려 중이다. 투자 포트폴리오는 주식형펀드와 채권형펀드로 구성하고 은퇴시점까지 투자한다고 할 때, 은퇴자산의 세후투자수익률 연 6%를 달성하기 위해 주식형펀드와 채권형펀드에 투자할 금액으로 가장 적절한 것을 고르시오. (단, 구성하려는 주식형펀드의 세후투자수익률은 7%, 채권형펀드의 세후투자수익률은 5%로 가정하며, 토지 매각에 따른 제반비용은 고려하지 않음)

	주식형펀드	채권형펀드
①	111,736천원	88,264천원
②	108,637천원	91,363천원
③	91,363천원	108,637천원
④	88,264천원	111,736천원
⑤	74,655천원	125,345천원

13

□□□

강정기씨는 부족한 은퇴자금 마련을 위해 연금저축계좌에 가입하고자 한다. 다음의 내용을 고려했을 때, 연금수령연차 1년차에 5,000천원을 인출할 경우 원천징수 금액(지방소득세 포함)과 과세 내용으로 적절한 것을 고르시오.

[연금저축계좌 관련 정보]

- 연금저축계좌 가입 기간은 5년 이상이며, 65세부터 확정연금으로 인출하는 것을 가정함
- 65세 시점 연금저축계좌의 적립금은 다음과 같이 구성됨

구 분	금 액
세액공제 받지 않은 납입금액(원금)	2,000천원
세액공제 받은 납입금액(원금)	32,000천원
연금저축계좌 적립금 운용수익	12,000천원
총합(연금저축계좌 평가액)	46,000천원

	원천징수 금액	과세 내용
①	99천원	연금소득세
②	165천원	연금소득세
③	275천원	연금소득세
④	165천원	기타소득세
⑤	275천원	기타소득세

14 □□□

강성호(강정기씨의 부친)씨는 임대목적 사용 중인 상가를 수익환원법으로 가치평가를 해보기로 하였다. 향후 3년간 더 임대하면서 지금 받는 월임대료는 변동이 없다고 가정하고, 3년 후에는 현 적정시세에 매년 물가상승률을 적용하여 매도가 가능할 것으로 예상된다. 해당 상가의 영업경비가 20,000천원일 때, 세후투자수익률을 할인율로 적용하여 구한 수익가치로 가장 적절한 것을 고르시오. (단, 임대보증금, 각종 세금 및 중개보수는 고려하지 않으며, 해당 상가의 공실률은 3%로 가정함)

① 279,597천원
② 296,038천원
③ 668,784천원
④ 830,082천원
⑤ 862,712천원

15

강정기씨 부부는 경기도 소재 아파트의 매입을 고려하고 있다. 다음 아파트 정보를 고려할 때 거래사례비교법에 의한 해당 아파트의 가치로 가장 적절한 것을 고르시오.

[아파트 관련 정보]

- 면적 : 79㎡
- 거래사례 가격 : 3,500천원/㎡
- 사정보정 : 0.9(거래사례는 거래당사자 간의 사정이 개입되지 않은 정상적인 거래로 판단)
- 시점수정치 : 1.01(아파트매매가격지수 활용)
- 지역요인 격차율 : 1.00(본 건은 거래사례와 인근지역에 위치하는 바, 지역요인 동일함)
- 개별요인 격차율(개별요인 격차율은 각각의 요인격차율을 곱하여 계산함)
  - 외부요인 : 해당 아파트가 사례부동산보다 10% 우세
  - 건물요인 : 해당 아파트가 사례부동산보다 5% 열세
  - 기타요인 : 해당 아파트가 사례부동산보다 5% 우세

---

① 275,781천원   ② 298,560천원   ③ 305,622천원

④ 344,180천원   ⑤ 357,886천원

16

강정기씨 가족의 부동산과 관련된 절세에 대한 조언으로 가장 적절한 것을 고르시오. (각 답지는 별개의 사항임)

① 부친 강성호씨가 상가 지분의 1/2을 2024년 5월 중에 장남 강정기씨에게 증여할 경우 가족단위로 볼 때 상가의 건물분 재산세를 절세할 수 있다.

② 이수진씨가 강정기씨의 아파트 지분 중 1/2을 2024년 4월 30일에 증여받으면 강정기씨 세대는 아파트에 대한 재산세를 절세할 수 있다.

③ 강정기씨가 2024년 5월 중에 부친의 상가를 증여받아 부동산 임대사업을 할 경우 강정기씨는 복식부기의무자에 해당한다.

④ 부친 강성호씨로부터 상가를 증여받을 경우 강정기씨 단독으로 증여받는 것보다 이수진씨와 공동으로 증여받는 것이 증여세 및 향후 부친 사망 시 상속세 면에서도 유리할 수 있다.

⑤ 강정기씨가 2024년 5월 중에 상가를 취득하는 경우 단독으로 취득하는 것보다 이수진씨와 공동으로 취득하는 것이 취득세 및 상가임대업에서 발생하는 소득세를 절세할 수 있다.

17 □□□

부친 강성호씨가 2024년 3월에 사망하였고 차남 강승기씨가 상가를 상증법상 평가액 472,500천원에 상속받은 후 2024년 12월 중 700,000천원에 양도할 경우 양도소득세와 관련된 다음 설명 중 가장 적절하지 않은 것을 고르시오. (부친의 상가를 상속받을 때 취득세 등 부대비용으로 15,000천원이 소요되었으며, 강승기씨는 2024년 5월 중에 토지를 양도하면서 양도차손 30,000천원이 발생한 사실이 있음)

① 양도소득세 계산 시 취득가액은 강승기씨가 상속받을 당시 상증법상 평가액을 적용한다.
② 장기보유특별공제로 63,750천원을 공제한다.
③ 상속 당시 부담한 취득세 등 부대비용은 필요경비로 공제할 수 있다.
④ 양도소득 과세표준은 180,000천원이다.
⑤ 양도소득 산출세액은 48,460천원이다.

18 □□□

부친 강성호씨가 2024년 8월 중에 사망할 경우 상속과 관련된 세금에 대한 설명으로 가장 적절한 것을 고르시오.

① 부인 한순이씨가 가정법원에 상속포기 신고를 하려는 경우 고려기간은 상속개시가 있음을 안 날로부터 1년이다.
② 강성호씨가 거주하던 주택을 손녀인 강한비에게 유증했을 경우 세대생략상속에 해당되어 상속세 산출세액의 40%가 할증된다.
③ 강성호씨가 과거에 증여한 재산 중 상속세 과세가액 계산 시 가산되는 금액은 400,000천원이다.
④ 각 공동상속인은 상속세 전체 금액에 대해서 연대납세의무를 부담한다.
⑤ 상속세 신고 시 국세기본법에 따른 담보를 제공하면 연부연납과 분납을 동시에 실행할 수 있다.

19 □□□

강정기씨의 동생 강승기씨가 2024년 7월 10일에 부인 박현주씨와 해외여행을 다녀오다가 비행기가 추락하는 사고로 부부 모두 사망하였다고 가정했을 때, 강승기씨의 상속재산에 대한 각 상속인들의 상속분에 관한 다음 설명 중 가장 적절한 것을 고르시오.

> [강승기씨의 상속재산 현황]
> - 사망 당시 강승기씨 상속재산 : 1,400,000천원
> - 사전증여 현황
>   - 2023년 5월 5일 강준영에게 100,000천원을 증여함
>   - 2023년 5월 10일 최진호에게 100,000천원을 증여함

① 상속분을 계산할 때 강준영과 최진호가 받은 증여는 특별수익이므로 상속재산에 가산한다.

② 자녀 강준영의 구체적 상속분은 650,000천원이다.

③ 자녀 강민경의 구체적 상속분은 800,000천원이다.

④ 최진호는 박현주씨의 대습상속인으로서 600,000천원을 상속받는다.

⑤ 박현주씨가 상속재산 3억원을 남겼을 경우 강준영, 강민경, 최진호가 1/3씩 공동상속받는다.

20
□ □ □

부친 강성호씨가 지병으로 1년 후 사망할 것으로 예상되는 경우, 강성호씨 사망 이후에 유족들이 분쟁 없이 상속할 수 있도록 조치를 취하려 한다. 이에 대한 CFP® 자격인증자의 조언으로 가장 적절하지 않은 것을 고르시오.

① 강성호씨는 유언으로 본인의 사망 후 강정기씨의 후견인을 지정할 수 있다.

② 강성호씨가 유언대용신탁계약을 맺어 본인이 살아있는 동안은 상가의 수익자를 본인 명의로 하고 본인이 사망하는 경우 수익자를 강정기씨에게 이전하도록 할 수 있다.

③ 강성호씨의 부동산 자산은 상속으로 처리하는 것보다 유언대용신탁을 원인으로 등기하는 것이 간편하므로 유족들을 위해 유언대용신탁을 장려한다.

④ 강성호씨가 유언대용신탁을 통해 본인의 상가를 위탁하는 경우 보통의 부동산담보신탁이 아닌 을종관리신탁을 체결하도록 하여 부동산의 임대권한을 유지하도록 한다.

⑤ 강성호씨가 친족으로 구성된 장학회를 만들어 손주들이나 앞으로 태어날 후손들 중 장학생을 선발하여 장학금 형식으로 본인 재산을 물려주고자 한다면 유언대용신탁계약을 체결하도록 한다.

정답 및 해설 | p.88

fn.Hackers.com

종합사례
TEST 2

아래 주어진 내용을 참고하여 문제 1번부터 20번까지 질문에 답하시오. (질문하지 아니한 상황은 일반적인 것으로 판단하며, 개별 문제의 가정은 다른 문제와 관련 없음. 질문에 등장하는 개인은 모두 세법상 거주자에 해당함)

제조업과 상가임대업을 하는 이정문씨는 사업이 안정적으로 운영되고 있어 별다른 걱정은 없으나 자신이 나이가 많아 늦둥이 막내딸의 교육자금 및 결혼자금을 미리 마련해 두고자 CFP® 자격인증자와 상담을 하게 되었다. 상담을 한 결과 자녀의 교육 및 결혼자금에 대한 설계뿐만 아니라 부부의 은퇴설계, 부친이 보유한 재산에 대한 사전증여 및 상속세 절세 전략 등에 대한 종합재무설계를 받기로 하였다. 2024년 1월 초 CFP® 자격인증자가 파악한 고객의 정보는 다음과 같다.

｜ 고객정보 (나이는 2024년 1월 초 만 나이임)

1. 가족정보
   - 이정문(58세) : 개인사업자(세법상 성실사업자 또는 성실신고확인대상자 아님)
   - 김소정(52세) : 부인, 전업주부
   - 이성준(30세) : 장남, 중학교 교사, 부인 박진아씨(27세)와 아들 이민국(1세)과 함께 별도의 주택에 거주하고 있음
   - 이한준(27세) : 차남, 대학을 졸업하고 취업 준비 중임
   - 이세나(16세) : 딸, 올해 고등학교 1학년이 됨

2. 부모 및 형제자매
   - 이한영(84세) : 부친, 부동산임대업을 하고 있음
   - 박진숙(78세) : 모친(계모), 이한영씨와 20년 전에 재혼함. 소득 없음
   - 이정숙(56세) : 여동생, 결혼 후 분가하여 남편 강영석씨(56세), 아들 강일구(28세)와 함께 거주함. 이정숙씨 세대는 주택을 소유하지 않았음
   - 이강문(52세) : 남동생, 결혼 후 분가하여 부인 정은아씨(54세), 아들 이영준(22세), 딸 이미나(19세)와 함께 본인 소유의 주택에서 거주함

3. 주거상황
   서울시 양천구 소재 전용면적 145.24㎡ 아파트 A에 거주하고 있으며, 현재의 주택을 구입할 때 200,000천원을 대출기간 15년, 고정금리 연 ( )% 월복리, 매월 말 원리금균등분할상환 조건으로 주택담보대출을 받음(2023년 12월 31일 현재 123회차 상환하였음)

II 고객 재무목표

1. 재무관리 관련

이정문씨 부부는 이정문씨의 은퇴를 앞두고 현재의 현금흐름을 개선하여 저축 여력을 늘려 미래에 지출할 자녀의 교육 및 결혼자금 등에 대비하고자 한다.

(1) 자녀 교육자금 관련 정보

- 이세나씨는 19세에 대학교에 입학하며, 재학기간은 대학원 포함 총 6년으로 가정함
- 대학교와 대학원의 연간 교육비는 매년 초 현재물가기준으로 30,000천원씩 필요할 것으로 예상함
- 교육비는 매년 교육비상승률만큼 상승하고 매년 초 필요하며, 재학기간 동안 휴학기간은 없음

(2) 자녀 결혼자금 관련 정보

- 이한준씨의 결혼시기는 32세, 이세나씨의 결혼시기는 31세로 가정함
- 결혼비용은 현재물가기준으로 100,000천원씩 필요할 것으로 예상함
- 결혼비용은 매년 물가상승률만큼 상승하며 기시에 필요함

2. 위험관리(보험설계) 관련

- 이정문씨는 현재 소유하고 있는 상가에 대해 보험가액보다 낮은 보험금액으로 일반 화재보험에 가입하고 있는데, 상가에 화재가 발생할 경우 가입된 보험에서 지급되는 보험금 수준을 궁금해 하고 있다.
- 이정문씨 부부는 현재 추가저축 여력이 (−)인 상황으로 인해 추가적인 보험 가입은 희망하지 않으며, 보험과 관련한 자산의 분석을 통해 보장이 충분한지 알고 싶어 한다.

3. 부동산설계 관련

이정문씨는 본인 명의로 상가를 추가 매수할 계획을 가지고 있으며, 경매 물건 또는 매매 물건에 대한 투자분석을 통해 더 유리한 상가를 매수하고자 한다.

4. 은퇴설계 관련

   이정문씨 부부는 은퇴기간 동안 필요한 은퇴소득 규모가 어느 정도 되는지, 부부의 은퇴소득원이 이를 감당할 수 있는지 궁금해 한다. 또한, 은퇴기간 동안 안정적인 은퇴소득을 인출하기 위한 방안에 대해서 자문을 구하고 있다.
   - 은퇴기간 : 이정문씨 나이 63세부터 22년간
   - 은퇴생활비 : 매년 초 현재물가기준으로 60,000천원 필요
   - 은퇴자산의 세후투자수익률 : 연 6%
   - 현재 준비 중인 은퇴자산 : 적립식 주식형펀드, 변액연금보험
   - 만약, 현재의 은퇴자산으로 목표로 하는 은퇴생활비를 확보하지 못하는 경우 부족한 금액은 부친으로부터 증여가 예상되는 토지를 은퇴시점에 매각하여 매각대금으로 충당할 예정이다.
   - 국민연금은 매년 초에 지급되고 은퇴소득은 매년 초에 필요하며 매년 물가상승률만큼 상승한다.

5. 상속설계 관련

   고령의 부친 이한영씨가 향후 사망할 경우 부담하게 될 상속세의 규모와 가족 간 합리적인 상속을 위하여 고려할 수 있는 대안에는 어떤 것이 있는지 궁금해 하고 있다.

6. 투자설계 관련

   이정문씨 부부는 현재 보유하고 있는 자산의 성과를 평가하고 자녀의 교육자금과 결혼자금 마련을 위해 추가적인 금융자산을 구매하고자 한다.

7. 세금설계 관련

   이정문씨가 보유하고 있는 상가를 김소정씨에게 증여할 경우 부담하게 될 증여와 관련된 세금문제에 대해 궁금해 한다.

III 재무정보 (2023년 12월 31일 현재)

1. 금융자산

(단위 : 천원)

구 분	명 의	가입일	월납입액	투자원금	평가금액[1]	자금용도
보통예금	김소정	20. 3. 1.	–	–	8,500	결제용 계좌
CMA	김소정	22. 8. 1.	–	–	44,300	–
정기적금	김소정	21. 1. 2.	500	–	19,500	–
장기주택마련저축	이정문	17. 1. 2.	800	–	52,350	–
거치식 채권형펀드	이정문	23. 1. 2.	–	30,000	35,400	–
적립식 주식형펀드	이정문	20. 1. 2.	500	–	160,700	은퇴자금
변액연금보험	이정문	15. 1. 2.	1,000	–	135,500	은퇴자금

[1] 즉시 인출 가능하며 인출 관련 수수료 및 세금은 없음

2. 부동산자산

(단위 : 천원)

구 분	소유자	취득일자	취득원가	2023. 12. 31. 기준시가	1개월 전 유사부동산 실거래가
아파트 A	이정문	13. 10. 1.	550,000	1,200,000	1,300,000
상가 B[1]	이정문	14. 10. 1.	1,000,000	1,400,000	1,500,000

[1] 상가 B는 임대보증금 300,000천원과 월임대료 7,000천원을 받고 있으며, 담보대출금 500,000천원이 있음(대출이자율 연 5%, 대출기간 10년, 만기일시상환 방식)

※ 상기 부동산 보유현황은 2024년 12월 31일까지 변동이 없음

※ 기준시가의 의미는 다음과 같으며, 2024년 기준시가는 2023년도 말과 변동 없음
 - 양도소득세 계산 시 적용되는 양도 및 취득 당시 기준시가를 의미
 - 상속세 및 증여세법상 보충적 평가방법 적용 시 아파트는 공동주택가격, 상가는 국세청장이 산정·고시한 상가 건물의 기준시가(부수토지 포함)를 의미
 - 지방세법상 시가표준액 및 종합부동산세법상 공시가격을 의미

3. 보장성보험

(1) 생명보험

(단위 : 천원)

구 분	종신보험[1]	CI보험[2]	암보험[3]
보험계약자	이정문	이정문	김소정
피보험자	이정문	김소정	김소정
수익자	김소정	이정문	김소정
보험가입금액	200,000	50,000	50,000
계약일	13. 1. 2.	20. 1. 2.	15. 1. 2.
보험료납입기간	20년납	20년납	전기납

[1] 종신보험의 사망보험금은 주계약에서 200,000천원, 60세 만기 정기특약에서 300,000천원이 지급되며, 재해사망 시 500,000천원이 추가로 지급됨

[2] CI보험의 사망보험금은 50,000천원, 재해사망 시 50,000천원이 추가로 지급됨

[3] 암보험은 암진단 시 30,000천원을 지급하며, 암을 직접적인 원인으로 사망 시 50,000천원이 추가로 지급됨

(2) 일반화재보험

보험계약자/피보험자	이정문
계약일/만기일	2023. 12. 31./2026. 12. 31.
보험가입금액	• 화재손해(건물) : 200,000천원 • 화재(폭발 포함) 배상책임 : 대인 1.5억원, 대물 10억원 • 시설소유(관리)자 배상책임(화재, 폭발 제외)(자기부담금 10만원) : 대인 1억원, 대물 10억원
보험료	연간 250천원

4. 국민연금
이정문씨는 조기노령연금을 신청하여 63세부터 매년 초 현재물가기준으로 12,000천원의 연금을 수령함

IV 이정문씨가 매수를 고려하고 있는 상가 관련 정보

1. 상가 C 관련 정보(경매 물건)
   • 경매 방식 : 기일입찰
   • 감정가 : 1,000,000천원, 최저매각가격 : 1,000,000천원
   • 등기 현황

일 자	권리 종류	권리자	권리금액
2010. 5.	소유권 이전(매매)	이지후	–
2012. 6.	근저당권	○○은행	300,000천원
2019. 8.	전세권	나석주	250,000천원
2022. 12.	가압류	박철수	200,000천원
2023. 7.	전세권(2019. 8.)에 의한 경매기입등기	–	–

   ※ 상가 C 관련 임차인 및 임대보증금 등은 없으며, 아직 경매가 실시되지 않음

2. 상가 D 관련 정보(매매 물건)
   • 현재 시세 : 800,000천원(토지가액 300,000천원, 건물가액 500,000천원)
   • 임대보증금 : 150,000천원, 월임대료 : 3,000천원
   • 대출금 : 250,000천원(남은 대출기간 10년, 매년 말 이자만 지급하다 만기에 대출금을 상환하는 만기일시상환 방식, 대출이율 고정금리 연 4%)
   • 상가 매수 시 대출금 승계 조건
   ※ 상기 금액은 부가가치세가 포함되지 않은 금액이며, 부가가치세는 고려하지 않음

V 재무제표

1. 재무상태표(2023년 12월 31일 현재)

(단위 : 천원)

자산				부채 및 순자산			
항목		금액	명의	항목		금액	명의
금융자산	현금성자산			유동부채	신용카드	12,300	이정문
	현금				신용대출		
	보통예금	8,500	김소정	비유동부채	주택담보대출	( )	이정문
	CMA	44,300	김소정		임대보증금 및 대출금	800,000	이정문
	저축성자산			총부채		( )	
	정기적금	19,500	김소정				
	장기주택마련저축	52,350	이정문				
	투자자산						
	거치식 채권형펀드	35,400	이정문				
	적립식 주식형펀드	160,700	이정문				
	변액연금보험	135,500	이정문				
	금융자산 총액	456,250					
부동산자산	상가 B	1,500,000	이정문				
	부동산자산 총액	1,500,000					
사용자산	아파트 A[1]	( )	이정문				
	자동차	90,000	이정문				
	가재도구	100,000	이정문				
	사용자산 총액	( )					
기타자산	보장성보험 해약환급금[2]	40,750	이정문				
	기타자산 총액	40,750					
총자산		( )		순자산		( )	

[1] 아파트 A의 가격은 시나리오 'Ⅲ. 재무정보_2. 부동산자산'에서 확인할 것
[2] 종신보험, CI보험의 해약환급금으로 비상예비자금 및 운용 가능한 자산에서 제외함

2. 월간 현금흐름표(2023년 12월)

(단위 : 천원)

구 분	항 목	금 액
Ⅰ. 수입		11,950
Ⅱ. 변동지출	본인 용돈	(500)
	배우자 용돈	(500)
	자녀(보육비, 사교육비 등)	(1,640)
	기타 생활비(의식주, 공과금 등)	(1,315)
	변동지출 총액	(3,955)
Ⅲ. 고정지출	보장성보험료 등	(2,220)
	대출이자 등	(432)
	기타 고정지출	(1,317)
	고정지출 총액	(3,969)
저축 여력(Ⅰ - Ⅱ - Ⅲ)		4,026
Ⅳ. 저축·투자액	대출상환원금	(1,255)
	정기적금	(500)
	적립식 펀드	(500)
	장기주택마련저축	(800)
	변액연금보험	(1,000)
	저축·투자액 총액	(4,055)
추가저축 여력(순현금흐름)(Ⅰ - Ⅱ - Ⅲ - Ⅳ)		(29)

㈜ 이정문씨의 수입은 연간 총수입 200,000천원에서 종합소득세율 반영 후 실수령액 11,950천원을 가정함
㈜ 2023년 한 해 동안의 주택담보대출 연간 원리금상환액은 20,253천원임

Ⅵ 부친 이한영씨의 자산현황 (2024년 1월 1일 현재)

1. 금융자산 등

(단위 : 천원)

구 분	상증법상 재산가액	비 고
예 금	300,000	차남 이강문씨에게 증여할 계획
상장주식	300,000	부인 박진숙씨에게 증여할 계획
골프회원권	200,000	딸 이정숙씨에게 증여할 계획

※ 이정문, 이정숙, 이강문, 박진숙은 지금까지 어느 누구에게도 증여한 적이 없으며, 증여받은 적도 없음

2. 부동산자산

(단위 : 천원)

구 분	명 의	취득 시기	취득 당시 기준시가/취득원가	현재 기준시가/적정시세	비 고
아파트 E	이한영	13. 4. 1.	400,000/550,000	1,000,000/1,200,000	• 지방세법상 고급주택 아님 • 취득 이후 이한영, 박진숙씨 내외 계속 거주함
상가 F[1]	이한영	14. 8. 1.	300,000/450,000	600,000/700,000	• 임대보증금 : 100,000 • 월임대료 : 5,000
토지 G	이한영	14. 3. 1.	800,000/150,000	200,000/300,000	• 장남 이정문씨에게 증여할 예정임

[1] 상가 F의 임대계약은 2023년 4월 경에 이루어져 2024년도 말까지 변동이 없음

※ 상기 부동산 보유현황은 2024년 12월 31일까지 변동이 없음

※ 기준시가는 시나리오 'Ⅲ. 재무정보_2. 부동산자산'의 내용을 참고함

Ⅶ 경제지표 가정

- 물가상승률 : 연 4%
- 교육비상승률 : 연 5%
- 세후투자수익률 : 연 6%

01

풀어본 횟수를 체크하세요!

이정문, 김소정씨 부부의 현재 재무상태에 대한 다음 설명 중 가장 적절한 것을 고르시오.

① 이정문씨 가계의 순현금흐름은 (+)이다.
② 사용자산 총액은 1,390,000천원이다.
③ 저축성자산은 총 납입액 합계로 평가하고 있다.
④ 총자산의 합계는 3,487,000천원이다.
⑤ 순자산은 2,565,351천원이다.

02

이정문, 김소정씨 부부의 재무제표를 분석한 내용 중 적절한 것으로만 모두 묶인 것을 고르시오.

> 가. 부채를 보유하고 있으면서 펀드 투자를 지속하고 있는 것을 보아 이정문씨 가계는 투자와 부채상환을 통합적으로 고려하고 있지 않다.
> 나. 대출원금 상환 시 순자산이 증가한다는 사실을 간과하고 막연히 돈을 모으려는 생각으로 정기적금을 들고 있다.
> 다. 부부의 주거관련부채비율은 19.58% 수준이며, 가이드라인인 20%에 근접하고 있음을 알려야 한다.
> 라. 이정문씨가 계획 중인 상가매수 실행 전 재무상황을 파악하기 위해 부부의 자산구성 건전성을 확인할 수 있는 부채비율은 34.57%이다.

① 가, 다
② 나, 다
③ 가, 나, 라
④ 나, 다, 라
⑤ 가, 나, 다, 라

03

CFP® 자격인증자는 이정문씨 가계의 현금흐름 관리와 저축 여력의 장단기 배분에 대해서 자문을 수행하려고 한다. CFP® 자격인증자의 설명으로 적절한 것으로만 모두 묶인 것을 고르시오.

> 가. 이정문씨가 이세나씨의 교육자금에 대비하기 위해 현재 보유하고 있는 금융자산의 성과를 평가하고 금융자산을 추가구매하는 경우는 운용자산의 영역으로 볼 수 있다.
> 나. 간헐적으로 발생하는 경조사비, 병원비 등 변동지출을 별도로 구분하여 가계비상예비자금으로 지불하도록 유도한다.
> 다. 이정문씨 부부의 딸 이세나의 결혼자금 마련을 위한 추가저축은 안정자산 운용의 영역으로 볼 수 있다.
> 라. 이정문씨 부부의 재무목표에 필요한 필요저축액에만 집중하여 해결할 것으로 조언한다.

① 가, 나
② 나, 다
③ 가, 나, 다
④ 나, 다, 라
⑤ 가, 나, 다, 라

04

이정문씨는 현재 소유하고 있는 상가 B에 대하여 보험가입금액 200,000천원의 화재보험에 가입하였다. 2024년 4월 상가 B에서 원인을 알 수 없는 화재가 발생하여 건물에 대한 재산손해액 150,000천원, 잔존물제거비용 20,000천원, 손해방지비용 5,000천원, 기타협력비용 5,000천원이 발생하였을 때 화재보험 보통약관상 지급받을 수 있는 보험금으로 가장 적절한 것을 고르시오. (단, 보험가액은 250,000천원임)

① 145,000천원   ② 150,000천원   ③ 170,000천원
④ 175,000천원   ⑤ 185,000천원

05

□□□

이정문씨는 본인의 조기사망위험에 대비하여 생명보험 가입을 검토하고 있다. 다음 정보를 고려할 때, 2024년 1월 초 현재 이정문씨가 사망한다고 가정할 경우 니즈분석방법에 따른 추가적인 생명보험 필요보장액으로 가장 적절한 것을 고르시오.

> **[추가정보]**
> - 부인과 자녀의 필요자금(다음 항목만 필요자금으로 고려함)
>   - 현재 이세나씨의 대학·대학원 교육 필요자금(일시금)
>   - 현재 이한준씨와 이세나씨의 결혼 필요자금(일시금)
>   - 막내 독립(이세나씨 결혼 시점) 전까지 가족양육비 : 현재물가기준으로 연 52,500천원이 필요하다고 가정함
> - 준비자금(다음 항목만 준비자금으로 반영함)
>   - 이정문씨의 종신보험 사망보험금
>   - 이정문씨 사망 시 국민연금 유족연금(막내 독립 전까지 수령하는 금액만 고려) : 현재물가기준으로 연 6,000천원이 지급되며 유족연금의 지급중지는 없다고 가정함
> - 세후투자수익률 및 물가상승률 : 시나리오 Ⅶ. 경제지표 가정 참고
> - 가족양육비는 매년 초 필요하고 국민연금 유족연금은 매년 초 수령하며, 가족양육비와 국민연금 수령액은 매년 물가상승률만큼 증액됨

① 401,524천원   ② 449,442천원   ③ 514,332천원
④ 550,870천원   ⑤ 583,960천원

06

이정문씨 부부의 보험 관련 자산 세부내역을 분석한 내용으로 가장 적절한 것으로 모두 묶인 것을 고르시오.

> 가. 이정문씨가 오늘 교통사고로 사망하는 경우 종신보험에서 지급되는 사망보험금은 1,000,000천원이다.
> 나. 변액연금보험의 계약 유지기간이 10년 이상일 경우에는 중도해지를 하더라도 투자실적에 상관없이 납입보험료가 보장된다.
> 다. 이정문씨가 중대한 질병에 걸릴 경우 CI보험(중대질병보험)에서 사망보험금의 50%를 미리 지급받을 수 있기 때문에 거액의 치료비를 해결할 수 있다.
> 라. 김소정씨가 암으로 진단받고 사망 시 암보험에서 지급받을 수 있는 보험금(진단비 포함)은 80,000천원이다.

① 가, 라   ② 나, 다   ③ 가, 다, 라
④ 나, 다, 라   ⑤ 가, 나, 다, 라

07
□□□

이정문씨가 은퇴기간 중 목표로 하고 있는 은퇴생활비를 충족하기 위해서 은퇴시점에 확보하고 있어야 할 금액으로 가장 적절한 것을 고르시오.

① 791,783천원
② 870,901천원
③ 918,300천원
④ 1,059,585천원
⑤ 1,420,611천원

08
□□□

다음의 추가 정보를 참고하여 이정문씨의 은퇴자금에 대한 설명으로 가장 적절한 것을 고르시오.

[추가 정보]

• 현재 은퇴자산 마련을 위해 저축(투자)하고 있는 금융상품

구 분	현재시점 적립금 평가액	매월 말 저축액	추가 저축기간
적립식 주식형펀드	160,700	500	5년
변액연금보험	135,500	1,000	5년

- 은퇴자산의 세후투자수익률은 연 6%로 가정함
- 은퇴시점까지 매월 말 저축한다고 가정함

• 현재의 은퇴자산으로 목표로 하는 은퇴생활비를 확보하지 못하는 경우 부족한 금액은 부친으로부터 증여가 예상되는 토지를 은퇴시점에 매각하여 매각대금으로 충당하고 세후투자수익률 연 6%로 운용한다고 가정함

① 적립식 주식형펀드만으로 은퇴생활을 하는 경우 현재물가기준으로 매년 13,768천원 정도의 은퇴생활수준을 유지하게 된다.
② 변액연금보험만으로 은퇴생활을 하는 경우 현재물가기준으로 매년 13,824천원 정도의 은퇴생활수준을 유지하게 된다.
③ 부친으로부터 증여받는 토지의 매각대금에서 충당해야 할 금액은 500,611천원 정도이다.
④ 토지를 증여받지 못해 부족한 총은퇴일시금을 충당하지 못한다면 은퇴생활수준은 현재물가기준으로 매년 25,322천원 정도가 줄어들게 된다.
⑤ 증여받은 토지의 매각대금에서 충당하는 금액을 은퇴시점에 즉시연금에 납입하여 확정기간형 연금으로 수령할 경우 연금 수령 시 과세제외 혜택이 있다.

09

이정문씨는 다음의 은퇴자산 관리 관련 정보와 같이 은퇴기간 중 필요한 은퇴생활비를 인출할 수 있는 포트폴리오를 구성하고자 한다. 이정문씨 나이 65세 초에 분할지급식 정기예금과 자산배분형 펀드에 남아있는 금액으로 가장 적절한 것을 고르시오.

[은퇴자산 관리 관련 정보]

• 은퇴기간 중 은퇴소득 항목별 자산관리
  - 2년간 필요한 은퇴생활비는 2년 만기 분할지급식 정기예금 계좌에서 관리함
  - 2년을 제외한 잔여기간에 필요한 은퇴생활비는 자산배분형 펀드로 운용하면서, 매 1년마다 1년간 필요한 은퇴생활비를 분할지급식 정기예금 계좌로 이체함
• 금융상품의 세후투자수익률

구 분	분할지급식 정기예금	자산배분형 펀드
수익률	연 4%	연 6%

		정기예금	자산배분형 펀드
	①	96,000천원	738,442천원
	②	116,799천원	898,427천원
	③	116,799천원	971,738천원
	④	126,329천원	898,427천원
	⑤	126,329천원	971,738천원

10 ☐☐☐ 이정문씨는 액면가액 100,000천원에 해당하는 연복리채권을 발행일로부터 1년이 지난 시점에 개인으로부터 매입한 후 매입 일자를 공증받았다. 이정문씨가 채권을 2년간 보유한 후 매각할 경우 보유기간이자에 대한 이자소득세로 적절한 것을 고르시오. (단, 이자소득세 원천징수세율은 15.4%를 적용함)

[채권 관련 정보]

• 연복리채 발행조건
  - 발행일 : 2023년 5월 1일
  - 만기일 : 2028년 5월 1일
  - 표면금리 : 연 4.2%
• 매입 당시 채권수익률 : 6.8%
• 매도 당시 채권수익률 : 5.3%

① 1,215,320원   ② 1,376,230원   ③ 1,421,570원
④ 1,924,620원   ⑤ 2,023,030원

11 ☐☐☐ 다음 추가정보는 이정문, 김소정씨 부부가 보유하고 있는 적립식 주식형펀드의 과거 성과정보이다. 해당 펀드의 연간 시간가중 기하평균수익률 및 연간 수익률의 표준편차가 적절하게 연결된 것을 고르시오.

[적립식 주식형펀드의 과거 성과정보]

• 주식형펀드의 과거 3년간 총수익률 : 38.2%
• 월간 수익률의 표준편차 : 1.9%

	기하평균수익률	연간 수익률의 표준편차
①	10.05%	4.76%
②	11.39%	4.76%
③	11.39%	6.58%
④	12.73%	6.58%
⑤	12.73%	9.07%

12

□□□

다음 추가정보를 참고하여 이정문씨가 주식 매입을 고려하고 있는 P전자에 대한 다음 설명 중 가장 적절한 것을 고르시오.

[P전자 관련 정보]

- 부채 : 2,000억원, 연간 이자지급금액 : 140억원(법인세율 21%)
- 자기자본 : 3,000억원(보통주 : 2,000억원, 우선주 : 1,000억원)
- 주식수익률의 표준편차 : 24%
- 주식시장 수익률의 표준편차 : 20%
- 주식시장 수익률과의 상관계수 : 0.9
- 주식시장 위험프리미엄 : 10%
- 무위험이자율 : 3.0%
- 우선주주가 : 35,000원
- 우선주 주당 배당금액 : 2,975원

---

① P전자 주식의 시장수익률에 대한 민감도는 0.75이다.

② P전자 주식의 위험프리미엄은 7.5%이다.

③ P전자의 세후부채비용은 7.0%이다.

④ P전자 보통주 주주들의 요구수익률은 10.5%이다.

⑤ P전자의 가중평균자본비용(WACC)은 9.43%이다.

13

□□□

이정문씨는 경매 물건인 상가 C 또는 매매 물건인 상가 D 중 하나를 취득하고자 한다. 상가 C의 분석(시나리오 Ⅳ. 이정문씨가 매수를 고려하고 있는 상가 관련 정보 참고)에 대한 설명으로 가장 적절한 것을 고르시오.

① 이정문씨가 경매에 참여하기 위해서는 입찰가격의 10% 이상의 입찰보증금을 제출해야 한다.

② 이정문씨가 경매로 상가 C 취득 시 이정문씨는 전세권을 인수해야 한다.

③ 박철수(가압류권자)씨는 상가 C 경매 시 배당요구를 하지 않아도 당연히 배당에 참가할 수 있는 채권자이다.

④ 상가 C의 경매는 기일입찰방식으로 공매와 매각방법이 동일하다.

⑤ 경매는 인도명령 제도가 없기 때문에 채무자 또는 점유자가 경매 부동산을 인도하지 않은 경우 명도소송을 진행해야 한다.

14 □□□

이정문씨는 경매 물건인 상가 C에 투자할지 매매 물건인 상가 D에 투자할지 고민 중이다. 다음 정보를 고려할 때 상가 C 및 상가 D 투자 분석에 대한 설명으로 가장 적절한 것을 고르시오.

[상가 C 및 상가 D 투자 시 현금흐름 관련 정보]

• 이정문씨는 2024년 1월 초에 상가 C 또는 상가 D를 매수 후 10년간 보유했다가 10년차 말 매각할 예정임
• 이정문씨의 요구수익률 : 10%

구 분	상가 C	상가 D
기간 초 투자액 (대출 및 임대보증금 등을 고려한 금액임)	500,000천원	400,000천원
매년의 소득수익 (매년 말 정액으로 발생)	45,000천원	30,000천원
10년차 말 상가 매각 시 자본수익 (대출 및 임대보증금 등을 고려한 금액임)	752,454천원	602,820천원

① 상가 C의 NPV는 약 66,609천원으로 상가 D에 투자하는 것보다 약 49,859천원 더 이익이다.
② 상가 D의 내부수익률(IRR)은 약 9.8%이다.
③ 상가 C 투자 시 수익성지수(PI)는 약 1.42이다.
④ 상가 D 투자 시 수익성지수(PI)는 약 1.2이다.
⑤ 수익성지수(PI)로 판단 시 상가 C에 투자하는 것보다 상가 D에 투자하는 것이 더 유리하다.

15

□□□

이정문씨가 임대목적의 상가 B를 계속 관리 및 운영할 때 준수해야 할 상가건물임대차보호법에 대한 설명으로 가장 적절한 것을 고르시오.

① 상가건물임대차는 그 등기가 없는 경우에도 임차인이 건물의 인도와 사업자등록을 신청하면 그 날부터 제3자에 대하여 효력이 생긴다.

② 상가건물에 대한 임대차기간을 정하지 아니하거나 기간을 1년 미만으로 정한 임대차는 그 기간을 2년으로 본다.

③ 임차인의 계약갱신요구권은 최초의 임대차기간을 포함한 전체 임대차기간이 20년을 초과하지 아니하는 범위에서만 행사할 수 있다.

④ 임대인이 임대차기간이 만료되기 6개월 전부터 2개월까지 임차인에게 갱신 거절의 통지를 하지 아니한 경우에는 그 기간이 만료된 때에 전 임대차와 동일한 조건으로 다시 임대차한 것으로 본다.

⑤ 묵시적 갱신이 된 경우에는 임차인은 언제든지 임대인에게 계약해지의 통고를 할 수 있고, 임대인이 통고를 받은 날부터 3개월이 지나면 효력이 발생한다.

16
□□□

다음은 박진숙씨가 2024년도에 추가적으로 취득하고자하는 금융자산 내역이다. 다음 정보를 참고하여 예상되는 박진숙씨의 2024년 귀속 금융소득금액에 대한 설명으로 적절한 것을 고르시오.

[2024년도 취득 예상 금융자산 현황]

- 비영업대금의 이익 : 10,500천원(국내에서 원천징수되었음)
- 직장공제회 초과반환금 : 10,000천원
- 국내비상장법인 배당소득 : 5,500천원
- 외국법인 배당소득 : 3,000천원(국내에서 원천징수되지 않음)

---

① 박진숙씨가 납부할 비영업대금의 이익에 대한 원천징수세액은 1,470천원이다.

② 박진숙씨가 납부할 2024년도 종합과세대상 금융소득금액은 3,000천원이다.

③ 국내상장법인 배당소득은 Gross-up 적용대상 금융소득이지만, 국내비상장법인 배당소득은 Gross-up이 적용되지 않는 금융소득이다.

④ 국내비상장법인 배당소득이 8,000천원이라면 금융소득금액은 22,300천원이다.

⑤ 외국법인 배당소득은 국내에서 과세되지 않으므로 금융소득금액에 포함되지 않는다.

17

□□□

이정문씨가 보유한 상가 B를 2024년 2월 1일에 배우자 김소정씨에게 증여한 후 김소정씨가 2024년 12월 5일에 1,600,000천원에 양도할 경우 다음 설명 중 가장 적절한 것을 고르시오. (양도비용은 없다고 가정하며, 배우자등 이월과세 규정을 적용할 경우 일반 양도소득 결정세액보다 크다고 가정함)

[상가 관련 정보]

• 이정문씨 상가 B 취득 당시 등기비용 등 부대비용 : 50,000천원
• 증여일 현재 상증법상 평가액 : 1,500,000천원
• 증여세 산출세액 : 210,000천원
• 증여 당시 취득세 등 부대비용 : 60,000천원

   ※ 이정문씨와 김소정씨는 2024년도 중에 상기 상가 이외에 양도소득세 과세대상 자산을 양도한 적이 없음

① 양도소득세 계산 시 취득가액은 김소정씨가 증여받은 가액을 적용한다.

② 김소정씨가 증여받을 때 부담한 증여세는 환급된다.

③ 상가 B의 매각에 따른 양도차익은 340,000천원이다.

④ 양도소득세의 납세의무자는 증여자 이정문씨이다.

⑤ 상가 B의 양도 당시 이정문씨와 김소정씨가 이혼한 상태였다면 배우자 등 이월과세 규정을 적용하지 않는다.

18

□□□

부친 이한영씨가 추후 사망하였을 때, CFP® 자격인증자가 민법상 상속관계에 대해 조언할 수 있는 내용으로 가장 적절한 것을 고르시오.

① 이정문씨가 어느 날 실종되어 이한영씨 사망 전에 실종기간 만료일이 도래했다면, 이정문씨의 상속분을 김소정, 이성준, 박진아, 이민국이 대습상속받는다.

② 이강문씨가 이한영씨의 상속재산 중 일부를 처분했더라도, 단순승인의 의사를 묻지 않았으므로 단순승인한 것으로 간주하지 않는다.

③ 이한영씨 사망 3개월 후 이한영씨의 상속채무가 발견되었는데, 이정문씨가 이 사실을 중대한 과실 없이 알지 못했다면 한정승인 신고를 할 수 있다.

④ 상속재산을 관리하거나 청산하는 데 소요된 비용은 상속인이 본인의 재산 중에서 별도로 지불한다.

⑤ 박진숙씨가 본인의 상속분을 친구 A에게 양도했더라도 박진숙씨의 상속인 지위는 유지된다.

19 □□□

부친 이한영씨가 2024년 10월 1일에 사망한다고 가정하였을 때, 공동상속인은 다음과 같이 상속재산을 분할하기로 협의하고 상속재산분할협의서를 작성하였다. 이한영씨가 생전에 사전증여 계획을 한 건도 실행하지 못한 채로 사망한 경우 상속인별 상속재산분할과 유류분에 대한 설명으로 가장 적절하지 않은 것을 고르시오. (공동상속인의 특별수익은 없으며, 상속재산의 평가는 시나리오상 '상증법상 재산가액', '현재 적정시세'로 함)

[상속재산분할협의서]

2024년 10월 1일 이한영의 사망으로 인하여 개시된 상속에 대하여 공동상속인들은 다음과 같이 상속재산을 분할하기로 협의한다.

· 상속재산 중 금융재산은 생전의 증여 계획에 따라 소유를 결정한다.
· 상속재산 중 아파트 E는 박진숙의 소유로 한다.
· 상속재산 중 상가 F는 이강문의 소유로 한다.
· 상속재산 중 토지 G는 이정문의 소유로 한다.

위 협의를 증명하기 위하여 이 협의서를 작성하고 아래와 같이 서명날인하여 각 1통씩을 각자 보유한다.

2024년 12월 1일

주소 : 서울시 서초구 금융대로 12길 34		
성명 : ○○○ (인)	주민번호 : 000000 - 0000000	전화번호 : 010-0000-0000
… 이하 생략		

---

① 세 자녀의 민법상 상속분은 각각 666,667천원씩이다.
② 상속재산분할협의서로서 분할한 상속지분이 법정상속지분과 다르더라도 유효하다.
③ 박진숙씨의 유류분은 500,000천원이다.
④ 이한영씨의 사망으로 인한 국민연금의 유족연금은 박진숙씨가 수급한다.
⑤ 상가 F의 임대보증금 100,000천원은 모두 이강문씨가 부담한다.

20

□□□

부친 이한영씨가 2024년도 중에 지병으로 사망할 경우 상속재산 분할에 대한 다음 설명 중 가장 적절하지 않은 것을 고르시오.

① 상속재산은 분할되기 전까지는 상속인 및 포괄수유자의 공유재산이므로 각자의 상속분에 따라 과반수의 결정으로 관리행위를 하게 된다.

② 기여분은 상속인들의 협의에 의해 결정해야 하고, 협의가 되지 않는 경우 가정법원에 신청하여 조정 또는 판결로 기여분을 결정한다.

③ 상속재산 분할은 정해진 법정기간이 없고, 이한영씨 사망 이후라면 언제든지 상속재산 분할을 할 수 있다.

④ 채무가 많은 차남 이강문씨가 채권자들이 강제집행할 것을 염려하여 상속재산분할협의 시 다른 공동상속인 단독소유로 협의한 경우 이강문씨의 채권자들은 사해행위취소권을 행사할 수 있다.

⑤ 이한영씨의 상속인들이 법정상속분대로 분할하기로 협의한 후 이한영씨의 유언장이 발견되더라도 협의분할에 영향을 미치지 않는다.

정답 및 해설 | p.97

2024 최신개정판

해커스
CFP®
사례형 핵심문제집

개정 11판 1쇄 발행 2024년 7월 15일

지은이	해커스 금융아카데미 편저
펴낸곳	해커스패스
펴낸이	해커스금융 출판팀

주소	서울특별시 강남구 강남대로 428 해커스금융
고객센터	02-537-5000
교재 관련 문의	publishing@hackers.com
	해커스금융 사이트(fn.Hackers.com) 교재 Q&A 게시판
동영상강의	fn.Hackers.com

ISBN	979-11-7244-116-6 (13320)
Serial Number	11-01-01

**금융자격증 1위,
해커스금융(fn.Hackers.com)**

해커스금융

· 합격률 1위/합격자 수 1위의 노하우가 담긴 CFP 교재 인강
· 학습 중 궁금한 사항을 바로 해결하는 1:1 질문/답변 서비스
· 금융자격증 무료강의, CFP 시험 상위 합격자 인터뷰 등 다양한 금융 학습 콘텐츠

금융자격증 1위
해커스금융만의 무료 자료

1 나에게 필요한
금융자격증 P!CK

해커스금융 P!CK
금융자격증 확인! ▶

2 해커스 금융자격증
전 강의 쿠폰팩

해커스금융 전 자격증
할인쿠폰 받기! ▶

3 해커스금융 AFPK·CFP
무료
합격콘텐츠 자료실

해커스금융 AFPK/CFP
합격비결! ▶

4 해커스금융
100% 무료 강의

해커스금융 전 자격증
무료강의 보기! ▶

합격의 기준, 해커스금융 fn.Hackers.com

2024 최신개정판
2025년 첫 시험 대비 가능

AFPK® CFP®
한국FPSB 지정교육기관

해커스
CFP®
사례형 핵심문제집

정답 및 해설

해커스
CFP®
사례형 핵심문제집

정답 및 해설

해커스

단일사례 TEST 1

재무설계 원론	01 ④	02 ①	03 ②	04 ①	05 ②
위험관리와 보험설계	06 ⑤	07 ③	08 ②	09 ⑤	
투자설계	10 ④	11 ⑤	12 ⑤	13 ③	
부동산설계	14 ②	15 ③	16 ③	17 ③	
은퇴설계	18 ④	19 ⑤	20 ⑤	21 ④	22 ④
세금설계	23 ⑤	24 ④	25 ②	26 ①	
상속설계	27 ①	28 ④	29 ④	30 ⑤	

01 재무설계 원론 | 재무상태표 분석

정답 : ④

⑱ p.20 ⑳ p.9-06번

① [O] 저축성자산은 2024년 12월 31일 재무상태표 작성일 당시 해지한다고 가정하였을 경우의 환급금을 기록한다.

② [O] 주식형펀드 210,000천원은 2024년 12월 31일 재무상태표 작성일 당시의 평가금액으로 표시한다.

③ [O] 주거관련부채부담율은 12.6%로서 가이드라인인 30% 이하이므로 부채 규모가 위험한 수준이 아니다.

> 주거관련부채부담율 = 주거관련부채 ÷ 총자산

1) 현재까지 상환하고 남은 주택담보대출 잔액
   PV 200,000, N 20 × 12, I/Y 7.5/12, CPT PMT(E) = 1,611.186(매월 상환액)
   [2ND AMORT] P1 1, P2 42, BAL = 182,714.210
2) 주거관련부채부담율 = 182,714.211 ÷ 1,450,000 = 12.60%

④ [X] 김상중씨의 재무상태표상 총부채부담율은 13.46%이므로 가이드라인인 40%를 초과하지 않는다.

> 총부채부담율 = 총부채 ÷ 총자산

총부채부담율 = 195,214.210 ÷ 1,450,000 = 13.46%
　　　　　　↳ 유동부채(12,500) + 비유동부채(182,714.210)

⑤ [O] 김상중씨의 비상예비자금 분석 시 유동자산은 130,000천원이다.
　　　　　　　↳ 현금성자산(30,000) + 저축성자산(100,000)

02 재무설계 원론 | 수익률 변동에 따른 저축계획 수정

정답 : ①

⑱ p.21 ⑳ p.356-03번

❶ 3년 전 시점의 필요자금을 구한다.
   CF0 0, C01 0 (9), C02 15,000 (4), I (7 - 5)/1.05, NPV CPT = 48,307.146

❷ 3년 전 시점의 부족자금(= 필요자금 - 준비자금)을 구한다.
   48,307.146 - 20,000 = 28,307.146

❸ 3년 전 시점에서 부족자금(PV)을 마련하기 위한 매년 말 정액저축액(PMT)을 구한다.
   PV 28,307.146, N 10, I/Y 7, CPT PMT(E) = 4,030.301

❹ 현재시점의 총준비자금을 구한다.
   1) 현재시점까지의 저축적립액을 구한다.
      PMT(E) 4,030.301, N 3, I/Y 7, CPT FV = 12,957.014
   2) 3년 전 시점 준비자금의 원리금 합계액을 구한다.
      20,000 × 1.07³ = 24,500.860
   3) 현재시점의 총준비자금을 구한다.
      12,957.014 + 24,500.860 = 37,457.874(STO1)
   [참고] 현재시점의 준비자금을 PV로 두고 저축적립액을 PMT로 두면 아래와 같이 간단하게 풀 수 있다.
      PV 20,000, PMT(E) 4,030.301, N 3, I/Y 7, CPT FV = 37,457,874

❺ 변경된 상황에서 현재시점의 필요자금을 구한다.

CF0 0, C01 0 (6), C02 <u>15,000 × 1.05^3</u> (4), I (6 − 4)/1.04, NPV CPT = 59,088.254(STO2)
       ↳ 현재시점의 교육자금

❻ 변경된 상황에서의 현재시점 부족자금(= 필요자금 − 준비자금)을 구한다.

59,088.254(RCL2) − 37,457.874(RCL1) = 21,630.380

❼ 현재시점의 부족자금(PV)을 마련하기 위한 새로운 매년 말 정액저축액(PMT)을 구한다.

PV 21,630.380, N 7, I/Y 6, CPT PMT(E) = 3,874.759

---

03   재무설계 원론 | Cash Flow 활용 추가저축액 계산   정답 : ②

                            ® p.22 ⑦ p.17-12번

❶ 현재시점의 필요자금을 구한다.

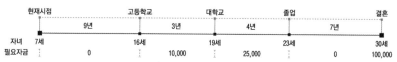

CF0 0, C01 0 (8), C02 10,000 (3), C03 25,000 (4), C04 0 (7), C05 100,000 (1), I (6 − 4)/1.04,
NPV CPT = 166,668.106

❷ 현재시점의 부족자금(= 필요자금 − 준비자금)을 구한다.

166,668.106 − <u>20,000</u> = 146,668.106(STO1)
       ↳ 준비자금

❸ 이율전환(연이율 → 월이율)을 한다.

PV −100, FV 106, N 12, CPT I/Y = 0.487(STO7)

❹ 부족자금 마련을 위한 매월 말 정액저축금액을 구한다.

PV 146,668.106(RCL1), N 9 × 12, I/Y 0.487(RCL7), CPT PMT(E) = 1,749.355

❺ 추가적으로 필요한 저축액을 구한다.

1,749.355 − <u>500</u> = 1,249.355
      ↳ 기존 저축액

---

04   재무설계 원론 | 금리 변동을 반영한 모니터링   정답 : ①

                            ® p.23 ⑦ p.20-15번

❶ 실제 상품의 금리를 적용했을 때 최초 계획에 비해 줄어드는 수령기간을 구한다.

 1) 최초 계획이 유지될 경우 매달 수령할 수 있는 금액을 구한다.

  PV 100,000, N 5 × 12, I/Y 5/12, CPT PMT(B) = 1,879.293(STO1)

 2) 실제 상품의 금리를 적용했을 때의 수령기간을 구한다.

  [2ND CLR TVM]을 누르지 않은 상태에서 I/Y 2/12, CPT N = 55.670

 3) 실제 상품의 금리를 적용함에 따라 줄어드는 수령기간을 구한다.

  <u>(5 × 12)</u> − 55.670 = 4.33
   ↳ 기존 수령기간

❷ 최초 계획과 같이 인출기간과 금액을 유지하여 수령하기 위해서 현재 추가적으로 필요한 금액을 구한다.

 1) 최초 계획대로 5년간 매월 초 동일한 금액을 수령하기 위한 현재의 필요자금을 구한다.

  PMT(B) 1,879.293(RCL1), N 5 × 12, I/Y <u>2/12</u>, CPT PV = 107,396.788
                ↳ 실제 상품의 금리

 2) 추가적으로 필요한 금액을 구한다.

  107,396.788 − <u>100,000</u> = 7,396.788
        ↳ 준비자금

(해) p.24 ② p.354-01번

❶ A은행 대출 유지 시 상환해야 할 매월 원리금상환액을 구한다.
PV 300,000, N 20 × 12, I/Y 7.40/12, CPT PMT(E) = 2,398.469(STO1)

❷ 현재시점까지 상환하고 남은 A은행 대출잔액을 구한다.
[2ND AMORT] P1 1, P2 10 × 12, BAL = 202,949.619

❸ B은행 대출로 대환 시 상환해야 할 매월 원리금상환액을 구한다.
PV 202,949.619, N 10 × 12, I/Y 4.10/12, CPT PMT(E) = 2,064.425(STO2)

❹ 대환 후 감소하는 매월 원리금 상환액을 계산한다.
2,398.469(RCL1) − 2,064.425(RCL2) = 334.044

(해) p.25 ② p.23-02번

❶ 배우자와 막내의 나이를 기준으로 time table을 그려서 각 구간마다 부족한 생활비와 기간을 구한다.

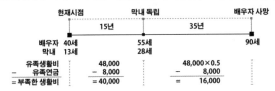

❷ 유족생활비의 현재시점 일시금을 구한다.
CF0 40,000, C01 40,000 (14), C02 16,000 (35), I (7 − 4)/1.04, NPV CPT = 730,240.370(STO1)

❸ 현재 주택담보대출 잔액을 구한다.
PV 200,000, N 20 × 12, I/Y 3.5/12, CPT PMT(E) = 1,159.919
[2ND CLR TVM]을 하지 않은 상태에서, N 10 × 12, CPT FV = 117,298.808(ST02)

❹ 필요자금의 현재시점 일시금을 구한다.
<u>730,240.370</u>(RCL1) + <u>117,298.808</u>(RCL2) + <u>15,000</u> = 862,539.177
　　↖ 유족생활비 일시금　　↖ 주택담보대출 잔액　　↖ 사후정리자금

❺ 추가적인 생명보험 필요보장액을 구한다.
862,539.177 − <u>200,000</u> = 662,539.177
　　　　　↖ 사망보험금

(해) p.26 ② p.25-03번

❶ 종신보험의 해약환급금과 동일한 금액(28,000천원)을 수령하기 위해 매월 말 저축해야 할 정액저축액을 구한다.
FV 28,000, N 25 × 12, I/Y 4/12, CPT PMT(E) = 54.461

❷ A안(종신보험료)과 B안{정기보험료 + 정액저축액(❶)} 중 어떤 것이 더 저렴한지 비교한다.
　　A안　　vs　　B안
　<u>125,000</u>　 > 　<u>97.461</u>
　　↖ 종신보험료　　↖ 정기보험료(43) + 정액저축액(54.461)
∴ B안의 납입금액이 A안에 비해 매월 약 28천원(= 125,000 − 97.461) 저렴하다.

⑧ p.27 ㉑ p.31-07번

❶ 건물(아파트)의 보험가액을 구한다.

- 건물의 보험가액(현재가액) = 재조달가액 − 감가상각액
- 재조달가액 = 연면적 × 신축단가
- 감가상각액 = 재조달가액 × 감가율 × 경과년수

1) 재조달가액을 구한다.
140.2 × 627.30 = 87,947.460(STO1)
2) 감가상각액을 구한다.
87,947.460 × 1% × 3년 = 2,638.424(STO2)
3) 보험가액(현재가액)을 구한다.
87,947.460(RCL1) − 2,638.424(RCL2) = 85,309.036(STO3)

❷ 가재도구의 보험가액을 구한다.

가재도구 보험가액 = (주택종류 × 가중치) + (주택규모 × 가중치) + (가족수 × 가중치) + (월평균 수입 × 가중치)

가재도구 보험가액 = (14,454 × 11.80%) + (20,067 × 29.99%) + (15,501 × 19.81%) + (43,896 × 38.4%)
= 27,650.477(STO4)

❸ 건물의 보험가액과 가재도구의 보험가액을 합산한다.
85,309.036(RCL3) + 27,650.477(RCL4) = 112,959.514

---

09 위험관리와 보험설계 | **자동차보험의 후유장애보험금 계산**
정답 : ⑤

⑧ p.28 ㉑ p.35-10번

자동차보험의 후유장애보험금 계산문제는 장례비를 제외한 위자료, 상실수익액만을 더하여 최종 보험금을 산정하며, 사망 시와 달리 피해자의 생활비를 공제하지 않는다.

❶ 위자료를 구한다.

- 노동능력상실률 50% 이상인 자
 - 65세 미만 : 4,500만원 × 노동능력상실률 × 85%
 - 65세 이상 : 4,000만원 × 노동능력상실률 × 85%
- 노동능력상실률 100% 해당자 등 가정간호비 지급 대상인 자
 - 65세 미만 : 8,000만원 × 노동능력상실률 × 85%
 - 65세 이상 : 5,000만원 × 노동능력상실률 × 85%
[참고] 노동능력상실률 50% 미만인 자는 노동능력상실 정도에 따라 인정액이 상이함

45,000 × 55% × 85% = 21,037.500

❷ 상실수익액을 구한다.

상실수익액 = 월평균 현실소득액 × 노동능력상실률 × 취업가능월수에 해당하는 호프만계수

상실수익액 = 3,600 × 55% × 215.9858
= 427,651.884

❸ ❶과 ❷를 더한 후 과실비율을 적용하여 최종 보험금을 구한다.
(21,037.500 + 427,651.884) × 75% = 336,517.038

⑱ p.29 ㉑ p.46-02번

❶ 포트폴리오의 기대수익률을 통해 자산 A와 자산 C의 투자비중을 구한다.

> 포트폴리오의 기대수익률 = Σ (자산의 기대수익률 × 자산의 투자비중)

$14.95\% = (0.10 \times W_A) + (0.22 \times 0.35) + (0.13 \times \underline{W_C})$

$\qquad\qquad\qquad\qquad\qquad\qquad\qquad\qquad\qquad\qquad \underset{(1 - 0.35) - W_A}{\uparrow}$

$\qquad\quad = (0.10 \times W_A) + (0.22 \times 0.35) + \{0.13 \times (0.65 - W_A)\}$

$\therefore W_A = 40\%, W_C = 25\%$

❷ 자산 B의 표준편차는 0%이므로, 자산 A와 자산 C의 표준편차만을 이용해 포트폴리오의 표준편차를 구한다.

> 포트폴리오의 표준편차 = $\sqrt{(W_A \times \sigma_A)^2 + (W_B \times \sigma_B)^2 + (2 \times W_A \times W_B \times \sigma_A \times \sigma_B \times \rho_{AB})}$

포트폴리오의 표준편차 = $\sqrt{(0.4 \times 0.045)^2 + (0.25 \times 0.06)^2 + (2 \times 0.4 \times 0.25 \times 0.045 \times 0.06 \times 0.1)}$
$\qquad\qquad\qquad\qquad = 2.45\%$(소수점 둘째 자리 미만 절사)

---

⑱ p.30 ㉑ p.50-05번

❶ 구매력평가설과 이자율평가설을 이용하여 환율의 기대치를 구하는 공식은 아래와 같다.

> $E(S_1) = S_0 \times (1 + 국내)/(1 + 국외)$
>
> • $E(S_1)$: 1년 후의 원/달러 환율의 기대치 • S_0 : 현재 현물환율
> • 국내 : 기대인플레이션율 or 명목이자율 • 국외 : 기대인플레이션율 or 명목이자율

❷ 필요한 정보를 공식에 대입하여 구매력평가설과 이자율평가설에 의한 환율의 기대치를 계산한다.

1) 구매력평가설에 의한 환율의 기대치는 두 나라의 기대인플레이션율을 이용하여 계산한다.
   $1,100 \times 1.03/1.01 = 1,122$원/$
   [참고] 다음과 같은 방식으로 근삿값을 구할 수 있다.
   $1,100 \times \{1 + (0.03 - 0.01)\} = 1,122$원/$
2) 이자율평가설에 의한 환율의 기대치는 두 나라의 명목이자율을 이용하여 계산한다.
   $1,100 \times 1.05/1.02 = 1,132$원/$
   [참고] 다음과 같은 방식으로 근삿값을 구할 수 있다.
   $1,100 \times \{1 + (0.05 - 0.02)\} = 1,133$원/$

---

⑱ p.31 ㉑ p.51-06번

❶ 주식의 요구수익률(k)와 배당성장률(g)은 아래의 공식을 이용하여 계산한다.

> • 주식의 요구수익률(k) = 무위험수익률 + 주식의 베타 × (주식시장의 기대수익률 – 무위험수익률)
> • 주식의 배당성장률(g) = <u>내부유보율</u> × 자기자본이익률(ROE)
> $\qquad\qquad\qquad\qquad\quad \underset{1 - 배당성향}{\uparrow}$

1) 주식의 요구수익률(k) = $4\% + 0.7 \times (12\% - 4\%) = 9.6\%$
2) 주식의 배당성장률(g) = $(1 - 30\%) \times 9\% = 6.3\%$

❷ 주식의 현재가치를 구한다.

> 주식의 현재가치(V_0) = $\dfrac{D_1}{k - g} = \dfrac{D_0 \times (1 + g)}{k - g}$
>
> • D_0 : 현재의 배당 • D_1 : 1기간 후의 배당 • g : 주식의 배당성장률 • k : 주식의 요구수익률

주식의 현재가치(V_0) = $\dfrac{12,500 \times (1 + 6.3\%)}{9.6\% - 6.3\%}$ = 약 402,651(원 미만 절사)

(徽) p.31 ㉮ p.57-11번

복리채(연 단위 복리)의 세전매매단가는 아래의 공식을 이용하여 계산한다.

$$연복리채의\ 세전매매단가(P) = \frac{10,000 \times (1 + c)^N}{(1 + r)^n \times (1 + r \times d/365)}$$

- c : 표면금리　　　　　• N : 발행일부터 만기일까지 연수　　　　• r : 매매수익률　　　　• n : 연 단위 잔존기간
- d : 연 단위 이하 잔존일수　　　　　　　　　　　　　　　　　　　• $10,000 \times (1 + c)^N$: 연복리채의 만기금액(F)

$$세전매매단가 = \frac{10,000 \times (1 + 0.03)^5}{(1 + 0.0435)^3 \times (1 + 0.0435 \times 164/365)} = 10,006(원\ 미만\ 절사)$$

[참고] 위 식을 이용하여 채권가격을 구하는 것을 관행적 복할인방식이라고 하고, 아래와 같이 재무계산기(TVM)를 이용하여 채권가격을 구하는 것을 이론적 복할인방식이라고 한다.

FV 10,000 × $(1 + 0.03)^5$, N 3 + 164/365, I/Y 4.35, CPT PV = 10,009(원 미만 절사)

TVM으로 계산한 값보다 약 1~4원 정도 적은 값을 찾으면 관행적 복할인방식으로 계산한 값이 된다.

(徽) p.32 ㉮ p.71-03번

❶ 순영업수익(NOI)을 역으로 계산하여 NOI 조정 전 가능총수익을 구한다.

　1) 순영업수익(NOI)과 영업경비를 합산하여 유효총수익을 구한다.

　　100,000 + 14,000 = 114,000

　2) 유효총수익은 가능총수익에 공실 및 대손율을 차감한 값이므로, 유효총수익에서 가능총수익을 역으로 계산할 경우 유효총수익에 공실 및 대손율을 합하여 가능총수익을 구한다.

　　114,000/0.95 = 120,000

　　[참고] 공실 및 대손율이 5%일 경우 가능총수익에서 95%를 곱하여 유효총수익을 구하지만, 역으로 유효총수익에서 가능총수익을 구하는 경우에는 95%를 나누어 계산한다.

❷ ❶에서 구한 가능총수익을 바탕으로 조정 후 공실 및 대손율, 영업경비 등을 차감하여 순영업수익(NOI)을 구한다.

　1) 가능총수익에서 조정된 공실률을 차감하여 유효총수익을 구한다.

　　120,000 − (120,000 × 0.1) = 108,000

　2) 유효총수익에서 영업경비를 차감하여 순영업수익(NOI)을 구한다.

　　108,000 − 14,000 = 94,000

❸ ❷에서 구한 순영업수익(NOI)을 종합환원율로 나누어 상가의 가치를 구한다.

　94,000/0.2 = 470,000

　[참고] 직접환원법에 의한 부동산가치(V) = 순영업수익(NOI)/종합환원율(R)

(徽) p.32 ㉮ p.74-05번

❶ 매년 발생하는 임대료에 따른 세전현금흐름을 구한다.

　1) 원리금상환액을 구한다.

　　PV 200,000, N 12 × 20, I/Y 4.5/12, CPT PMT(E) = 1,265.299(STO1)

　　1,265.299 × 12 = 15,183.585

　2) 매년 발생하는 임대료에 따른 세전현금흐름을 구한다.

　　35,000 − 15,183.585 = 19,816.415(STO2)

　　　ᄂ 순영업이익　　ᄂ 원리금상환액

❷ 보유기간 말 상가 매도에 따른 세전현금흐름을 구한다.

	매도가격	1,075,133	800,000 × $(1.03)^{10}$
−	매도경비	− 161,270	1,075,133 × 0.15
=	순매도가격	= 913,863	
−	미상환 대출잔액	− 122,088	PV 200,000, PMT(E) −1,265.299(RCL1), N 10 × 12, I/Y 4.5/12, CPT FV
−	보증금	− 150,000	
=	세전현금흐름	= 641,775	
		(STO3)	

❸ 보유기간 동안 발생한 현금흐름(❶, ❷)을 이용하여 자기자본가치를 구한다.

FV 641,775(RCL3), PMT(E) 19,816.415(RCL2), N 10, I/Y 8, CPT PV = 430,235.841

❹ 상가의 가치를 구한다.

상가 가치 = 자기자본가치 + 타인자본가치
= 430,235.841 + (200,000 + 150,000) = 780,235.841
              ↖ 대출금   ↖ 임대보증금

---

16 부동산설계 | 금융적 투자결합법에 의한 종합환원율

(書) p.33 (기) p.73-04번

❶ 금융적 투자결합법을 이용하여 종합환원율을 구한다.

> 종합환원율(금융적 투자결합법) = (지분비율 × 지분환원율) + (대출비율 × 대출환원율)
> [참고] 대출이 만기일시상환(IOL) 방식이면 대출환원율에 대출이자율을 대입하고, 대출이 원리금균등분할상환(CPM) 방식이면 대출환원율에 대출상수(MC)를 대입한다.

1) 대출이 원리금균등분할상환(CPM) 방식이므로 대출상수(MC)를 먼저 구한다.

   PV 1, N 15 × 12, I/Y 6/12, CPT PMT(E) = 0.008
   → 0.008 × 12월 = 0.101(STO1)

   [참고] 대출이 매월 말 원리금균등분할상환(CPM) 조건이므로 우선 월 대출상수를 구한 후, 연 대출상수(= 월 대출상수 × 12)로 환산한다.

2) 종합환원율(R)을 구한다.

   (0.4 × 0.08) + (0.6 × 0.101(RCL1)) = 0.093(STO2)

   [참고] 소수 7째 자리에서 반올림하는 가정이므로 2ND FORMAT에서 DEC = 6으로 변경해서 계산할 수도 있지만 계산값을 STO에 저장한 후 RCL로 불러와서 계산하면 눈에 보이지 않는 소수 자리까지 계산에 반영되므로 정확하게 계산하면서도 시간을 단축할 수 있다. 단, STO에 저장할 때 (−)로 계산된 값은 반드시 (+)상태로 바꿔서 저장하는 것에 주의한다.

❷ 수익가치(수익방식에 의한 부동산가치) 공식을 이용하여 부동산의 가치를 구한다.

> 수익가치 = 순영업수익(NOI)/종합환원율(R)

수익가치 = 150,000/0.093(RCL2) = 1,617,116.569

---

17 부동산설계 | Cash on Cash rate

(書) p.33 (기) p.470-06번

❶ Cash on Cash rate를 구하는 공식은 다음과 같다.

> • Cash on Cash rate = 세전현금수익/자기자본투자액
> • 자기자본투자액 = 총투자금액 − 대출금 − 임대보증금 × (1 − 공실률)

❷ 자기자본투자액을 구한다.

총투자액(부대비용 포함)	1,200,000	
− 대출금	− 500,000	
− 보증금 × (1 − 공실률)	− 190,000	200,000 × 0.95
= 자기자본투자액	= 510,000	

❸ 세전현금수익을 구한다.

가능총수익		96,000	8,000 × 12
− 공실(5%)	×	0.95	1 − 0.05
= 유효총수익	=	91,200	
− 영업경비	−	0	영업경비는 감안하지 않음
= 순영업소득	=	91,200	
− 대출이자	−	42,500	500,000 × 0.085 부가가치세는 감안하지 않음
= 세전현금수익	=	48,700	

❹ Cash on Cash rate를 구한다.

48,700/510,000 = 0.0955(9.55%)

---

8 합격의 기준, 해커스금융 fn.Hackers.com

⑱ p.34 ㉮ p.97-04번

❶ 은퇴시점에서 은퇴자산으로 사용할 금액을 계산한다.

  1) 은퇴시점에서 주택의 순매각대금을 계산한다.

    $400,000 \times 1.02^{12} \times (1 - 0.05) = 481,931.882$

  2) 순매각대금 중 은퇴소득으로 활용할 금액을 계산한다.

    $481,931.882 \times 0.5 = 240,965.941$(STO1)

❷ 은퇴기간 중 수령할 연간 세전연금액을 구한다.

  PV 240,965.941, N 25, I/Y 3, CPT PMT(B) = 13,435.108(STO2)

❸ 은퇴기간 중 수령할 연간 세후연금액을 구한다.

  1) 납입원금에서 연금액이 인출되는 기간(이자소득세 비과세 기간)과 이자소득세 과세 기간을 계산한다.

    • 이자소득세 비과세 기간 = 240,965.941(RCL1) ÷ 13,435.108(RCL2) = 17.936(약 17년 11개월)

    • 이자소득세 과세 기간 = 25년 – 17년 11개월 = 7년 1개월

구 분	1 ~ 17년차	18년차	19 ~ 25년차
세전연금액	13,435.108	13,435.108	13,435.108
인출금액의 원천	납입원금	납입원금 + 운용수익	운용수익
이자소득세 과세 여부	비과세	일부 과세	과 세
세후연금액	13,435.108	?	?

  2) 각 기간의 이자소득세 과세 대상 금액과 이자소득세를 구한다.

    • [18년차]

세전연금액	13,435.108	$= \underline{240,965.941 - 13,435.108 \times 17}$ ↳ 납입원금에서 17년간 인출하고 남은 금액(비과세) $+ \underline{13,435.108 - \{240,965.941 - (13,435.108 \times 17)\}}$ ↳ 납입원금이 모두 인출된 이후에 인출되는 금액(과세)
이자소득세 과세 대상	865.999	$= 13,435.108 - (240,965.941 - 13,435.108 \times 17)$
이자소득세	133.364(STO7)	$= 865.999 \times 15.4\%$

    • [19 ~ 25년차]

세전연금액	13,435.108	–
이자소득세 과세 대상	13,435.108	–
이자소득세	2,069.007(STO8)	$= 13,435.108 \times 15.4\%$

  3) 각 기간의 연간 세후연금액을 구한다.

구 분	1 ~ 17년차	18년차	19 ~ 25년차
세전연금액	13,435.108(RCL2)	13,435.108(RCL2)	13,435.108(RCL2)
이자소득세	0	133.364(RCL7)	2,069.007(RCL8)
세후연금액	13,435.108	13,301.744(STO3)	11,366.101(STO4)

❹ 연간 세후연금액을 은퇴시점에서 일시금으로 계산한다.

  CF0 13,435.108(RCL2), C01 13,435.108(RCL2) (16), C02 13,301.744(RCL3) (1), C03 11,366.101(RCL4) (7), I 3, NPV CPT = 233,086.291

郞 p.35 ⑦ p.103~08번

❶ 현재시점, 은퇴시점, 사망시점을 기준으로 time table을 그려 연간 은퇴소득 부족분을 계산한다.

❷ 은퇴 첫해 은퇴소득 부족금액에 은퇴소득 인출률을 적용해 총은퇴일시금을 구한다.

　1) 은퇴시점 물가기준으로 평가한 첫해 은퇴소득 부족금액을 계산한다.

　　$\underline{26,000} \times 1.03^{20} = 46,958.892$

　　↖ 현재물가기준 금액

　2) 은퇴소득 인출률을 적용해 총은퇴일시금을 계산한다.

　　$46,958.892 \div 0.045 = 1,043,530.936(STO1)$

❸ 현재 준비 중인 은퇴자산의 은퇴시점 평가액(세후)을 구한다.

　1) 이율전환(연이율 → 월이율)을 한다.

　　PV −100,　FV 105,　N 12,　CPT I/Y = 0.407(STO7)

　2) 은퇴시점 세전평가액을 계산한다.

　　PV 45,000,　PMT(E) 500,　N 15 × 12,　I/Y 0.407(RCL7),　CPT FV = $\underline{225,964.065}$

　　　　　　　　　　　　　　　　　　　　　　　　　　　　↖ 60세 시점

　　→ $225,964.065 \times 1.05^{5} = \underline{288,393.770}(STO2)$

　　　　　　　　　　　↖ 65세 시점

　3) 배당소득세액을 계산한다.

　　[288,393.770(RCL2) − {38,000 + (500 × 15 × 12)}] × 15.4% = 24,700.641

　　　　　　　　　　　　　　↖ 총 납입원금

　4) 세후평가액을 계산한다.

　　288,393.770(RCL2) − 24,700.641 = 263,693.130(STO3)

❹ 총은퇴일시금에서 은퇴자산 평가액을 차감하여 은퇴시점에서 부족한 은퇴일시금을 구한다.

　1,043,530.936(RCL1) − 263,693.130(RCL3) = 779,837.806

❶ 이율전환(연이율 → 월이율)을 한다.

PV -100, FV 105, N 12, CPT I/Y = 0.407(STO7)

❷ 은퇴시점에서의 세전적립금 평가액을 계산한다.

PMT(E) 300, N 20 × 12, I/Y 0.407(RCL7), CPT FV = 121,741.346(STO1)

❸ 은퇴기간 중 수령할 연간 세전연금액을 계산한다.

PV 121,741.346(RCL1), N 25, I/Y 5, CPT PMT(B) = 8,226.522(STO2)

❹ 은퇴기간 중 수령할 연간 세후연금액을 계산한다.

1) 납입원금에서 연금액이 인출되는 기간(배당소득세 비과세 기간)과 배당소득세 과세 기간을 계산한다.

• 배당소득세 비과세 기간 = $\frac{72,000,000}{8,226.522(RCL2)}$ = 8.752(약 8년 9개월)

　　　　↖ 300 × 20 × 12(총 납입원금)

• 배당소득세 과세 기간 = 25년 - 8년 9개월 = 16년 3개월

구 분	1 ~ 8년차	9년차	10 ~ 25년차
세전연금액	8,226.522	8,226.522	8,226.522
인출금액의 원천	납입원금	납입원금 + 운용수익	운용수익
배당소득세 과세 여부	비과세	일부 과세	과 세
세후연금액	8,226.522	?	?

2) 각 기간의 배당소득세 과세 대상 금액과 배당소득세를 구한다.

• [9년차]

세전연금액	8,226.522	= $\frac{72,000,000 - (8,226.522 \times 8)}{}$ 　　↖ 납입원금에서 8년간 인출하고 남은 금액(비과세) + 8,226.522 - {72,000,000 - (8,226.522 × 8)} 　　↖ 납입원금이 모두 인출된 이후에 인출되는 금액(과세)
배당소득세 과세 대상	2,038.694	= 8,226.522 - {72,000,000 - (8,226.522 × 8)}
배당소득세	313.959(STO8)	= 2,038.694 × 15.4%

• [10 ~ 25년차]

세전연금액	8,226.522	-
배당소득세 과세 대상	8,226.522	-
배당소득세	1,266.884(STO9)	= 8,226.522 × 15.4%

3) 각 기간의 연간 세후연금액을 구한다.

구 분	1 ~ 8년차	9년차	10 ~ 25년차
세전연금액	8,226.522(RCL2)	8,226.522(RCL2)	8,226.522(RCL2)
배당소득세	0	313.959(RCL8)	1,266.884(RCL9)
세후연금액	8,226.522	7,912.563(STO3)	6,959.637(STO4)

4) 연간 세후연금액을 은퇴시점에서 일시금으로 계산한다.

CF0 8,226.522(RCL2), C01 8,226.522(RCL2) (7), C02 7,912.563(RCL3) (1), C03 6,959.637(RCL4) (16),
I 5, NPV CPT = 112,235.706

❺ 세후투자수익률을 구한다.

FV 112,235.706, PMT(E) -300, N 20 × 12, CPT I/Y = 0.348
→ PV -100, N 12, I/Y 0.348, CPT FV = 104.257

® p.37 ㉜ p.94-03번

❶ 이율전환(연이율 → 월이율)을 한다.

　PV −100，FV 105，N 12，CPT I/Y = 0.407(STO7)

❷ 은퇴시점에서의 세전적립금 평가액을 계산한다.

　1) 매월 납입액의 적립금 평가액을 구한다.

　　PMT(E) 300，N 20 × 12，I/Y 0.407(RCL7)，CPT FV = 121,741.346(STO8)

　2) 환급세액 재투자액의 적립금 평가액을 구한다.

　　PMT(E) 300 × 12 × 13.2%，N 20，I/Y 5，CPT FV = 15,712.941(STO9)

　　　　↳ 총급여액 5,500만원 초과인 근로소득자의 연금저축세액공제율(지방소득세 포함)

　3) 은퇴시점에서의 총 적립금 평가액을 구한다.

　　121,741.346(RCL8) + 15,712.941(RCL9) = 137,454.287(STO1)

❸ 은퇴기간 중 수령할 연간 세전연금액을 계산한다.

　PV 137,454.287(RCL1)，N 25，I/Y 5，CPT PMT(B) = 9,288.304(STO2)

❹ 은퇴기간 중 수령할 연간 세후연금액을 계산한다.

　1) 환급세액 재투자금액에서 연금액이 인출되는 기간(연금소득세 비과세 기간)과 연금소득세 과세 기간을 계산한다.
　　• 연금소득세 비과세 기간 = 15,712.941(RCL9) ÷ 9,288.304(RCL2) = 1.692(약 1년 8개월)
　　• 연금소득세 과세 기간 = 25년 − 1년 8개월 = 23년 3개월

구 분	1년차 (60세)	2년차 (61세)	3 ~ 10년차 (62 ~ 69세)	11 ~ 20년차 (70 ~ 79세)	21 ~ 25년차 (80 ~ 84세)
세전연금액	9,288.304	9,288.304	9,288.304	9,288.304	9,288.304
인출금액의 원천	환급세액 재투자금액	환급세액 재투자금액 + 납입원금 및 운용수익	납입원금 및 운용수익	납입원금 및 운용수익	납입원금 및 운용수익
연금소득세 과세 여부	비과세	일부 과세	과 세	과 세	과 세
세후연금액	9,288.304	?	?	?	?

　2) 각 기간의 연금소득세 과세 대상 금액과 연금소득세를 구한다.
　　• [2년차(61세)]

세전연금액	9,288.304	= 15,712.941 − (9,288.304 × 1) 　　↳ 환급세액 재투자금액에서 1년 인출하고 남은 금액(비과세) + 9,288.304 − {15,712.941 − (9,288.304 × 1)} 　　↳ 환급세액 재투자금액이 모두 인출된 이후에 인출되는 금액(과세)
연금소득세 과세 대상	2,863.667	= 9,288.304 − {15,712.941 − (9,288.304 × 1)}
연금소득세	157.502	= 2,863.667 × 5.5% 　　↳ 연금수령 연령 55 ~ 69세

　　• [3 ~ 25년차(62 ~ 84세)]

구 분	3 ~ 10년차 (62 ~ 69세)	11 ~ 20년차 (70 ~ 79세)	21 ~ 25년차 (80 ~ 84세)
세전연금액	9,288.304	9,288.304	9,288.304
연금소득세 과세 대상	9,288.304	9,288.304	9,288.304
연금소득세	510.857 = 9,288.304 × 5.5% 연금수령 연령 55 ~ 69세	408.685 = 9,288.304 × 4.4% 연금수령 연령 70 ~ 79세	306.514 = 9,288.304 × 3.3% 연금수령 연령 80세 이상

3) 각 기간의 연간 세후연금액을 구한다.

구 분	1년차 (60세)	2년차 (61세)	3 ~ 10년차 (62 ~ 69세)	11 ~ 20년차 (70 ~ 79세)	21 ~ 25년차 (80 ~ 84세)
세전연금액	9,288.304(RCL2)	9,288.304(RCL2)	9,288.304(RCL2)	9,288.304(RCL2)	9,288.304(RCL2)
연금소득세	0	157.502	510.857	408.685	306.514
세후연금액	9,288.304	9,130.803(STO3)	8,777.447(STO4)	8,879.619(STO5)	8,981.790(STO6)

4) 연간 세후연금액을 은퇴시점에서 일시금으로 계산한다.
CF0 9,288.304(RCL2), C01 9,130.803(RCL3) (1), C02 8,777.447(RCL4) (8),
C03 8,879.619(RCL5) (10), C04 8,981.790(RCL6) (5), I 5, NPV CPT = 131,600.349

❺ 세후투자수익률을 구한다.
FV 131,600.349, PMT(E) -300, N 20 × 12, CPT I/Y = 0.463
→ PV -100, N 12, I/Y 0.463, CPT FV = 105.703

---

22 은퇴설계 | 퇴직급여를 은퇴소득으로 활용하는 방안

정답 : ④

⑱ p.38 ㉑ p.114-15번

① [O] 확정급여형 퇴직연금의 퇴직시점 세전평가금액은 법정퇴직금과 동일하다.
② [O] 확정기여형의 퇴직시점 세전평가금액은 243,905천원이다.

> 확정기여형의 퇴직시점 세전평가금액 = 기말급 증액저축의 FV값

PMT(E) 3,000/1.04, N 25, I/Y (6 - 4)/1.04, CPT PV = 56,829.568
→ 56,829.568 × 1.06²⁵ = 243,905.158(퇴직시점가치로 환산)

③ [O] 임금인상률(4%)보다 퇴직연금계정의 수익률(6%)이 높으므로 수익률 측면에서 확정기여형이 유리하다.
[참고] 반대로 임금인상률이 높은 경우에는 확정급여형이 유리하다.
④ [X] 연금수령연차 1 ~ 10차년도 중 과세되는 연간 연금소득세는 391천원이다.

> 확정급여형의 퇴직시점 세전평가금액 = 퇴직 직전 30일간의 평균임금 × (중간정산 이후) 근무연수

1) 퇴직시점 세전평가금액
PV 3,000, N 24, I/Y 4, CPT FV = 7,689.912(퇴직 직전 30일간의 평균임금)
↳ 급여 인상은 기시에 이루어지므로 59세 말까지 24회 인상된다.
→ 7,689.912 × 25 = 192,247.812
2) 은퇴시점 세전평가금액
192,247.812 × 1.06⁵ = 257,270.940
↳ 퇴직연금계정 운용수익률
3) 은퇴기간 중 수령할 세전연금액
PV 257,270.940, N 20, I/Y 6, CPT PMT(B) = 21,160.427
4) <u>연금 수령 시 과세되는 연금소득세</u>
↳ 퇴직급여를 원천으로 연금수령할 경우 연금소득세는 이연퇴직소득세의 70%(60%) 수준으로 과세된다.
• 이연퇴직소득을 원천으로 인출하는 기간
192,247.812(이연퇴직소득) ÷ 21,160.427(세전연금액) = 9.085년
∴ 연금수령연차 5차년도에는 이연퇴직소득을 원천으로 인출됨
• 연간 과세되는 이연퇴직소득세
5,071(퇴직소득세) ÷ 9.085(년) = 558.157
• 연금수령연차 1 ~ 10차년도 중 과세되는 연금소득세
558.157(이연퇴직소득세) × 70% = 390.710
[참고] 연금수령연차 11차년도부터는 이연퇴직소득세의 60%가 연금소득세로 과세된다.
⑤ [O] 퇴직급여가 이전된 IRP에서 연금 수령 시 인출 순서는 '과세제외금액 ⇨ 이연퇴직소득 ⇨ 운용수익'의 순으로 인출되는
것으로 보아 소득원천에 따라 과세하며, 운용수익을 원천으로 하는 연금 수령 시 연령에 따라 3.3 ~ 5.5%(지방소득세
포함)의 연금소득세가 과세된다.

ⓔ p.39 ⑦ p.135-09번

❶ 당기순이익을 구한다.

> 당기순이익 = 매출액 − 매출원가 − 판매비와 일반관리비 + 영업외수익 − 영업외비용

1,100,000 − 550,000 − 100,000 + 3,000 − 20,000 = 433,000

❷ 사업소득금액을 구한다.

> 사업소득금액 = 당기순이익 − 총수입금액 불산입액 + 필요경비 불산입액

433,000(당기순이익) − 100,000 + 20,000 + 1,000 + 1,000 = 355,000
부가가치세 매출세액 ↗ 급여 ↗ ↗ 기업업무추진비 ↖ 벌과금
초과액

❸ 과세표준을 구한다.

> 과세표준 = 사업소득금액 − 종합소득공제

355,000 − 10,000 = 345,000

❹ 산출세액을 구한다.

345,000 × 40% − 25,940 = 112,060

❺ 보기를 읽으며 O, X를 표시한다.
① [X] 복식부기의무자가 추계에 의한 방법으로 사업소득을 신고할 경우 무기장가산세가 부과된다.
② [X] 의료비세액공제는 근로소득이 있는 거주자에게만 적용이 가능하다.
③ [X] 기장세액공제는 간편장부대상자가 종합소득과세표준 확정신고를 할 때 복식부기에 따라 기장할 때 받는 것으로, 김효주씨는 복식부기의무자이기 때문에 기장세액공제를 받을 수 없다.
   [참고] 기장세액공제액은 100만원을 한도로 한다.
④ [X] 부가가치세 매출세액은 사업소득 총수입금액 불산입액이다.
⑤ [O] 김효주씨의 2024년도 종합소득 산출세액은 112,060천원이다.

ⓔ p.40 ⑦ p.140-12번

❶ 과점주주의 취득세를 구하는 공식은 아래와 같다.

> 과점주주의 취득세 = 법인 자산 중 취득세 과세대상 물건의 장부가액 × 과점주주지분율 × 취득세율(2%)

❷ 설립 시 과점주주와 설립 후 지분 취득으로 과점주주가 된 경우의 취득세 납부 관계는 다음과 같다.
김재선씨와 김정호씨는 4촌 이내 방계혈족으로 특수관계이나 보유 지분 합계가 45%이므로 과점주주가 아니지만, 김재선씨가 C의 지분 20%를 인수함으로써 둘의 지분율 합계가 50%를 초과하여 과점주주가 되었으므로 전체 지분율 65%에 대한 취득세 납세의무가 발생한다.

과점주주의 취득세 과세대상 범위	
구 분	취득세 납부관계
최초 법인설립부터 과점주주에 해당하는 경우	취득세 과세 대상에 해당하지 않음
과점주주가 추가로 지분을 취득하여 지분이 증가한 경우	증가되는 지분에 해당하는 취득세 납부
과점주주가 아니었던 자가 과점주주로 변경된 경우	전체 지분율에 해당하는 취득세 납세의무
본래 과점주주였으나 지분을 처분하여 과점주주에 해당하지 않게 된 후 다시 지분을 취득하여 과점주주가 된 경우	다시 과점주주가 된 당시의 지분율이 그 이전에 과점주주였던 당시의 지분율보다 증가된 경우 그 증가된 지분에 상당하는 취득세 납세의무

❸ 납부해야 할 취득세를 계산한다.
(1,000,000 + 550,000 + 70,000) × 65% × 2% = 21,060

(참) p.41 (기) p.124-01번

❶ 사업소득금액, 기타소득금액, 금융소득금액을 구한다.

1) 사업소득금액 = 28,000

2) 기타소득금액 = 3,000 × (1 - 60%) = 1,200

3) 금융소득 총수입금액 계산

	이자소득	20,000	
+	배당소득	+ 60,000	내국법인A 주식의 현금배당(30,000) + 외국법인B 주식의 현금배당(30,000)
=	금융소득 총수입금액	= 80,000	

[참고] 채권 매매차익은 비과세 대상이다.

4) Gross-up 금액 = Min[30,000, (80,000 - 20,000)] × 10% = 3,000

5) 금융소득금액 = 80,000 + 3,000 = 83,000

❷ 기타소득금액을 합산하여 종합소득 과세표준을 계산한다.

	사업소득금액	28,000	
+	기타소득금액	+ 1,200	
+	금융소득금액	+ 83,000	80,000 + 3,000(Gross-up 금액)
=	종합소득금액	= 112,200	
-	종합소득공제	- 3,000	
=	종합소득 과세표준	= 109,200	

기타소득금액을 종합소득금액에 합산할 경우 과세표준이 109,200천원이므로 35%의 소득세율이 적용된다.

기타소득금액을 분리과세할 경우 기타소득금액은 20%의 세율이 적용되므로 분리과세를 선택하는 것이 소득세를 절세하는 방법이다.

❸ 보기를 읽으며 O, X를 표시한다.

① [X] 기타소득금액은 1,200천원이다.

② [O] 기타소득금액을 분리과세하는 것이 더 유리하다.

③ [X] 기타소득금액을 종합과세할 경우 종합소득 과세표준은 109,200천원이다.

④ [X] 공익사업과 관련된 지상권 대여로 인한 실제 필요경비가 기타소득 수입금액의 60%를 초과하면 그 초과하는 금액도 필요경비로 인정하므로 기타소득금액은 1,000천원이다.

⑤ [X] 채권의 매매차익은 과세대상이 아니다.

---

26 세금설계 | 주택양도소득세 　　　　정답 : ①

(참) p.42 (기) p.147-17번, p.348-19번

❶ 아파트 B를 보유하지 않았을 경우(1세대 1주택)의 양도소득 산출세액을 구한다.

	양도가액	1,500,000	
-	취득가액	- 500,000	
-	필요경비	- 50,000	
=	양도차익	= 190,000	950,000 × {(1,500,000 - 1,200,000)/1,500,000}
-	장기보유특별공제	- 152,000	보유기간 및 거주기간 10년 이상이므로 장기보유특별공제율 80% 950,000 × {(1,500,000 - 1,200,000)/1,500,000} × 80%
=	양도소득금액	= 38,000	
-	양도소득 기본공제	- 2,500	
=	양도소득 과세표준	= 35,500	
×	세 율	× 15% - 1,260	
=	양도소득 산출세액	= 4,065	

❷ 아파트 A, B를 보유한 경우(1세대 2주택)의 양도소득 과세표준을 구한다.

양도가액		1,500,000
− 취득가액	−	500,000
− 필요경비	−	50,000
= 양도차익	=	950,000
− 장기보유특별공제	−	0
= 양도소득금액	=	950,000
− 양도소득 기본공제	−	2,500
= 양도소득 과세표준	=	947,500

조정대상지역 내 중과주택 양도 시 장기보유특별공제 배제

❸ 보기를 읽으며 O, X를 표시한다.
① [X] 1세대 2주택자가 조정대상지역 내 주택을 양도하는 경우 보유기간과 관계없이 장기보유특별공제가 배제된다.
② [O] 아파트 A의 양도소득금액은 950,000천원이다.
③ [O] 아파트 A의 양도소득 과세표준은 947,500천원이다.
④ [O] 아파트 B를 보유하지 않았다면 장기보유특별공제금액은 152,000천원이다.
⑤ [O] 아파트 B를 보유하지 않았을 경우 양도소득세 산출세액은 4,065천원이다.

---

27 상속설계 | 대습상속에 따른 법정상속분   정답 : ①

⑧ p.43 ㉑ p.157-04번

❶ 이영돈의 상속인을 구별한다.
1) 이석환이 이영돈의 유언장을 몰래 파기한 행위는 상속결격사유이므로 이석환은 처음부터 상속인이 아니게 된다.
2) 이윤미는 이영돈의 상속개시일 이전에 사망하였으므로 이윤미의 배우자 박수현과 직계비속 박연지가 이윤미의 상속순위에 갈음하여 대습상속을 받는다.
3) 이영돈의 상속인은 김선영, 박수현, 박연지이다.

❷ 각 상속인별 법정상속분을 구한다.
김선영 상속분 : 1,000,000 × 3/5 = 600,000
박수현 상속분 : 1,000,000 × 2/5× 3/5 = 240,000
박연지 상속분 : 1,000,000 × 2/5× 2/5 = 160,000

---

28 상속설계 | 유류분 산정   정답 : ④

⑧ p.44 ㉑ p.161-07번

❶ 유류분 산정 기초재산을 구한다.

유류분 산정 기초재산 = 상속개시 시의 상속재산 + 증여재산 − 채무액

유류분 산정 기초재산 = 450,000 + 50,000 + 20,000 − 100,000 = 420,000
[참고] 상속인이 아닌 자에게 증여한 재산은 1년 이내의 것만 유류분 산정 기초재산에 포함하기 때문에 주지스님에게 증여한 10,000천원은 산입하지 않는다.

❷ 김정표의 유류분을 구한다.

유류분 = 유류분 산정 기초재산 × 법정상속분 × 유류분 비율

유류분 = 420,000 × 1/3 × 1/2 = 70,000

⑩ p.44 ㉑ p.171-15번

① [X] 증여재산의 평가시점은 원칙적으로 증여일이며, 증여일 전 6개월 및 후 3개월 이내의 매매·감정·수용가액 등을 시가로 한다.

② [X] 시가로 보는 가액이 2개 이상인 경우 평가기준일(증여일)에 가까운 날에 해당하는 가액을 평가가액으로 하지만, 해당 재산의 매매가액이 있는 경우에는 유사사례가액을 적용하지 않는다.

③ [X] 서진영씨가 증여받은 상가에 대한 증여세 과세가액은 증여재산가액 13억원에서 채무부담액 1억원을 차감한 12억원이다.

④ [O] 서진영씨는 해당 증여 건에 대하여 6억원의 증여재산공제를 받을 수 있으며 증여세 산출세액은 1억 2천만원이 된다.

증여재산가액		1,300,000,000
− 채무 부담액	−	100,000,000
= 증여세 과세가액	=	1,200,000,000
− 증여재산공제	−	600,000,000 배우자로부터 받은 증여의 증여재산공제 6억원
= 증여세 과세표준	=	600,000,000
× 세 율	×	30% − 60,000,000 과세표준 5억원 초과 10억원 이하
= 증여세 산출세액	=	120,000,000

⑤ [X] 전세보증금도 채무이므로 증여재산가액에서 공제하며, 신고 시 전세계약서 등 입증자료를 제출하여야 한다.

⑩ p.45 ㉑ p.368-18번

❶ 허일도씨의 가계도를 그려본다.

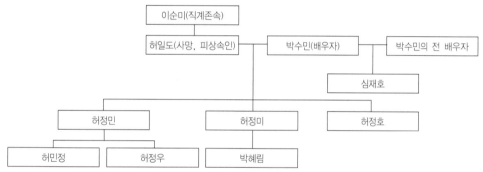

❷ 보기를 읽으며 O, X를 표시한다.

① [X] 상속인이 될 직계비속 또는 형제자매가 상속개시 전에 사망하거나 결격자가 된 경우에만 대습상속이 가능하며 배우자인 경우에는 대습상속이 불가능하다.

② [X] 피대습자의 배우자가 대습상속 개시 전에 사망하거나 결격자가 된 경우 그 배우자에게 다시 피대습자로서의 지위가 인정될 수 없다.

③ [X] 피상속인의 자녀가 상속개시 전에 선사망한 경우 피상속인의 손자녀는 대습상속을 한다. 상속재산 지분은 배우자 박수민은 3/7, 허민정과 허정우는 각각 1/7, 박혜림은 2/7를 상속하며 허정호는 배우자나 직계비속이 없으므로 상속에서 제외된다.

④ [X] 최근친 직계비속인 허민정, 허정우, 박혜림이 각각 32억원을 본위상속한다.

⑤ [O] 피상속인이 그의 처와 동시에 사망하고 제1순위 상속인인 자 전원이 상속을 포기한 경우, 상속을 포기한 자는 상속개시 때부터 상속인이 아니었던 것과 같은 지위에 놓이게 되므로 그 다음 근친 직계비속인 피상속인의 손자녀가 차순위의 본위상속인으로서 상속한다.

단일사례 TEST 2

재무설계 원론	01 ④	02 ②	03 ②	04 ③	05 ②
위험관리와 보험설계	06 ③	07 ③	08 ⑤	09 ②	10 ③
투자설계	11 ③	12 ③	13 ④	14 ①	
부동산설계	15 ①	16 ④	17 ③		
은퇴설계	18 ④	19 ①	20 ③	21 ④	22 ①
세금설계	23 ②	24 ①	25 ④	26 ③	
상속설계	27 ①	28 ②	29 ④	30 ④	

---

01 재무설계 원론 | 재무제표의 분석·평가

정답 : ④

📘 p.48 ② p.252-02번

① [O] 심재환씨 가계의 소비성부채비율은 6.46%로 가이드라인인 20%보다 현저히 낮은 수준이라고 평가할 수 있다.

> 소비성부채비율 = 소비성부채상환액 ÷ 월 순수입

소비성부채비율 = (60 + 360) ÷ 6,500 = 6.46%

② [O] 심재환씨 가계의 고정지출 총액은 1,560천원이다.
고정지출 총액 = <u>500</u> + <u>1,000</u> + <u>60</u> = 1,560
   보장성보험료 등   주택담보대출   마이너스통장 이자
                    이자

③ [O] 심재환씨 가계의 주거관련부채비율은 26.09%로 가이드라인인 28%보다는 낮지만 근접한 수치이므로 현금흐름 관리에 주의해야 한다.

> • 주거관련부채비율 = 주거관련부채상환액 ÷ 월 총수입
> • 월 총수입 = 연 총수입 ÷ 12

주거관련부채비율= (1,000 + 1,000) ÷ (92,000 ÷ 12) = 26.09%

④ [X] 심재환씨 가계의 총부채상환비율은 31.57%로 가이드라인인 36%보다 낮다.

> • 총부채상환비율 = 총부채상환액 ÷ 월 총수입
> • 월 총수입 = 연 총수입 ÷ 12

총부채상환비율 = (<u>1,060</u> + <u>1,360</u>) ÷ (92,000 ÷ 12) = 31.57%
              대출이자 합계   대출상환현금 합계

⑤ [O] 심재환씨 가계의 추가저축여력은 620천원으로, 추가저축여력이 양수이므로 순현금흐름은 (+)이다.

> 추가저축여력 = 저축여력 − 저축·투자액 총액

추가저축여력 = 2,510 − 1,890 = 620

---

02 재무설계 원론 | 미래 창업자금 마련을 위한 저축액 계산

정답 : ②

📘 p.49 ② p.6-04번

❶ 창업시점의 필요자금을 구한다.

1) 임차비용을 구한다.
   PV 190,000, N 10, I/Y 2.5, CPT FV = 243,216.063
2) 기타비용을 구한다.
   PV 60,000, N 10, I/Y 3, CPT FV = 80,634.983
3) 전체 필요자금(= 임차비용 + 기타비용)을 구한다.
   243,216.063 + 80,634.983 = 323,851.046(STO1)

❷ 창업시점의 준비자금을 구한다.

PV 35,000, N 10, I/Y 4, CPT FV = 51,808.550(STO2)

❸ 창업시점의 부족자금(= 필요자금 − 준비자금)을 구한다.

323,851.046(RCL1) − 51,808.550(RCL2) = 272,042.496

❹ 현재시점의 부족자금을 구한다.

FV 272,042.496, N 10, I/Y 4, CPT PV = 183,782.163

❺ 부족자금(PV)을 마련하기 위한 매년 말 저축액(PMT)을 구한다.

PV 183,782.163, N 10, I/Y 4, CPT PMT(E) = 22,658.676

[참고] 정액저축은 현재가치(PV)를 계산하는 절차를 생략하고 간단히 미래가치(FV)에서 매년 저축액(PMT)를 산출할 수 있다.

FV 272,042.496, N 10, I/Y 4, CPT PMT(E) = 22,658.676

03 재무설계 원론 | 수정내부수익률(MIRR) 계산

정답 : ②

⑧ p.50 ㉑ p.15–10번

❶ 수정내부수익률(MIRR)을 구하기 위해 현금 유입·유출에 대한 time table을 그린다.

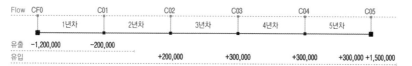

❷ 이자비용(8%)으로 할인된 유출의 현재가치를 구한다.

CF0 −1,200,000, C01 −200,000 (1), I 8, NPV CPT = 1,385,185.185(STO1)

❸ 재투자수익률(4%)로 부리된 유입의 미래가치를 구한다.

CF0 0, C01 0 (1), C02 200,000 (1), C03 300,000 (2), C04 300,000 + 1,500,000 (1), I 4,
NPV CPT = 2,187,520.200
→ 2,187,520.200 × 1.04^5 = 2,661,452.800(STO2)

❹ 수정내부수익률(MIRR)을 구한다.

PV −1,385,185.185(RCL1), FV 2,661,452.800(RCL2), N 5, CPT I/Y = 13.952(MIRR)

[참고] 수정내부수익률(MIRR)은 계산기의 기능을 이용하여 간단하게 풀 수 있다.

CF0 −1,200,000, C01 −200,000 (1), C02 200,000 (1), C03 300,000 (2), C04 300,000 + 1,500,000 (1),
NPV I 8 (이자비용), IRR CPT = 15.818
RI 4 (재투자수익률), MOD = 13.952

04 재무설계 원론 | 벌룬페이먼트(Balloon Payment) 최종상환액

정답 : ③

⑧ p.50

Balloon Payment란 부채의 최종상환 직전까지의 매회 상환 금액에 비해 부채의 최종상환이 현저히 큰 금액으로 이루어지는 방식을 말한다.

❶ 주어진 원리금을 36회차 상환한 시점의 미상환잔액을 구한다.

PV 20,000, PMT(E) −500, N 36, I/Y 5.2/12, CPT FV = −3,934.146

❷ 미상환잔액과 36번째 원리금상환액을 더하여 최종상환액을 구한다.

3,934.146 + 500 = 4,434.146

[참고] • 35회차 상환시점의 미상환잔액을 구한 다음 1기의 이자를 더하는 방법으로도 구할 수 있다.

PV 20,000, PMT(E) −500, N 35, I/Y 5.2/12, CPT FV = −4,415.014
→ 4,415.014 × (1 + 0.052/12) = 4,434.146

• Cash Flow를 통해서도 구할 수 있다.

CF0 20,000, C01 −500 (35), I 5.2/12, NPV CPT = 3,794.953
PV 3,794.953, N 36, I/Y 5.2/12, CPT FV = 4,434.146

(교) p.51 (기) p.18-13번

❶ 부부 사망시점에서 자녀의 부양자금(필요자금)을 구한다.

PMT(B) 24,000, N 30, I/Y (4 - 2)/1.02, CPT PV = 551,021.215(현재물가기준)

→ 551,021.215 × 1.02²⁰ = 818,788.539(STO1)

❷ 현재까지 준비한 준비자금을 구한다.

PMT(E) <u>10,000/1.03</u>, N 15, I/Y (6 - 3)/1.03, CPT PV = 116,638.210

↳ 기말급 증액저축이므로 '1 + 증액률'로 나누어준다.

→ 116,638.210 × 1.06¹⁵ = 279,530.259

❸ 위 ❷에서 계산한 준비자금을 부부 사망시점에서 평가한다.

PV 279,530.259, N 20, I/Y 5, CPT FV = 741,676.994(STO2)

❹ 부부 사망시점에서 부족자금을 구한다.

818,788.539(RCL1) - 741,676.994(RCL2) = 77,111.545

❺ 추가저축액을 구한다.

FV 77,111.545, N 20, I/Y 5, CPT PMT(E) = 2,332.053

[참고] 현재까지 준비한 준비자금(❷)도 사망시점까지 남은 기간 동안 세후투자수익률 5%로 재투자되기 때문에, 위 ❸, ❹ 과정을 생략하고 다음과 같이 추가저축액을 계산할 수도 있다. 이때 PV와 FV의 부호를 다르게 입력해야 함에 주의한다.

PV -279,530.259, FV 818,788.539, N 20, I/Y 5, CPT PMT(E) = -2,332.053

(교) p.52 (기) p.30-06번

❶ 화재보험의 보험금 지급방법을 확인한다.

1) 공장물건이므로 부보비율 조건부 실손보상조항(Coinsurance)이 적용되지 않는다.

[참고] coin 적용 : 주택, 일반물건(점포)

  coin 미적용 : 공장, 일반물건(재고자산), 임차자배상특약

2) 일부보험이므로 비례보상한다.

❷ 각각의 비용에 대해 지급받을 수 있는 보험금을 구하되, 잔존물제거비용에 대한 보험금과 가입금액 한도를 감안하여 계산한다.

재산손해액		200,000	240,000 × (250,000/300,000)
+	잔존물제거비용	+ 24,000	~~30,000 × (250,000/300,000) = 25,000~~ → 24,000(재산손해액의 10% 한도)
=	합 계	= 224,000	
+	손해방지비용	+ 2,500	3,000 × (250,000/300,000)
+	기타협력비용	+ 5,000	비례보상하지 않고 실제 지출한 비용을 보상
=	총보험금	= 231,500	

(교) p.52 (기) p.39-12번

❶ 유동자산을 구한다.

유동자산 = 일반사망보험금 + 목적 없는 자산 - 부채잔액 - 사후정리비용

유동자산 = (<u>50,000</u> + <u>100,000</u>) + (<u>70,000</u> + <u>30,000</u>) - 100,000 - 50,000 = 100,000

↳ 사망보험금 ↳ 정기특약 ↳ 주식 보유액 ↳ 정기예금(자녀 교육 및 결혼자금 제외)

❷ 가장이 사망했을 때 부족한 생활비(부양비)를 구한다.

부족한 생활비 = 현재가계지출 - 가장관련비용 - 배우자소득 - 국민연금

부족한 생활비 = 45,000 - 6,000 - 27,000 - 4,000 = 8,000

❸ 유동자산(❶)으로 유가족의 가계지출(❷)을 유지할 수 있는 기간(N)을 구한다.

PV 100,000, PMT(B) -8,000, I/Y (4 - 3)/1.03, CPT N = 13.253

[참고] PV와 PMT의 부호를 (+), (-)로 입력해야 N을 구할 수 있다.

08 위험관리와 보험설계 │ **실손의료보험의 보험금**

정답 : ⑤ ⑫ p.53 ② p.201-06번

❶ **2024년 6월 1일 통원의료비에 대한 지급보험금을 구한다.**

- (급여 보장대상) 지급보험금 = 급여 보장대상 의료비 − Max[보장대상 의료비 × 20%, 최소자기부담금 1만원(병·의원) 또는 2만원(상급병원)]
- (비급여 보장대상) 지급보험금 = 비급여 보장대상 의료비 − Max[보장대상 의료비 × 30%, 최소자기부담금 3만원]

1) 급여 보장대상 : 50,000 − Max[50,000 × 20%, 20,000] = 30,000
2) 비급여 보장대상 : 210,000 − 5,000 − Max[210,000 × 30%, 30,000] = 142,000
    ↳ 증명서 발급비용

∴ 2024년 6월 1일 통원의료비에 대해서 172,000원(= 30,000 + 142,000)을 보상받는다.

❷ **2024년 6월 20일 통원의료비에 대한 지급보험금을 구한다.**

1) 급여 보장대상 : 50,000 − Max[50,000 × 20%, 10,000] = 40,000
2) 비급여 보장대상 : 185,000 − 5,000 − Max[185,000 × 30%, 30,000] = 124,500
    ↳ 증명서 발급비용

∴ 2024년 6월 20일 통원의료비에 대해서 164,500원(= 40,000 + 124,500)을 보상받는다.

❸ **박형진씨가 보상받을 수 있는 통원의료비 합계를 구한다.**

172,000(2024년 6월 1일) + 164,500(2024년 6월 20일) = 336,500

---

09 위험관리와 보험설계 │ **생애가치방법과 니즈분석방법에 의한 생명보험 필요보장액**

정답 : ② ⑫ p.54

① [X] 생애가치방법에 의한 추가적인 생명보험 필요보장액은 441,274천원이다.
  1) 생명보험 필요보장액을 구한다.
    PMT(E) 65,000 × 0.7, N 25, I/Y 5, CPT PV = 641,274.478
  2) 준비자금(일반사망보험금)을 구한다.
    정기보험 200,000
    [참고] 생애가치방법 계산 시 고려하는 준비자금 : 일반사망보험금
  3) 1)에서 2)를 차감하여 추가적인 생명보험 필요보장액을 구한다.
    641,274.478 − 200,000 = 441,274.478
② [O] 니즈분석방법에 의하면 유동자산이 생명보험 필요보장액보다 34,347천원 초과하므로 추가적인 생명보험이 필요 없다.
  1) 생명보험 필요보장액을 구한다.
    PMT(B) (37,000 × 0.7) − (20,000 × 0.7), N 25, I/Y 3/1.035, CPT PV = 215,653.176
  2) 유동자산(유동자금 및 일반사망보험금)을 구한다.
    50,000(정기예금) + 200,000(일반사망보험금) = 250,000
    [참고] 니즈분석방법 계산 시 고려하는 유동자산 : 목적 없는 자금 + 기가입 생명보험 보장금액 − 부채잔액
  3) 1)에서 2)를 차감하여 추가적인 생명보험 필요보장액을 구한다.
    215,653.176 − 250,000 = −34,346.824
③ [X] 생애가치방법에 의한 추가적인 생명보험 필요보장액이 니즈분석방법보다 475,621천원 크다.
    441,274.478 − (−34,346.824) = 475,621.302
④ [X] 김상미씨가 소득이 없다고 가정하였을 경우 니즈분석방법에 의한 추가적인 생명보험 필요보장액은 219,363천원이다.
  1) 생명보험 필요보장액을 구한다.
    PMT(B) 37,000 × 0.7, N 25, I/Y 3/1.035, CPT PV = 469,362.795
  2) 준비자금(유동자금 및 일반사망보험금)을 구한다.
    50,000(정기예금) + 200,000(일반사망보험금) = 250,000
  3) 1)에서 2)를 차감하여 추가적인 생명보험 필요보장액을 구한다.
    469,362.795 − 250,000 = 219,362.795
⑤ [X] 니즈분석방법에 의한 생명보험 필요보장액보다 유동자산이 34,347천원 초과하므로 추가적인 생명보험 필요보장액은 없다.

⑭ p.55 ㉑ p.357–04번

자동차보험의 사망보험금 계산문제는 장례비, 위자료, 상실수익액을 모두 더하여 최종 보험금을 산정하며, 사망자의 과실비율이 있을 경우 이를 상계하여 최종 보험금을 산정한다.

❶ 장례비를 구한다.

　소득, 연령, 기·미혼 여부, 자녀의 수에 관계없이 5,000천원을 지급한다.

❷ 위자료를 구한다.

> • 65세 미만 → 80,000천원
> • 65세 이상 → 50,000천원

　유한영씨는 65세 미만이므로 위자료로 80,000천원을 지급한다.

❸ 월평균 현실소득액에서 사망자의 생활비(1/3)를 공제하여 상실수익액을 구한다.
　상실수익액 = 월평균 현실소득액 × 2/3 × 취업가능월수에 해당하는 호프만계수
　　　　　　 = 3,600 × 2/3 × 170.0685
　　　　　　 = 408,164,400

❹ '❶, ❷, ❸'을 모두 더한 후 과실비율(20%)을 적용하여 최종 보험금을 구한다.
　(5,000 + 80,000 + 408,164,400) × (1 − 0.2) = 394,531,520

---

11 투자설계 | 이표채의 채권가격　　　　　　　　　　　　　　　　　　　　　　정답 : ③

⑭ p.56 ㉑ p.360–08번

❶ 2024년 4월 30일 기준의 매매단가를 계산한다.
　1) 이표금액 : 10,000 × 3%/4 = 75원
　2) 2024년 4월 30일의 다음 날부터 만기일까지 발생한 총 8회의 현금흐름을 2024년 4월 30일 시점의 가치로 할인한다.
　　FV 10,000, PMT(E) 75, N 8, I/Y 6.5/4, CPT PV = 9,348.534원
　3) 2024년 4월 30일에 발생한 이표금액을 더한다.
　　9,348.534 + 75 = 9,423.534원

❷ 2024년 4월 8일 기준의 매매단가를 계산한다.
　1) 2024년 4월 8일 ~ 2024년 4월 30일 : 22일
　2) 2024년 1월 30일 ~ 2024년 4월 30일 : 90일
　∴ 9,423.534 ÷ {1 + (0.065/4) × 22/90} = 9,386.250원

---

12 투자설계 | 증권시장선(SML)을 이용한 고평가/저평가 판단　　　　　　　　정답 : ③

⑭ p.56 ㉑ p.45–01번

❶ 각 주식의 베타와 요구수익률을 계산한다.

> • 베타(β) = σ_i / σ_m × ρ_{im}
> • 요구수익률(k) = R_f + β × (R_m − R_f)
>
> • σ_i : 개별증권수익률의 표준편차　　• σ_m : 시장수익률의 표준편차　　• ρ_{im} : 개별증권과 시장수익률의 상관계수
> • R_f : 무위험이자율　　　　　　　　　　• R_m : 시장수익률　　　　　　　　• (R_m − R_f) : 시장위험프리미엄

주 식	베타(β)	요구수익률(k)
A	(9.5%/12%) × 0.85 = 0.673	3.2% + 0.673 × (13.5% − 3.2%) = 10.132%
B	(18.06%/12%) × 0.95 = 1.430	3.2% + 1.430 × (13.5% − 3.2%) = 17.929%
C	(10.15%/12%) × 0.82 = 0.694	3.2% + 0.694 × (13.5% − 3.2%) = 10.348%

❷ 계산한 요구수익률과 기대수익률을 비교하여 각 주식의 고평가/저평가 여부를 판단한다.

> • 요구수익률 < 기대수익률 → 저평가(매수), 증권시장선보다 위쪽에 위치
> • 요구수익률 > 기대수익률 → 고평가(매도), 증권시장선보다 아래쪽에 위치

주 식	요구수익률과 기대수익률의 비교	고평가/저평가 판단
A	10.132% > 8.20%	고평가(매도)
B	17.929% > 10.23%	고평가(매도)
C	10.348% < 11.52%	저평가(매수)

(본) p.57 (기) p.47-03번

❶ 금액가중 수익률은 <u>현금흐름과 재무계산기의 IRR</u>을 이용하여 구한다.

↳ 재무계산기 입력 시 투자금은 -로, 투자회수금은 +로 입력한다.

1) 각 시점의 현금흐름을 확인한다.

0시점	-100,000,000원	-
1시점	-217,500,000원	= -220,000,000원 + 250원 × 10,000주
2시점	69,000,000원	= 60,000,000원 + 300원 × 30,000주
3시점	330,000,000원	= (13,000원 + 200원) × 25,000주

2) 재무계산기의 IRR을 이용하여 금액가중 수익률을 구한다.
CF0 -100,000, C01 -217,500 (1), C02 69,000 (1), C03 330,000 (1), IRR CPT = 11.235%

❷ 총수익률을 이용하여 시간가중 기하평균수익률과 산술평균수익률을 계산한다.

- 총수익률 = {(1기 기준가 + 배당금)/0기 기준가 × (2기 기준가 + 배당금)/1기 기준가 × (3기 기준가 + 배당금)/2기 기준가} - 1
- 기하평균수익률 = (1 + 총수익률)$^{1/N}$ - 1
- 산술평균수익률 = 총수익률/N

1) 총수익률 = {(11,250/10,000) × (12,300/11,000) × (13,200/12,000)} - 1 = 0.384
2) 기하평균수익률 = (1 + 0.384)$^{1/3}$ - 1 = 11.4%
3) 산술평균수익률 = 0.384/3 = 12.8%

(본) p.58 (기) p.64-17번

❶ 공식에 필요한 정보를 대입하여 이론선물가격을 계산한다.

이론선물가격 = KOSPI200 × (1 + CD금리 × d/365) - 기간 중 배당액지수
= KOSPI200 × (1 + CD금리 × d/365 - 기간 중 배당수익률)

이론선물가격 = 200 × (1 + 0.024 × 95/365) - 0.16 = 201.089

❷ 이론선물가격과 실제선물가격을 비교해 실제선물가격의 고평가/저평가 여부를 판단한 후, 실행할 차익거래의 종류를 결정한다.

- 이론선물가격 < 실제선물가격 → 고평가 → 선물매도 + 현물매수(매수차익거래)
- 이론선물가격 > 실제선물가격 → 저평가 → 선물매수 + 현물매도(매도차익거래)

이론선물가격(201.089) < 실제선물가격(203) → 고평가 → 선물매도 + 현물매수(매수차익거래)

❸ 선물거래를 위해 필요한 계약수를 계산한 후 이를 이용하여 차익거래 손익을 계산한다.

- 계약수 = 포트폴리오 금액 × β/(KOSPI200현물지수 × 250천원)
- 차익거래 손익 = (실제선물가격과 이론선물가격의 차이) × 계약수 × 250천원

1) 계약수 = 1,000,000/(200 × 250) = 20

↳ 이 문제에서는 β가 주어지지 않았으므로 고려하지 않는다.

2) 차익거래 손익 = (203 - 201.089) × 20 × 250 = 9,553,425

필 p.59 기 p.82-09번

❶ 비례율을 구한다.

> 비례율 = $\dfrac{\text{종후 자산 평가액} - \text{총사업비}}{\text{종전 자산 평가액}}$

$(60,000,000 - 30,000,000)/25,000,000 = 1.2(120\%)$

❷ 조합원 박지호씨의 권리가액을 구한다.

> 권리가액 = 감정평가액 × 비례율

$\underline{150,000} \times 120\% = 180,000$
   ↖ 종전 토지 평가액 + 종전 건물 평가액

❸ 조합원 분담금(추가분담금)을 구한다.

> 조합원 분담금(추가분담금) = 조합원 분양가 - 권리가액

$250,000 - 180,000 = 70,000$

필 p.59 기 p.69-01번

건물 가치는 건물의 원가 가치 공식에 대입하여 구한다.

> • 감가누계액 = 매년감가액 × 경과연수
> • 매년감가액 = (재조달원가 - 잔존가치) ÷ 내용연수
>   = {재조달원가 × (1 - 잔가율)} ÷ 내용연수

재조달원가	225,000	$150 \times 1,500$(평가시점 현재 비용)
− 감가누계액	− 60,000	$225,000 \times 0.8 \times 15/45$
= 건물가치	= 165,000	

필 p.60 기 p.77-06번

① [X] 1개의 주등기에는 여러 개의 부기등기가 가능하다.
② [X] 동구(갑구와 갑구)에서의 순위는 순위번호에 의하여 결정되지만, 별구(갑구와 을구)에서의 순위는 우선접수일자에 의해 결정되므로 소유권이전청구권가등기가 근저당권보다 권리의 우선순위를 갖는다.
③ [O] 소유권이전청구권가등기에 의한 본등기를 한 경우 본등기의 순위는 소유권이전청구권가등기의 순위(4순위)를 따르므로 박지호씨의 소유권이전등기(5순위)는 말소된다.
④ [X] 토지 A에 설정된 근저당권의 채권최고액은 채무자가 현재 부담한 채무가 아니라 앞으로 부담할 이자 등의 최대한도의 채무를 표시한 것이다.
⑤ [X] 등기사항전부증명서의 열람 및 발급은 누구나 가능하다.

(문) p.61 (기) p.113~14번

❶ 현재시점, 은퇴시점, 사망시점을 기준으로 time table을 그려 연간 은퇴소득 부족분을 계산한다.

	현재시점		은퇴시점		정원식씨 사망
		20년		25년	
정원식씨 45세			65세		90세
목표은퇴소득	0			38,000	
− 국민연금	− 0			− 12,000	
= 은퇴소득 부족분	= 0			= 26,000	

❷ 은퇴 첫해 은퇴소득 부족금액에 은퇴소득 인출률을 적용해 총은퇴일시금을 구한다.
1) 은퇴시점 물가기준으로 평가한 첫해 은퇴소득 부족금액을 계산한다.
   $\underline{26,000} \times 1.03^{20} = 46,958.892$(STO1)
   ↳ 현재물가기준 금액
2) 은퇴소득 인출률을 적용해 총은퇴일시금을 계산한다.
   $46,958.892 \div 0.049 = 958,344.737$

❸ 은퇴자산의 지속기간을 유지하기 위한 세후투자수익률(i)을 계산한다.
1) 은퇴자산의 지속기간을 유지하기 위한 물가조정수익률(K율)을 구한다.
   PV 958,344.737, PMT(B) −46,958.892(RCL1), N 25, CPT I/Y = 1.774
2) 물가상승률과 K율을 만족하는 세후투자수익률(i)을 구한다.
   K율 = (i − 3)/1.03 = 1.774
   ∴ i = (1.774 × 1.03) + 3 = 4.827

(문) p.62 (기) p.106~11번

❶ 2투자기간 초(1투자기간 말) 투자금액을 계산한다.
1) 이율전환(연복리 → 월복리)을 한다.
   PV −100, FV 105, N 12, CPT I/Y = 0.407(STO7)
   [참고] 이율은 구하고자 하는 PMT의 기간(월, 분기 등)에 맞춰 이율전환을 해야 한다.
2) 2투자기간 초 투자금액을 구한다.
   FV 200,000, PMT(E) −400, N 5 × 12, I/Y 0.407(RCL7), CPT PV = −135,451.698
   [참고] 2기간 말에 200,000천원을 가지고 있기 위해서 매월 말 투자하는 400천원 이외에 2기간 초(1기간 말)에 투자해야 하는 일시금이라고 이해할 수 있다.

❷ 1투자기간의 첫해 저축액을 계산한다.
   PV 135,451.698/1.07^{10}, N 10, I/Y (7 − $\underline{5}$)/1.05, CPT $\underline{PMT(B)}$ = 7,484.869(STO1)
   ↳ 임금인상률   ↳ 매년 초 증액하므로 기시급 증액저축액을 계산한다.

❸ 저축 첫해의 매월 저축액을 계산한다.
1) 이율전환(연복리 → 월복리)을 한다.
   PV −100, FV 107, N 12, CPT I/Y = 0.565(STO8)
2) 저축 첫해 매월 저축액(정액)을 계산한다.
   PV 7,484.869(RCL1), N 12, I/Y 0.565(RCL8), CPT $\underline{PMT(E)}$ = 646.900
   ↳ 같은 해 안에서의 매월 말 정액저축액을 계산한다.

® p.63 ㉆ p.105-10번

❶ 기존의 저축과 추가저축을 통해 은퇴시점에서 가지고 있을 은퇴자산 평가액을 계산한다.

   1) 은퇴시점에서의 주식형펀드의 평가액을 구한다.

     PV 40,000, PMT(E) 400, N 25 × 12, I/Y <u>0.565</u>, CPT FV = 530,314.058(STO1)

               ↳ *PV -100, FV 107, N 12, CPT I/Y = 0.565(이율전환)*

   2) 은퇴시점에서의 채권혼합형펀드의 평가액을 구한다.

     PV 30,000, PMT(E) 300, N 25 × 12, I/Y <u>0.407</u>, CPT FV = 277,311.004(STO2)

               ↳ *PV -100, FV 105, N 12, CPT I/Y = 0.407(이율전환)*

   3) 은퇴시전에서의 은퇴자산 포트폴리오(전체 은퇴자산)의 평가액을 구한다.

     530,314.058(RCL1) + 277,311.004(RCL2) + 200,000.000(부족한 은퇴일시금) = 1,007,625.062(STO3)

❷ 은퇴자산 포트폴리오의 세후투자수익률을 충족하기 위해 현재 부족한 일시금(추가저축해야 할 일시금)을 계산한다.

   1) 주식형펀드 평가액의 현재가치를 구한다.

     FV 530,314.058(RCL1), N 25, I/Y <u>7</u>, CPT PV = 97,709.929(STO4)

             ↳ *주식형펀드의 세후투자수익률*

   2) 채권혼합형펀드 평가액의 현재가치를 구한다.

     FV 277,311.004(RCL2), N 25, I/Y <u>5</u>, CPT PV = 81,890.708(STO5)

             ↳ *채권혼합형펀드의 세후투자수익률*

   3) 은퇴자산 포트폴리오 평가액의 현재가치를 구한다.

     FV 1,007,625.062(RCL3), N 25, I/Y <u>6</u>, CPT PV = 234,775.260(STO6)

               ↳ *은퇴저축 투자포트폴리오의 세후투자수익률*

   4) 현재 추가저축해야 할 일시금을 구한다.

     234,775.260(RCL6) - (97,709.929(RCL4) + 81,890.708(RCL5)) = 55,174.622(STO7)

❸ 추가저축 상품의 세후투자수익률을 구한다.

   PV -55,174.622(RCL7), N 25, PV 200,000.000, CPT I/Y = 5.286

❹ 추가저축 상품에 매월 저축할 금액을 구한다.

   1) 이율전환(연복리 → 월복리)을 한다.

     PV -100, FV 105.286, N 12, CPT I/Y = 0.430

   2) 매월 저축액을 계산한다.

     PV 55,174.622(RCL7), N 25 × 12, I/Y 0.430, CPT PMT(E) = 327.785

❺ 보기를 읽으며 O, X를 표시한다.

   ① [O] 기존의 저축과 추가저축을 통해 은퇴시점에 마련할 수 있는 금액은 1,007,625천원이다.

   ② [O] 주식형펀드와 채권혼합형펀드 평가액의 현재가치는 179,601천원이다.

     97,709.929(주식형펀드 현재가치) + 81,890.708(채권혼합형펀드 현재가치) = 179,600.637

   ③ [X] 은퇴자산 포트폴리오 세후투자수익률을 충족하기 위해 현재 추가저축해야 할 일시금은 55,175천원이다.

   ④ [O] 은퇴자산 포트폴리오 세후투자수익률을 충족하기 위한 추가저축 상품의 세후투자수익률은 연 5.3%이다.

   ⑤ [O] 은퇴자산 포트폴리오 세후투자수익률을 충족하기 위해 추가저축 상품에 매월 328천원을 저축해야 한다.

® p.64 ㉆ p.393-08번

❶ DC형 퇴직연금의 퇴직시점 세전평가금액을 구한다.

> 확정기여형의 퇴직시점 세전평가금액 = 기말급 증액저축의 FV값

   PMT(E) 6,000/1.03, N 20, I/Y (5 - 3)/1.03, CPT PV = 95,788.701

   → (95,788.701 + 40,270) × 1.05^{20} = 361,004.240(STO1)

        ↳ *현재부터 퇴직시점까지의*   ↳ *현재까지의*
          적립금 평가액   *적립금 평가액*

❷ 은퇴시점 세전평가금액을 구한다.

   PV 361,004.240, N 5, I/Y 5, CPT FV = 460,743.055

❸ 은퇴기간 중 수령할 세전연금액을 구한다.

   PV 460,743.055, N 20, I/Y 5, CPT PMT(B) = 35,210.681(STO2)

❹ **은퇴기간 중 수령할 세후연금액을 구한다.**

1) 이연퇴직소득에서 연금액이 인출되는 기간과 운용수익이 인출되는 기간을 계산한다.
   - 이연퇴직소득 인출 기간 = 361,004,240(RCL1) ÷ 35,210,681(RCL2) = 10.253(약 10년 3개월)
   - 운용수익 인출 기간 = 20년 - 10년 3개월 = 9년 9개월

구 분	1 ~ 10년차 (65 ~ 74세)	11년차 (75세)	12 ~ 15년차 (76 ~ 79세)	16 ~ 20년차 (80 ~ 84세)
세전연금액	35,210,681	35,210,681	35,210,681	35,210,681
인출금액의 원천	이연퇴직소득	이연퇴직소득 + 운용수익	운용수익	운용수익

2) 각 기간의 연금소득세 과세 대상 금액과 연금소득세를 구한다.
   - [1 ~ 10년차(65 ~ 74세)]

세전연금액	35,210,681	전액 이연퇴직소득에서 인출됨
연금소득세 과세 내용	–	퇴직소득세의 70% ↳ 연금수령연차 1 ~ 10년차
연금소득세	1,109,136(STO4)	= 35,210,681 × 4.5% × 70%

   - [11년차(75세)]

세전연금액	35,210,681	= <u>361,004,240 - (35,210,681 × 10)</u> ↳ 이연퇴직소득에서 10년간 인출하고 남은 금액 + <u>35,210,681 - {361,004,240 - (35,210,681 × 10)}</u> ↳ 이연퇴직소득이 모두 인출된 이후에 운용수익에서 인출되는 금액
연금소득세 과세 내용	–	• <u>이연퇴직소득 인출 : 361,004,240 - (35,210,681 × 10)</u> ↳ 퇴직소득세의 60%(연금수령연차 11년차 이후) • <u>운용수익 인출 : 35,210,681 - {361,004,240 - (35,210,681 × 10)}</u> ↳ 3.3~5.5% 세율 적용
연금소득세	1,398,014(STO5)	= {361,004,240 - (35,210,681 × 10)} × 4.5% × 60% + [35,210,681 - {361,004,240 - (35,210,681 × 10)}] × <u>4.4%</u> ↳ 연금수령 연령 70 ~ 79세

   - [12 ~ 15년차(76 ~ 79세)]

세전연금액	35,210,681	전액 운용수익에서 인출됨
연금소득세 과세 내용	–	3.3~5.5% 세율 적용
연금소득세	1,549,270(STO6)	= 35,210,681 × <u>4.4%</u> ↳ 연금수령 연령 70 ~ 79세

   - [16 ~ 20년차(80 ~ 84세)]

세전연금액	35,210,681	전액 운용수익에서 인출됨
연금소득세 과세 내용	–	3.3~5.5% 세율 적용
연금소득세	1,161,952(STO7)	= 35,210,681 × <u>3.3%</u> ↳ 연금수령 연령 80세 이상

3) 각 기간의 연간 세후연금액을 구한다.

구 분	1 ~ 10년차 (65 ~ 74세)	11년차 (75세)	12 ~ 15년차 (76 ~ 79세)	16 ~ 20년차 (80 ~ 84세)
세전연금액	35,210,681(RCL2)	35,210,681(RCL2)	35,210,681(RCL2)	35,210,681(RCL2)
연금소득세	1,109,136(RCL4)	1,398,014(RCL5)	1,549,270(RCL6)	1,161,952(RCL7)
세후연금액	34,101,544	33,812,667	33,661,411	34,048,728

❺ **연간 세후연금액을 은퇴시점에서 일시금으로 계산한다.**
   CF0 34,101,544, C01 34,101,544 (9), C02 33,812,667 (1), C03 33,661,411 (4), C04 34,048,728 (5),
   I 5, NPV CPT = 444,978,682

⑳ p.65 ㉐ p.346-17번

❶ 연금계좌별 세액공제 대상 납입액 한도를 이해한다.

연금저축계좌	퇴직연금계좌	연금계좌 총한도
6,000천원	9,000천원	9,000천원

❷ 세액공제 신청 가능 금액을 파악한다.

연금계좌 납입액		세액공제 대상 납입액		세액공제 신청 가능 총금액
연금저축계좌	퇴직연금계좌	연금저축계좌	퇴직연금계좌	
연금저축펀드 250 × 12 연금저축보험 300 × 12 = 6,600천원	IRP 100 × 12 DC형 120 × 12 = 2,640천원	Min[6,600천원, 한도 6,000천원] = 6,000천원	Min[2,640천원, 한도 9,000천원] = 2,640천원	Min[(6,000 + 2,640)천원, 한도 9,000천원] = 8,640천원

❸ 세액공제 금액을 구한다.

8,640 × <u>13.2%</u> = 1,140,480

↳ 총급여 55,000천원 초과인 근로소득자의 연금저축세액공제율(지방소득세 포함)

⑳ p.66 ㉐ p.142-13번

❶ 취득세와 부가세인 농어촌특별세, 지방교육세를 합하여 납부해야 하는 거래세를 구한다.
1) 취득세(6억원 초과 9억원 이하)
(취득가액 × 2/3억원 − 3)/100 = (9억원 × 2/3억원 − 3)/100 = 3%
900,000천원 × 3% = 27,000천원
2) 농어촌특별세 : 표준세율(100분의 2) × 0.1 = 0.2%
900,000천원 × 0.2% = 1,800천원
3) 지방교육세 : 과세표준액(매매가) × (취득세율 × 0.5) × 0.2
900,000천원 × (3% × 0.5) × 0.2 = 2,700천원
∴ 취득세 합계액 = 1) + 2) + 3) = 31,500천원

[참고] 주택 유상거래 시 취득세율(2020년 8월 12일 취득분부터 적용)

구 분	종 전 (조정대상지역 불문)	개 정	
		조정대상지역	비조정대상지역
1주택	1 ~ 3%[1]	1 ~ 3%	1 ~ 3%
2주택		8%[2]	1 ~ 3%
3주택		12%	8%
4주택 이상	4%	12%	12%

[1] 취득가액 6억원 이하는 1%, 6억원 초과 9억원 이하는 (해당 주택의 취득 당시 가액 × 2/3억원 − 3) × 1/100으로 계산한 세율, 9억원 초과는 3%
[2] 1주택을 소유한 1세대가 신규주택을 취득하여 종전 주택을 신규주택 취득일로부터 3년 내에 양도하는 경우 1 ~ 3% 적용

❷ 분양회사로부터 주택 구입에 따른 취득시기는 실제 잔금지급일과 등기접수일 중 빠른 날이므로 취득시기는 5월 31일이고, 재산세는 과세기준일이 6월 1일이므로 재산세 납세의무가 있다.

⊗ p.67 ㉑ p.149–19번

❶ 환산급여를 계산한다.

퇴직소득금액	80,000	비과세소득 5,000 제외
− 근속연수공제	− 15,000	10년[1]
= 환산 전 환산급여	= 65,000	
× 12	× 12	
÷ 근속연수	÷ 10	
= 환산급여	= 78,000	

[1] 근속연수를 계산할 때 1년 미만의 기간은 1년으로 본다.

❷ 퇴직소득 과세표준과 환산 전 산출세액을 계산한다.

환산급여	78,000	
− 환산급여공제	− 49,600	70,000 초과 100,000 이하
= 퇴직소득 과세표준	= 28,400	
× 세 율	× 15% − 1,260	
= 환산 전 산출세액	= 3,000	

❸ 퇴직소득 산출세액을 계산한다.

환산 전 산출세액	3,000
× 근속연수	× 10
÷ 12	÷ 12
= 퇴직소득 산출세액	= 2,500

⊗ p.68

❶ 주식 등에 대한 양도소득세의 특징을 이해한다.

1) 대주주가 양도하는 주권상장법인의 주식은 과세한다.
2) 장기보유특별공제를 적용하지 않으므로, 양도차익과 양도소득금액은 항상 동일하다.
3) 주식 등에 대한 양도소득세 세율은 부동산 등의 양도소득세 세율과 달리 다음과 같이 적용한다.

구 분		세 율
중소기업주식	소액주주	10%
	대주주	20% (과세표준 3억원 초과분은 25%)
대기업주식	소액주주	보유기간 관계없음	20%
	대주주	1년 이상 보유	20% (과세표준 3억원 초과분은 25%)
		1년 미만 보유	30%

❷ 강민아의 보유주식 양도에 따른 양도소득세 산출세액을 계산한다.

양도가액	200,000	
− 취득가액	− 130,000	
− 기타필요경비	− 800	
= 양도차익(양도소득금액)	= 69,200	
− 양도소득 기본공제	− 2,500	
= 양도소득 과세표준	= 66,700	
× 세 율	× 30%	대기업의 대주주가 1년 미만 보유한 주식의 양도소득세 세율
= 양도소득 산출세액	= 20,010	

® p.69 ㉑ p.126-02번

❶ 이성철씨의 사업소득금액을 계산한다.

> 사업소득금액 = 당기순이익 − 총수입금액 불산입액 + 필요경비 불산입액

㈜세계로여행사 사업소득금액 = 380,000(당기순이익) + <u>1,600</u> + <u>21,700</u> + <u>1,700</u> − <u>25,000</u> = 380,000

                          세법상 감가상각비 한도초과액 ↗   가사관련경비 ↗   벌금 ↖   소득세환급금 ↖

∴ 이성철씨의 지분율에 따른 공동사업금액 = 380,000 × 60% = 228,000

❷ 금융소득금액을 계산한다.

  1) 금융소득 총수입금액 계산

이자소득	8,000	
+ 배당소득	+ 55,000	상장주식의 현금배당(20,000) + 투자신탁이익(13,000) + 출자공동사업자의 배당(22,000)
= 금융소득 총수입금액	= 63,000	

  2) Gross-up 금액 = Min[20,000, (<u>41,000</u> − 20,000)] × 10% = 2,000

                 ↖ 출자공동사업자의 배당 제외

  3) 금융소득금액 = 63,000 + 2,000 = 65,000

❸ 종합소득 과세표준을 계산한다.

사업소득금액	228,000	
+ 근로소득금액	+ 35,000	
+ 금융소득금액	+ 65,000	
= 종합소득금액	= 328,000	
− 종합소득공제	− 5,000	
= 종합소득 과세표준	= 323,000	

❹ 종합소득 산출세액을 계산한다.

> 종합소득 산출세액 = Max[㉠ 종합과세방식, ㉡ 분리과세방식]
> ㉠ {(종합소득 과세표준 − 2천만원) × 기본세율} + 2천만원 × 14%
> ㉡ {(종합소득 과세표준 − 금융소득금액) × 기본세율} + 금융소득 총수입금액 × 14%

종합소득 산출세액 = Max[98,060(㉠), 86,920(㉡)] = 98,060
  ㉠ {(323,000 − 20,000) × 40% − 25,940} + 20,000 × 14% = 98,060
  ㉡ {(323,000 − 65,000) × 38% − 19,940} + 63,000 × 14% = 86,920

❺ 배당세액공제를 계산한다.

> 배당세액공제 = Min[㉠ 귀속법인세, ㉡ 공제한도]
> ㉠ 귀속법인세(Gross-up 금액)
> ㉡ 종합소득 산출세액 − 분리과세방식 산출세액

배당세액공제 = Min[2,000(㉠), 11,140(㉡)] = 2,000
  ㉠ 2,000
  ㉡ 98,060 − 86,920 = 11,140

❻ 종합소득 결정세액을 계산한다.

종합소득 산출세액	98,060	
− 배당세액공제	− 2,000	
= 종합소득 결정세액	= 96,060	

圓 p.70 ㉑ p.166-10번

❶ 다음 기간 이내에 사전증여한 재산은 상속재산에 가산한다.

> • 상속개시일 전 10년 이내에 피상속인이 상속인에게 증여한 재산
> • 상속개시일 전 5년 이내에 피상속인이 비상속인에게 증여한 재산
> • 상속재산에 가산되는 증여재산가액은 상속개시 당시가 아닌 당초 증여일 현재의 증여재산가액이 된다.

[참고] • 배우자에 대한 증여액은 상속개시일로부터 10년이 초과하였으므로 상속재산에 가산하지 않는다.
           • 손자는 상속인에 해당하지 않으며 상속개시일 전 5년 이내의 증여재산에 해당하지 않아 상속재산에 가산하지 않는다.

❷ 상속개시일 전 10년 이내에 피상속인이 상속인에게 증여한 재산을 계산한다.
   1,000,000(아들) + 800,000(딸) = 1,800,000

❸ 상속개시일 전 5년 이내에 피상속인이 비상속인에게 증여한 재산을 계산한다.
   300,000(며느리) + 500,000(삼촌) = 800,000

❹ 상속재산에 가산할 증여재산가액을 계산한다.
   ❷ + ❸ = 1,800,000 + 800,000 = 2,600,000

❺ 상속세 과세흐름에 따라 과세표준을 구한다.

본래의 상속재산		4,000,000
+ 사전증여재산가액	+	2,600,000
= 상속세 과세가액		6,600,000
− 상속공제	−	1,100,000
= 상속세 과세표준		5,500,000

일괄공제 500,000 + 배우자상속공제 500,000
+ 금융재산상속공제 100,000(순금융재산가액 500,000 × 20%)

圓 p.71 ㉑ p.170-14번

❶ 비상장주식의 평가 및 최대주주 등의 할증평가는 다음과 같다.
   1) 비상장주식의 평가

> {(1주당 순자산가치 × 2) + (1주당 순손익가치 × 3)}/5 × 보유주식수
> • 1주당 순자산가치 = 평가기준일 현재 순자산가액 ÷ 평가기준일 현재 발행주식 총수
> • 1주당 순손익가치 = 최근 3개년도의 1주당 순손익액의 가중평균액 ÷ 10%

[참고] • 부동산 과다보유 법인 : {(1주당 순자산가치 × 3) + (1주당 순손익가치 × 2)}/5 × 보유주식수
           • 보충적 평가방법 : 가중평균한 가액이 1주당 순자산가치에 80%를 곱한 금액보다 낮은 경우 1주당 순자산가치의 80%에 보유주식수를 곱한 금액을 보충적 평가가액으로 한다.

   2) 최대주주 등의 할증평가
> • 최대주주 및 그 특수관계인이 보유한 주식 또는 출자지분의 경우에는 주주의 주식 또는 출자지분 평가가액의 20%를 가산하지만, ㈜신나라와 같이 중소기업의 경우에는 주식평가 시 할증하지 않는다.

❷ 상속재산가액을 계산한다.
   1) 1주당 순자산가치
     280,000,000 ÷ 35,000주 = 8,000
   2) 1주당 순손익가치
     • 최근 3개년도의 1주당 순손익액의 가중평균액
       (880 × 3 + 830 × 2 + 800 × 1) ÷ 6 = 850
     • 순손익가치 환원율(10%)을 적용한 1주당 순손익가치
       850 ÷ 10% = 8,500
   3) 1주당 주식의 평가가액 : Max[㉠, ㉡] = 8,300
     ㉠ (8,000 × 2 + 8,500 × 3)/5 = 8,300
     ㉡ 8,000 × 80% = 6,400
   4) 상속재산가액
     8,300 × 22,750주 = 188,825,000

⑱ p.72 ㉑ p.161-07번

❶ 유류분 산정 기초재산은 다음과 같이 구한다.

상속개시 시의 적극재산	• 상속인 : 기한 없음
+ 증여재산	• 상속인 외 : 1년 이내(쌍방 악의인 경우 기한 관계 없음)
− 채무액	
= 유류분 산정 기초재산	

❷ 유류분 산정 기초재산을 계산한다.

상속개시 시의 적극재산	60		
− 채무액	− 20		
= 유류분 산정 기초재산	= 40		

❸ 유류분반환청구액을 계산한다.

유류분반환청구액 = 유류분액 − 특별수익액 − 순상속분액

구 분	변재순	정경미
유류분액	40 × 2/5 × 1/3 = 5.33	40 × 3/5 × 1/2 = 12
특별수익액	0	0
순상속분액	(60 − 30) × 2/5 − 20 × 2/5 = 4 제3자 유증↗ ↖채무액	(60 − 30) × 3/5 − 20 × 3/5 = 6 제3자 유증↗ ↖채무액
유류분반환청구액	5.33 − 0 − 4 = 1.33	12 − 0 − 6 = 6

---

⑱ p.73 ㉑ p.279-09번

① [O] 교통사고로 신체적 제약이 생긴 자의 경우에도 정신적 제약으로 인해 사무처리 능력이 지속적으로 결여되지 않는 한 법원은 성년후견인을 지정할 수 없다.

② [O] 유언대용신탁을 통하면 본인이 생존하는 기간 동안은 신탁재산의 수익자를 본인으로 하고 본인이 사망하는 경우 수익자를 상속인에게 이전하도록 할 수 있다.

③ [O] 수익자연속신탁은 위탁자가 사망 후에 자신이 원하는 대로 수익자를 순차적으로 지정할 수 있어 사후 재산처분에 대해 본인의 의사를 적극적으로 반영시킬 수 있다.

④ [X] 유언으로 미성년자의 후견인을 지정하는 것은 가능하지만 성년자의 후견인을 지정하는 것은 무효이다.

⑤ [O] 유언은 유언자의 단독행위이지만 유언대용신탁은 당사자간 계약이기 때문에 철회를 가능케 한다는 특약을 체결하지 않는 한 유언과 달리 철회의 자유가 인정되지 않는다.

단일사례 TEST 3

재무설계 원론	**01** ③	**02** ④	**03** ④	**04** ⑤	**05** ④
위험관리와 보험설계	**06** ④	**07** ④	**08** ①	**09** ⑤	**10** ②
투자설계	**11** ④	**12** ⑤	**13** ④	**14** ②	
부동산설계	**15** ②	**16** ③	**17** ②		
은퇴설계	**18** ②	**19** ④	**20** ⑤	**21** ④	**22** ③
세금설계	**23** ③	**24** ⑤	**25** ②	**26** ②	
상속설계	**27** ②	**28** ④	**29** ④	**30** ②	

---

01 재무설계 원론 | 대출상환방식별 이자부담액 비교   정답 : ③

教 p.76 ② p.11-07번

❶ **기존대출(만기일시상환)을 남은 대출기간 동안 유지할 경우의 총 이자비용을 구한다.**
200,000 × 0.03 × 15 = 90,000
[참고] 만기일시상환은 대출 기간 동안 이자만 내다가 만기일에 원금을 모두 상환하는 방식이다.

❷ **신규대출(원리금균등분할상환)으로 변경할 경우의 총 이자비용을 구한다.**
1) 신규대출 시 매월 원리금상환액을 구한다.
PV 200,000, N 15 × 12, I/Y 2.6/12, CPT PMT(E) = 1,343.014
2) 총 원리금상환액을 구한다.
1,343.014 × 15 × 12 = 241,742.464
3) 총 원리금상환액에서 대출원금을 빼서 총 이자비용을 구한다.
241,742.464 - 200,000 = 41,742.464

❸ **총 이자비용의 차이를 구한다.**
90,000 - 41,742.464 = 48,257.536

---

02 재무설계 원론 | 재무상태 분석   정답 : ④

教 p.77 ② p.09-06번

❶ **소비성부채(자동차대출, 카드론)상환액을 계산한다.**
[참고] 주택구입자금대출은 소비성부채에 해당하지 않는다.
1) 자동차대출의 매월 원리금상환액을 구한다.
PV 48,000, N 5 × 12, I/Y 5.2/12, CPT PMT(E) = 910.224(STO1)
2) 카드론의 매월 원리금상환액을 구한다.
PV 15,000, N 3 × 12, I/Y 7.5/12, CPT PMT(E) = 466.593(STO2)
3) 소비생활부채상환액의 총액을 구한다. (월단위)
910.224(RCL1) + 466.593(RCL2) = 1,376.817

❷ **부부의 월 순수입을 계산한다.**
4,800 + 2,000 = 6,800

❸ **소비생활부채상환비율을 계산한다.**

소비성부채비율 = 소비성부채상환액 ÷ 월 순수입

소비성부채비율 = 1,376.817 ÷ 6,800 = 20.25%

(문) p.78 (기) p.12-08번

① [O] 매월 원리금상환액은 1,072천원, 조기상환에 따른 중도상환수수료는 698천원이다.

    1) 매월 원리금상환액을 구한다.

        PV 150,000, N 15 × 12, I/Y 3.5/12, CPT PMT(E) = 1,072.324

    2) 중도상환수수료를 구한다.

        [2ND AMORT] P1 1, P2 16, BAL = 139,617.578(16회차 상환 후 대출잔액)

        139,617.578 × 0.005 = 698.088

② [O] 2024년 납부한 이자는 5,036천원이다.

    [2ND AMORT] <u>P1 5, P2 16</u>, INT = 5,035.890

        ↳ 2023년 9 ~ 12월(1 ~ 4회차), 2024년 1 ~ 12월(5 ~ 16회차)

③ [O] 5년(60차시 상환) 경과 시점의 대출 잔액은 108,441천원이다.

    [2ND AMORT] P1 1, P2 60, BAL = 108,440.554

④ [X] 60회차 상환 후 고정금리 모기지로 전환할 경우의 월상환액은 1,177천원이다.

    [2ND AMORT] P1 1, P2 60, BAL = 108,440.553

    PV 108,440.554, N 10 × 12, I/Y 5.5/12, CPT PMT(E) = 1,176.865

⑤ [O] 대출금리가 단기간에 급등하지 않고 일시적인 상승세를 보이는 경우에는 변동금리대출을 고정금리대출로 전환하는 것이 불필요한 비용부담을 가져올 수 있기 때문에 대출전환 여부는 신중하게 고려해야 한다.

(문) p.79 (기) p.389-01번

❶ 2026년 1월 초(2025년 12월 말)의 대출잔액을 구한다.

    PV 300,000, N 10 × 12, I/Y 4.5/12, CPT PMT(E) = 3,109.152

    [2ND AMORT] P1 1, P2 <u>18</u>, BAL = 263,123.760

        ↳ 2024년 7 ~ 12월(1 ~ 6회차), 2025년 1 ~ 12월(7 ~ 18회차)

❷ 2027년 1월 초(2026년 12월 말)의 대출잔액을 구한다.

    PV 263,123.760, N <u>102</u>, I/Y 3.5/12, CPT PMT(E) = 2,986.098

        ↳ 2026년 1월 초 현재 남아있는 대출 개월 수

    [2ND AMORT] P1 1, P2 <u>12</u>, BAL = 236,068.648

        ↳ 2026년 1 ~ 12월

❸ 2028년 1월 초(2027년 12월 말)의 대출잔액을 구한다.

    PV 236,068.650, N <u>90</u>, I/Y 2.7/12, CPT PMT(E) = 2,900.459

        ↳ 2027년 1월 초 현재 남아있는 대출 개월 수

    [2ND AMORT] P1 1, P2 <u>12</u>, BAL = 207,282.501

        ↳ 2027년 1 ~ 12월

❹ 2029년 1월 초(2028년 12월 말)의 대출잔액을 구한다.

    PV 207,282.501, N <u>78</u>, I/Y 5.5/12, CPT PMT(E) = 3,166.755

        ↳ 2028년 12월 초 현재 남아있는 대출 개월 수

    [2ND AMORT] P1 1, P2 <u>12</u>, BAL = 180,001.075

        ↳ 2028년 1 ~ 12월

(문) p.80 (기) p.16-11번

❶ 목표로 하는 은퇴생활비의 65세 시점 물가기준 금액을 구한다.

    PV 25,000, N 20, I/Y 3, CPT FV = 45,152.781

❷ 목표로 하는 은퇴생활비의 65세 시점 일시금을 구한다.

    PMT(B) 45,152.781, N 20, I/Y (5 - 3)/1.03, CPT PV = 756,897.091(STO1)

❸ 투자기간의 동안의 세후투자수익을 구한다.

    CF0 0, C01 -20,000 (10), C02 0 (9), C03 756,897.091(RCL1) (1), IRR CPT = 9.365

06 위험관리와 보험설계 | 주택화재보험 지급보험금 계산

정답 : ④

⑧ p.81 ⑦ p.28-05번

❶ 화재보험의 보험금 지급방법을 확인한다.

대상 물건이 주택건물이고, 보험가입금액이 보험가액의 80% 미만이므로 부보비율 조건부 실손보상조항(Coinsurance)이 적용된다.

[참고] coin 적용 : 주택, 일반물건(점포)
coin 미적용 : 공장, 일반물건(재고자산)

❷ 각각의 비용에 대해 지급받을 수 있는 보험금을 구하되, 잔존물제거비용에 대한 보험금과 가입금액 한도를 감안하여 계산한다.

건물에 대한 지급보험금

	재산손해액	75,000	$100,000 \times 240,000/(400,000 \times 80\%)$
+	잔존물제거비용	+ 10,000	~~$20,000 \times 240,000/(400,000 \times 80\%) = 15,000$~~ ← 재산손해액의 10%(= 10,000) 한도
=	합 계	= 85,000	85,000
+	손해방지비용	+ 3,750	$5,000 \times 240,000/(400,000 \times 80\%)$
+	기타협력비용	+ 5,000	5,000 ← 전액보상
=	총보험금	= 93,750	

07 위험관리와 보험설계 | 재고가액통지특별약관의 이해

정답 : ④

⑧ p.81 ⑦ p.32-08번

매월 재고가액을 보험회사에 통보하고, 보험기간이 종료된 시점에서 통지된 재고가액의 월 평균금액을 산출하여 확정보험료를 계산한다.

❶ 재고가액통지특별약관의 보상범위를 확인한다.

> • 정한 기일 내 최종 통지된 재고가액이 그 가액 작성 당시의 실제 재고가액보다 적게 통지된 경우
> = Min[손해액, 보상한도액] × 최종통지 재고가액/최종통지 재고가액 작성 당시의 실제 재고가액
> • 정한 기일 내 통지를 하지 않은 경우
> = Min[손해액, 보상한도액] × Max[보상한도액, 최종통지 재고가액]/사고발생시점의 실제 재고가액

해당 문제의 사례에서는 정한 기일 내에 재고가액을 통지하였으므로 정한 기일 내 최종 통지된 재고가액이 그 가액 작성 당시의 실제 재고가액보다 적게 통지된 경우에 해당한다.

❷ 재고가액통지특별약관에 따른 보험금을 구한다.

지급보험금 = Min[손해액, 보상한도액] × 최종통지 재고가액/최종통지 재고가액 작성 당시의 실제 재고가액
= Min[150,000, 1,000,000] × 600,000/800,000 = 112,500

08 위험관리와 보험설계 | 니즈분석방법에 의한 생명보험 필요보장액 계산

정답 : ①

⑧ p.82 ⑦ p.24-02번

❶ 배우자와 막내의 나이를 기준으로 time table을 그려서 각 구간마다 부족한 생활비와 기간을 구한다.

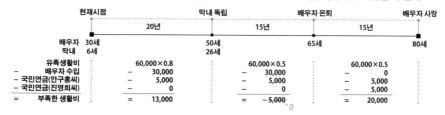

❷ 부족한 총 생활비를 구한다.

CF0 13,000, C01 13,000 (19), C02 0 (15), C03 20,000 (15), I (5 - 3)/1.03,
NPV CPT = 352,143.928(STO1)

❸ 현재 주택담보대출 잔액을 구한다.

PV 300,000, N 20 × 12, I/Y 5/12, CPT PMT(E) = 1,979.867
[2ND CLR TVM]을 하지 않은 상태에서 N 10 × 12, CPT FV = 186,664.555(STO2)

❹ 필요자금의 현재시점 일시금을 구한다.

352,143,928(RCL1) + 186,664,555(RCL2) = 538,808,483(STO3)

❺ 준비자금의 현재시점 일시금을 구한다.

준비자금 = 200,000(종신보험) + 30,000(주식형펀드) + 40,000(정기예금) = 270,000(STO4)

↳ 100,000(사망보험금) + 100,000(60세 만기 정기특약)   ↳ 50,000 - 10,000(교육비자금)

[참고] 생애가치법에서는 준비자금으로 일반사망보험금만 포함하는 반면, 니즈분석방법에서는 준비자금으로 일반사망보험금뿐만 아니라 목적 없는 유동자산까지 포함한다.

❻ 필요자금에서 준비자금을 차감하여 추가적인 생명보험 필요보장액을 구한다.

538,808,483(RCL3) − 270,000(RCL4) = 268,808,483

---

09 위험관리와 보험설계 | **보험료 미납 및 보험계약의 부활 분석**   정답 : ⑤

® p.83 ㉠ p.43-15번

① [X] 보험료 납입유예기간에는 보험계약이 보험료가 정상적으로 납입된 것과 마찬가지의 효력을 가지기 때문에 보험료 납입 유예기간에 보험금지급사유가 발생한 경우에는 보험금이 지급된다.

② [X] 보험료 미납으로 보험계약이 해지된 경우 해지된 날로부터 3년 이내 보험계약의 부활을 청구할 수 있으며, 보험회사는 피보험자의 건강상태, 직업 등에 따라 부활을 거절하거나 보장의 일부를 제한할 수 있다.

③ [X] 보험계약의 부활 시 보험료 미납으로 인해 보험계약이 해지된 후부터 계약이 부활하기 전까지 기간 동안 발생한 사고는 보장하지 않는다.

④ [X] 보험료 미납으로 보험계약이 해지된 경우 일반적으로 보험회사는 서류를 접수한 날부터 3영업일 이내 해약환급금을 지급해야 한다.

[참고] 보험금의 지급사유를 조사하거나 확인이 필요한 때에는 예외적으로 접수 후 10영업일 이내 지급할 수 있다.

⑤ [O] 보험료 미납으로 해지된 보험계약의 부활은 해약환급금을 받지 않은 경우에 한하여 청구할 수 있으므로 계약이 해지된 후 김동원씨가 해약환급금을 수령한 후에는 보험계약의 부활을 청구할 수 없다.

---

10 위험관리와 보험설계 | **추가적인 생명보험 필요보장액 계산**   정답 : ②

® p.83 ㉠ p.177-01번

❶ 서연지와 서곤지의 나이를 기준으로 time table을 그려 각 구간마다 필요한 자금과 기간을 구한다.

❷ 현재시점에서 필요한 서연지와 서곤지의 교육비 및 결혼자금을 구한다.

[방법1]

서연지와 서곤지의 교육비 및 결혼자금을 한 번에 계산한다.

CF0 0, C01 0 (6), C02 25,000 (3), C03 50,000 (1), C04 25,000 (3), C05 0 (2), C06 50,000 (1), C07 0 (2), C08 50,000 (1), I (7 − 3.5)/1.035, NPV CPT = 199,640.582

[방법2]

1) 서연지의 교육비 및 결혼자금을 구한다.

CF0 0, C01 0 (6), C02 25,000 (4), C03 0 (5), C04 50,000 (1), I (7 − 3.5)/1.035, NPV CPT = 104,795.783

2) 서곤지의 교육비 및 결혼자금을 구한다.

CF0 0, C01 0 (9), C02 25,000 (4), C03 0 (5), C04 50,000 (1), I (7 − 3.5)/1.035, NPV CPT = 94,844.799

3) 서연지의 교육비 및 결혼자금과 서곤지의 교육비 및 결혼자금을 합산한다.

104,795.783 + 94,844.799 = 199,640.582

❸ 자녀 교육자금 및 결혼자금의 준비자금을 구한다.

자녀 교육자금 및 결혼자금 : 100,000

❹ ❷에서 ❸을 차감하여 추가적인 생명보험 필요보장액을 구한다.

199,640.582 − 100,000 = 99,640.582

📖 p.84 ② p.53-08번

❶ 자기자본이익률(ROE)을 계산하는 공식은 아래와 같다.

> 자기자본이익률(ROE) = 순이익/평균자기자본
> = 매출액순이익률 × 총자산회전율 × 재무레버리지
> = 순이익/매출액 × 매출액/평균총자산 × 평균총자산/평균자기자본

구 분	매출액순이익률	총자산회전율	재무레버리지	ROE
2023년	14/130 = 0.108	130/150 = 0.867	150/100 = 1.5	14/100 = 14%
2024년	12/145 = 0.083	145/160 = 0.906	160/110 = 1.455	12/110 = 10.909%
변화율	0.083/0.108 − 1 = −23.152%	0.906/0.867 − 1 = 4.567%	1.455/1.5 − 1 = −3.030%	0.109/0.14 − 1 = −22.078%

❷ 보기를 읽으며 O, X를 표시한다.
①[O] 2023년도 ROE는 14.0%이다.
②[O] 2024년도 ROE는 10.9%이고 전년 대비 변화율은 약 22.1% 하락하였다.
③[O] 매출액순이익률은 전년 대비 약 23.2% 감소하여 ROE 감소에 가장 큰 영향을 미쳤다.
④[X] 총자산회전율은 전년 대비 약 4.6% 상승하였다.
⑤[O] 재무레버리지는 전년 대비 약 3% 감소하여 ROE 감소에 영향을 미쳤다.

---

12 투자설계 | 맥콜레이 듀레이션 정답 : ⑤

📖 p.84 ② p.59-13번

❶ 맥콜레이 듀레이션을 계산한다.
[방법1]

$$맥콜레이\ 듀레이션 = \frac{\sum_{t=1}^{n} \dfrac{t \times CF_t}{(1 + r)^t}}{P}$$

- CF_t : 채권에서 발생하는 각 기의 현금흐름
- t : 현금흐름 발생기간
- n : 만기까지 현금흐름 발생기간 수
- r : 채권의 만기수익률
- P : 채권의 만기가격

t	t시점에서 유입현금 (CF_t)	유입현금의 현재가치 $CF_t/[(1 + r)^t]$	$t \times CF_t/[(1 + r)^t]$
1	500	500/1.06 = 471.698	471.698
2	500	500/(1.06)^2 = 444.998	889.996
3	10,500	10,500/(1.06)^3 = 8,816.002	26,448.007
합 계	−	9,732.699	27,809.702

∴ 맥콜레이 듀레이션 = 27,809.702/9,732.699 = 2.857

[방법2]
1) $CF_t/[(1 + r)^t]$: 유입현금의 현재가치 = 채권의 매매단가
   CF0 0, C01 500 (1), C02 500 (1), C03 10,500 (1), I 6, NPV CPT = 9,732.699
2) $t \times CF_t/[(1 + r)^t]$: t시점 채권의 유입현금(CF_t)에 기간(t)을 곱하여 현재가치 계산
   CF0 0, C01 500 (1), C02 500 × 2 (1), C03 10,500 × 3 (1), I 6, NPV CPT = 27,809.702
3) 맥콜레이 듀레이션 = 27,809.702/9,732.699 = 2.857

❷ 적절한 채권투자전략을 선택한다.
시장수익률 상승이 예상될 때 듀레이션이 상대적으로 짧은(표면금리가 높은) 채권에 투자하면 수익을 극대화할 수 있다.

❶ 펀드의 위험조정 성과평가와 관련된 공식은 아래와 같다.

- 젠센척도 = 실현수익률 − 요구수익률(k)
- 샤프척도 = (실현수익률 − 무위험이자율)/표준편차
- 트레이너척도 = (실현수익률 − 무위험이자율)/베타
- 정보비율 = (실현수익률 − 벤치마크 수익률)/Tracking error
- 젠센척도, 샤프척도, 트레이너척도, 정보비율의 값이 클수록 성과가 우수함

❷ 필요한 정보를 공식에 대입하여 펀드의 위험조정 성과지표를 계산한 후 결괏값을 비교한다.

구 분		펀드 A	펀드 B	성과평가
①	요구수익률	3% + 1.2 × (13% − 3%) = 15%	3% + 0.9 × (13% − 3%) = 12%	펀드 A 높음
②	샤프척도	(0.14 − 0.03)/0.2 = 0.550	(0.12 − 0.03)/0.095 = 0.947	펀드 B 우수
③	트레이너척도	(0.14 − 0.03)/1.2 = 0.092	(0.12 − 0.03)/0.9 = 0.100	펀드 B 우수
④	정보비율	(0.14 − 0.13)/0.025 = 0.400	(0.12 − 0.13)/0.014 = −0.714	펀드 A 우수
⑤	젠센척도	14% − 15% = −1%	12% − 12% = 0%	펀드 B 우수

❶ 선물 헤지거래와 관련된 공식은 아래와 같다.

- 헤지 계약수 = 주식 포트폴리오 금액 × β/(헤지시점 KOSPI200현물지수 × 250천원)
- 만기청산 시 선물거래의 손익 = (헤지시점 선물지수 − 만기시점 선물지수) × 계약수 × 250천원
- 현물시장 손익 = 주식 포트폴리오 금액 × 주가변동률[1] × β

[1] 주가변동률 : (−)주가하락률 or (+)주가상승률

❷ 보기를 읽으며 O, X를 표시한다.

① [X] 현물주식 포트폴리오의 가격하락 위험에 대비하기 위해 주가지수선물 26계약을 매도(매도헤지)해야 한다.
     1,000,000 × 1.2/(185 × 250) = 25.946
     [참고] 매도헤지란 현물시장에서 매수포지션을 갖고 있는 투자자가 현물가격이 하락할 위험에 대비하여 선물을 매도하는 것을 말한다.

② [O] 베타를 감안하여 선물거래를 할 경우 선물시장에서는 87,425천원의 이익을 보게 된다.
     (189.2 − <u>185 × 0.95</u>) × 26 × 250 = 87,425
        ↳ 만기시점 선물지수 = 만기시점 현물지수
     [참고] 만약 선물을 만기청산하지 않고 중도청산할 경우의 손익을 구할 때는 아래의 공식을 이용한다.
        중도청산 시 선물거래의 손익 = (헤지시점 선물지수 − 청산시점 선물지수) × 계약수 × 250천원

③ [X] 김대박씨의 예상대로 주가가 5% 하락할 경우 현물시장에서 60,000천원의 손실을 보게 된다.
     1,000,000 × (−5%) × 1.2 = −60,000
     [참고] 중도청산 문제에서는 현물시장 손익은 구하지 않는다.

④ [X] 김대박씨가 주가지수선물을 통해 헤지거래를 할 경우 최종적으로 27,425천원의 이익을 보게 된다.
     87,425 − 60,000 = 27,425

⑤ [X] 주가가 상승하면 선물에서는 손실이 발생하지만 현물주식 포트폴리오에서는 이익을 보게 되므로 전체 포지션에서의 손실은 없다.

📖 p.86 ㉐ p.85-11번

① [X] 경매에 참가하기 위해서는 최저매각가격의 10% 이상을 입찰보증금으로 제출해야 한다.

② [O] 이지훈씨가 주선영씨의 근저당권 20,000천원을 대위변제하고 주선영씨의 근저당권을 말소하게 되면 말소기준권리는 나지환씨의 근저당권이 된다.

③ [X] 이지훈씨가 주선영씨의 근저당권 20,000천원을 대위변제한다면 임차권자 이지훈씨는 말소기준권리인 나지환씨의 근저당권보다 선순위에 위치하게 되므로 대항력을 행사할 수 있다.

④ [X] 근저당권이 가압류보다 우선하므로 나지환씨의 근저당권이 박현수씨의 가압류보다 배당순위가 앞선다.

⑤ [X] 박현수씨는 경매신청등기 이전에 등기한 가압류채권자에 해당하므로 배당요구를 하지 않아도 배당을 받을 수 있는 채권자이다.

---

16 부동산설계 | **거래사례비교법에 의한 가치평가** 정답 : ③

📖 p.87 ㉐ p.70-02번

❶ 거래사례비교법에 따른 부동산의 비준가치 공식은 다음과 같다.

> 비준가치 = 단위당 거래사례 가격 × 단위면적 × 사정보정치 × 시점수정치 × 지역요인 격차율 × 개별요인 격차율

❷ 공식에 대입하여 부동산 가치를 구한다.

단위당 거래사례 가격		7,240
× 단위면적	×	84
× 사정보정치	×	1.00
× 시점수정치	×	0.85
× 지역요인 격차율	×	1.00
× 개별요인 격차율(외부요인)	×	115/100
× 개별요인 격차율(건물요인)	×	95/100
× 개별요인 격차율(기타요인)	×	100/100
= 부동산 가치	=	564,752,580

대상토지가 15% 우세하므로, 대상에서 15를 더한다.
대상토지가 5% 열세하므로, 대상에서 5를 뺀다.

---

17 부동산설계 | **수익방식(할인현금흐름분석법)을 활용한 부동산 매수 여부 결정** 정답 : ②

📖 p.88

❶ 보유기간 중 세전현금흐름을 구한다.

	〈1년차〉	〈2년차〉	〈3년차〉	〈4년차〉	〈5년차〉
세전현금흐름	-300,000	-200,000	450,000	450,000	600,000

❷ 보유기간 말 세전현금흐름을 구한다.

2,500,000

❸ 보유기간 동안 발생하는 현금흐름(❶, ❷)을 이용하여 자기자본가치를 구한다.

CF0 0, C01 -300,000 (1), C02 -200,000 (1), C03 450,000 (2), C04 600,000 + 2,500,000 (1), I 20, NPV CPT = 1,334,362.140

❹ 부동산가치를 구한다.

> 부동산가치 = 자기자본가치 + 타인자본가치(= 대출금 + 보증금)

부동산가치 = 1,334,362.140 + (700,000 + 300,000) = 2,334,362.140

❺ 매수 여부를 판단한다.

세전투자가치(2,334,362천원)가 매수가액(3,000,000천원)보다 낮으므로 매수하지 않는다.

⑱ p.89 ㉑ p.92-01번

❶ 이율전환(연이율 → 월이율)을 한다.

PV -100, FV 105, N 12, CPT I/Y = 0.407(STO7)

❷ 은퇴시점에서의 세전 적립금 평가액을 계산한다.

PMT(E) 300, N 15 × 12, I/Y 0.407(RCL7), CPT FV = 79,447.378(STO1)

↳ 5년(5년 전 ~ 현재) + 10년(현재 ~ 은퇴시점)

❸ 배당소득세를 계산한다.

1) 배당소득세 과세 대상 금액을 구한다.

79,447.378(RCL1) - (300 × 15 × 12) = 25,447.378

↳ 납입원금

2) 배당소득세를 구한다.

25,447.378 × 15.4% = 3,918.896(STO2)

❹ 은퇴시점에서의 세후 적립금 평가액을 계산한다.

79,447.378(RCL1) - 3,918.896(RCL2) = 75,528.482(STO3)

❺ 펀드의 세후투자수익률을 구한다.

PMT(E) -300, FV 75,528.482(RCL3), N 15 × 12, CPT I/Y = 0.356

→ PV -100, N 12, I/Y 0.356, CPT FV = 104.363

---

⑱ p.90 ㉑ p.366-15번

❶ 현재시점, 은퇴시점, 사망시점을 기준으로 time table을 그려서 연간 은퇴소득 부족분을 계산한다.

	현재시점		은퇴시점				김영수씨 사망
		14년		23년		5년	
	김영수씨 48세		62세		85세		90세
목표은퇴소득		0		45,000		45,000	
- 국민연금		-0		-14,000		-14,000	
+ 간병비		+0		+0		+20,000	
= 은퇴소득 부족분		=0		=31,000		=51,000	

❷ 연간 은퇴소득 부족분을 통해 총은퇴일시금을 구한다.

[방법1]

1) 매 기간의 은퇴소득 부족분을 현재시점의 일시금으로 계산한다.

CF0 0, C01 0 (13), C02 31,000 (23), C03 51,000 (5), I (7 - 4)/1.04, NPV CPT = 440,657.100

2) 일시금을 투자수익률로 할증하여 은퇴시점가치로 환산한다. (총은퇴일시금)

440,657.100 × 1.07¹⁴ = 1,136,249.382(STO1)

↳ 은퇴시점에 1,136,249.382천원을 가지고 있기 위해 현재시점에서 일시금으로 투자해야 하는 금액을 의미한다.

[방법2]

1) 은퇴소득 부족분이 현재시점에 필요하다고 가정하고 일시금을 계산한다. (은퇴시점을 현재시점으로 가정)

CF0 31,000, C01 31,000 (22), C02 51,000 (5), I (7 - 4)/1.04, NPV CPT = 656,155.706

↳ 현재물가기준 금액　　　　　　　　　　　　　　　　　　　　↳ 현재물가기준 금액

2) 일시금을 물가상승률로 할증하여 은퇴시점가치로 환산한다. (총은퇴일시금)

656,155.706 × 1.04¹⁴ = 1,136,249.382(STO1)

❸ 현재 준비 중인 은퇴자산의 은퇴시점 평가액을 계산한다.

1) 이율전환(연이율 → 월이율)을 한다.

PV -100, FV 107, N 12, CPT I/Y = 0.565(STO7)

2) 은퇴시점(62세)에서의 은퇴자산 평가액을 구한다.

PV 135,000, PMT(E) 1,200, N 12 × 12, I/Y 0.565(RCL7), CPT FV = 569,803.075

↳ 60세 시점

→ 569,803.075 × 1.07² = 652,367.541(STO2)

↳ 62세 시점

❹ 총은퇴일시금에서 은퇴자산을 차감하여 은퇴시점에서 추가적으로 필요한 은퇴일시금을 구한다.

1,136,249.382(RCL1) - 652,367.541(RCL2) = 483,881.841

❶ 추가저축 목표금액의 현재시점 일시금 평가액을 구한다.

　FV 500,000, N 14, I/Y 7, CPT PV = 193,908.621(STO1)

❷ 저축 첫해 연간 저축액을 구한다.

　PV 193,908.621, N 10, I/Y (7 - 5)/1.05, CPT PMT(B) = 21,078.256(STO2)

❸ 저축 첫해의 매월 저축액을 계산한다.

　1) 이율전환(연이율 → 월이율)을 한다.

　　PV -100, FV 107, N 12, CPT I/Y = 0.565(STO7)

　2) 저축 첫해의 매월 저축액을 계산한다.

　　PV 21,078.256(RCL2), N 12, I/Y 0.565(RCL7), CPT PMT(E) = 1,821.744(STO3)

❹ 보기를 읽으며 O, X를 표시한다.

　① [X] 만약 추가저축을 현재시점에서 일시금으로 저축한다면 193,909천원 이상을 저축하면 된다.

　② [X] 저축 첫해에는 연간 21,078천원을 저축해야 한다.

　③ [X] 저축 첫해에는 매월 1,822천원을 저축해야 한다.

　④ [X] 추가저축 여력이 월 3,000천원일 경우 저축 10년차 저축액이 추가저축 여력을 초과하지 않는다.

　　1) 저축 10차년도 초 연간 저축액을 구한다.

　　　21,078.256(RCL2) × 1.05^9 = 32,699.293

　　2) 저축 10차년도의 월 저축액을 구한다.

　　　PV 32,699.293, N 12, I/Y 0.565(RCL7), CPT PMT(E) = 2,826.123(< 저축여력 3,000천원)

　⑤ [O] 매년 증액하지 않고 10년간 매월 말 정액으로 저축할 경우 첫해 월 저축액은 증액저축 시보다 약 408천원 더 많다.

　　1) 10년간 매월 정액저축할 경우 월 저축액을 구한다.

　　　PV 193,908.621(RCL1), N 10 × 12, I/Y 0.565(RCL7), CPT PMT(E) = 2,230.013

　　2) 정액저축과 증액저축 시 첫해 월 저축액 비교한다.

　　　2,230.013 - 1,821.744(RCL3) = 408.269

---

21 은퇴설계 | 은퇴기간 중 목표은퇴소득 충족을 위한 자산배분 정답 : ④

❶ 은퇴기간 중 연간 은퇴소득 부족분을 계산한다.

　34,000 - 12,000 = 22,000

❷ 연간 은퇴소득 부족분을 통해 총은퇴일시금을 구한다.

　PMT(B) 22,000, N 25, I/Y 4, CPT PV = 357,433.189

　　↖ 물가상승률이 0%이므로 물가조정수익률(k월)과 투자수익률이 동일하다.

❸ 현재 준비된 은퇴자산을 차감하여 추가로 필요한 은퇴일시금을 계산한다.

　357,433.189 - 100,000 = 257,433.189(STO1)

❹ 연금보험 및 국민연금에서 확보 가능한 연간 은퇴소득을 구한다.

　1) 연금보험에서 확보하는 연간 은퇴소득을 구한다.

　　PV 100,000, N 25, I/Y 2, CPT PMT(B) = 5,021.612

　2) 연금보험과 국민연금에서 확보 가능한 연간 총 은퇴소득을 구한다.

　　5,021.612 + 12,000 = 17,021.612

❺ 연금보험 및 국민연금으로 충당되지 않는 은퇴소득을 구한다.

　34,000 - 17,021.612 = 16,978.388(STO2)

❻ 은퇴자산의 세후투자수익률을 충족하기 위한 추가적인 은퇴자산(분할지급식 펀드)의 수익률을 구한다.

　PV 257,433.189(RCL1), PMT(B) -16,978.388(RCL2), N 25, CPT I/Y = 4.734

❼ 보기를 읽으며 O, X를 표시한다.

① [O] 은퇴기간 중 국민연금과 연금보험의 적립금만으로 매년 확보할 수 있는 은퇴소득이 17,022천원이므로, 목표은퇴소득 34,000천원을 충족하기 위해서는 추가적인 은퇴자산이 필요하다.

② [O] 은퇴기간 중 국민연금과 연금보험의 적립금만으로 매년 확보할 수 있는 은퇴소득이 17,022천원이다.

③ [O] 연간 은퇴소득 부족액은 목표은퇴소득 34,000천원에서 국민연금 12,000천원을 차감하여 22,000천원이 된다.

④ [X] 전통적 접근방식은 목표은퇴소득에서 공적연금을 차감한 은퇴소득 부족액을 은퇴시점에서 일시금으로 평가하는 방법을 의미한다. 따라서 총은퇴일시금은 357,433천원이 된다.
PMT(B) 22,000, N 25, I/Y 4, CPT PV = 357,433.189

⑤ [O] 추가적인 은퇴자산은 수익률이 4.7% 이상 되어야 은퇴자산의 세후투자수익률을 충족하면서 목표은퇴소득을 충족할 수 있다.

---

22 은퇴설계 | 은퇴소득의 인출을 위한 포트폴리오 자산배분

정답 : ③

ⓟ p.93 ⓐ p.122-20번

❶ 은퇴시점(현재시점), 필요소득별 시점, 사망시점을 기준으로 time table을 그려서 은퇴소득 부족분을 계산한다.

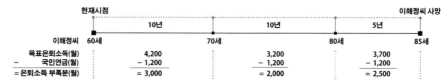

❷ time table을 그려서 시기별 은퇴자산 운용 및 은퇴소득 인출을 파악한다.

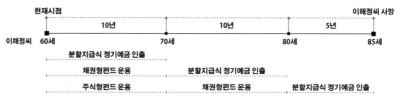

❸ 60세 시점 분할지급식 정기예금 투자금액을 구한다.

1) 이율전환(연이율 → 월이율)을 한다.
PV −100, FV 103, N 12, CPT I/Y = 0.247(STO7)

2) 60세 시점에서의 분할지급식 정기예금 예치되어 있어야 하는 금액을 구한다.
PMT(B) 3,000, N 10 × 12, I/Y 0.247(RCL7), CPT PV = 312,054.936(STO1)
↳ 10년(60~69세 말 기간) 동안 분할지급식 정기예금에서 연금 수령

❹ 60세 시점 채권형펀드 투자금액을 구한다.

1) 70세 시점에서의 분할지급식 정기예금에 예치되어야 있어야 하는 금액을 구한다.
PMT(B) 2,000, N 10 × 12, I/Y 0.247(RCL7), CPT PV = 208,036.624
↳ 10년(70~79세 말 기간) 동안 분할지급식 정기예금에서 연금 수령

2) 60세 시점 채권형펀드 투자금액을 구한다.
FV 208,036.624, N 10, I/Y 4, CPT PV = 140,542.089(STO2)
↳ 70세 시점에 채권형펀드 환매 후 분할지급식 정기예금에 예치되어야 하는 금액

❺ 60세 시점 주식형펀드 투자금액을 구한다.

1) 80세 시점에서의 분할지급식 정기예금에 예치되어 있어야 하는 금액을 구한다.
PMT(B) 2,500, N 5 × 12, I/Y 0.247(RCL7), CPT PV = 139,613.741
↳ 5년(80~84세 말 기간) 동안 분할지급식 정기예금에서 연금 수령

2) 70세 시점 채권형펀드에 예치되어 있어야 하는 금액을 구한다.
FV 139,613.741, N 10, I/Y 4, CPT PV = 94,318.041
↳ 80세 시점에 채권형펀드 환매 후 분할지급식 정기예금에 예치되어야 하는 금액

3) 60세 시점 주식형펀드 투자금액을 구한다.
FV 94,318.041, N 10, I/Y 6, CPT PV = 52,666.701(STO3)
↳ 70세 시점에 주식형펀드 환매 후 채권형펀드에 투자되어야 하는 금액

❻ 60세 시점 은퇴자산 포트폴리오 투자금액을 계산한다.
312,054.936(RCL1) + 140,542.089(RCL2) + 52,666.701(RCL3) = 505,263.726

⑱ p.94 ㉑ p.146-16번

1과세기간 중 2회 이상 양도한 경우로서, 먼저 양도한 자산(상가 A)에서 양도차손이 발생한 경우 그 이후에 양도한 자산(상가 B)의 양도소득금액은 다음과 같이 계산한다.

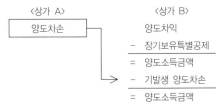

〈상가 A〉	〈상가 B〉
양도차손	양도차익
	− 장기보유특별공제
	= 양도소득금액
	− 기발생 양도차손
	= 양도소득금액

❶ 상가 A 양도 시 발생한 양도차손을 계산한다.

	양도가액		500,000
−	취득가액	−	570,000
=	양도차손	=	−70,000

❷ 상가 B 양도에 대한 양도소득세 산출세액을 계산한다.

	양도가액		1,000,000	
−	취득가액	−	421,000	취득가액(400,000) + 취득세(18,400) + 중개수수료(2,600)
−	필요경비	−	6,000	양도 시 중개수수료 6,000
				[참고] 보유기간 중 재산세는 필요경비로 차감하지 않는다.
=	양도차익	=	573,000	
−	장기보유특별공제	−	91,680	573,000 × 16%(8년 이상 9년 미만 보유)
=	양도소득금액	=	481,320	
−	기발생 양도차손	−	70,000	상가 A 양도 시 발생한 양도차손(❶)
−	양도소득 기본공제	−	2,500	
=	양도소득 과세표준	=	408,820	
×	세 율	×	40% − 25,940	
=	양도소득 산출세액	=	137,588	

㉿ p.95 ㉯ p.138-11번

❶ 금융소득 총수입금액을 계산한다.

이자소득	12,000	
+ 배당소득	+ 13,000	국내 비상장법인의 현금배당(8,000) + 집합투자기구로부터의 이익(5,000)
= 금융소득 총수입금액	= 25,000	

[참고] 직장공제회 초과반환금은 무조건 분리과세 금융소득이다.

❷ Gross-up 대상 배당소득을 파악한다.

Gross-up 대상 배당소득	국내 비상장법인의 현금배당
Gross-up 대상이 아닌 배당소득	집합투자기구로부터의 이익

❸ Gross-up 금액을 계산한다.

> Gross-up 금액 = Min[Gross-up 대상 배당소득, (금융소득 총수입금액 − 20,000)] × 10%

Min[8,000, (25,000 − 20,000)] × 10% = 500

❹ 금융소득금액을 계산한다.

25,000(❶) + 500(❸) = 25,500

❺ 종합소득 과세표준을 계산한다.

근로소득금액	50,000	
+ 사업소득금액	+ 80,000	
+ 금융소득금액	+ 25,500	
+ 기타소득금액	+ 8,000	23,000 − Max[(23,000 × 60%), 15,000]
= 종합소득금액	= 163,500	
− 종합소득공제	− 5,500	
= 종합소득 과세표준	= 158,000	

❻ 종합소득 산출세액을 계산한다.

> 종합소득 산출세액 = Max[㉠ 종합과세방식, ㉡ 분리과세방식]
> ㉠ {(종합소득 과세표준 − 2천만원) × 기본세율} + 2천만원 × 14%
> ㉡ {(종합소득 과세표준 − 금융소득금액) × 기본세율} + 금융소득 총수입금액 × 14%

종합소득 산출세액 = Max[35,660(㉠), 34,435(㉡)] = 35,660
㉠ {(158,000 − 20,000) × 35% − 15,440} + 20,000 × 14% = 35,660
㉡ {(158,000 − 25,500) × 35% − 15,440} + 25,000 × 14% = 34,435

㉿ p.96 ㉯ p.137-10번

❶ 금융소득 총수입금액을 계산한다.

이자소득	45,000	
+ 배당소득	+ 83,000	뮤추얼펀드 현금배당(28,000) + 상장법인 A의 주식배당(35,000) + 비상장법인 B의 현금배당(20,000)
= 금융소득 총수입금액	= 128,000	

[참고] 공익신탁의 이익은 비과세 금융소득이다.

❷ Gross-up 금액을 계산한다.

> Gross-up 금액 = Min[Gross-up 대상 배당소득, (금융소득 총수입금액 − 20,000)] × 10%

Min[(35,000 + 20,000), (128,000 − 20,000)] × 10% = 5,500

[참고] 자기주식처분이익을 재원으로 한 배당은 Gross-up 대상이다.

❸ 금융소득금액을 계산한다.

128,000(❶) + 5,500(❷) = 133,500

교 p.96 ⑦ p.147-17번

❶ 1세대 1주택 비과세 요건을 갖춘 고가주택의 양도 시 양도차익을 계산한다.

> 고가주택의 양도차익 = 일반양도차익 × (양도가액 − 12억원)/양도가액

> 고가주택의 양도차익 = (20억원 − 7억원 − 1억원) × (20억원 − 12억원)/20억원 = 4.8억원

❷ 주택 A의 양도소득 산출세액을 계산한다.

양도차익	480,000	고가주택의 양도 시 양도차익(❶)
− 장기보유특별공제	− 345,600	480,000 × 72%(보유기간 10년(최대) × 4% + 거주기간 8년 × 4%)
= 양도소득금액	= 134,400	
− 양도소득 기본공제	− 2,500	
= 양도소득 과세표준	= 131,900	
× 세 율	× 35% − 15,440	
= 양도소득 산출세액	= 30,725	

교 p.97 ⑦ p.243-10번

❶ 동시사망으로 추정하는 경우 동시사망한 자 간의 상속은 인정되지 않으나, 대습상속은 인정된다.

정찬휘와 정준호 간에 상속은 발생하지 않고, 정찬휘의 상속재산 중 정준호의 상속분만큼을 대습상속하는 것은 가능하다.
[참고] 피대습자는 피상속인의 직계비속 또는 형제자매만이 될 수 있다.

❷ 정준호에 대한 이경옥의 상속분과 정찬휘에 대한 이경옥의 상속분을 더하여 최종 상속분을 구한다.

1) 정준호에 대한 이경옥의 상속분
200,000 × 2/5 = 80,000
[참고] 정준호에 대한 나머지 상속인의 상속분
김소영의 상속분 = 200,000 × 3/5 = 120,000
2) 정찬휘에 대한 이경옥의 상속분
350,000 × 3/7 = 150,000
[참고] 정찬휘에 대한 나머지 상속인의 상속분
김소영의 상속분(대습상속) = 100,000
정진영의 상속분 = 100,000
3) 이경옥의 최종 상속분
80,000 + 150,000 = 230,000

교 p.98 ⑦ p.368-18번

① [O] 갑과 정이 동시사망한 것으로 추정되고 태아는 사산되었으므로, 갑의 재산은 배우자 을과 직계비속인 병이 공동으로 상속한다.
② [O] 을의 낙태행위는 동순위의 상속인을 살해한 것과 동일한 것이므로 상속결격사유에 해당한다.
③ [O] 갑과 정이 동시사망한 것으로 추정되고 태아가 사산하였다면, 부친 정의 사망으로 인한 상속인은 을과 병이므로 처 을의 상속분은 24,000천원이다.
40,000 × 3/5 = 24,000
④ [X] 갑과 정이 동시사망한 것으로 추정되고 태아가 생존하였다면, 갑과 정의 동시사망에 따른 자녀 병의 최종 상속분은 40,000천원이다.
1) 갑의 사망으로 인한 상속인은 을, 병, 태아이며, 정의 사망으로 인한 상속인 또한 갑의 상속순위에 갈음하여 을, 병, 태아가 된다.
2) 병의 최종 상속분을 구한다.
(100,000 × 2/7) + (40,000 × 2/7) = 40,000
↖ 갑 사망에 따른 상속분 ↖ 정 사망에 따른 상속분
⑤ [O] 갑이 먼저 사망하고 부친 정이 나중에 사망한 것으로 추정될 때, 정은 갑의 직계존속으로서 2순위 상속인이 되므로 갑의 상속인은 을과 병, 태아이다.

® p.99 ㉑ p.156-03번

❶ **기여분 권리자와 특별수익자는 해당 공식을 적용하여 구체적 상속분을 구한다.**

> [(상속재산의 가액 + 특별수익 - 기여분) × 각 상속인의 법정상속비율] - 특별수익이 있는 자의 경우 각 특별수익 + 기여자인 경우 기여분

❷ **기여분과 특별수익을 고려한 상속재산을 구한다.**

　34(유증 포함) + 4(증여재산) + 2(증여재산) - 7(기여분) = 33

❸ **상속인별로 ❶의 공식을 적용하여 상속분을 구한다.**

　김선우 상속분 : (33 × 3/11) + 7(기여분) = 16
　박태범 상속분 : (33 × 2/11) - 4(생전증여) = 2
　박경원 상속분 : (33 × 2/11) - 5(유증) = 1
　박아정 상속분 : (33 × 2/11) - 2(생전증여) = 4
　박민아 상속분 : 33 × 2/11 = 6

® p.100 ㉑ p.167-11번

① [X] 이효식씨를 통해 받을 수 있는 상속공제액은 670,000천원이다.

> • 자녀공제 : 5천만원
> • 미성년자공제 : 1천만원 × 19세 도달 연수
> • 장애인공제 : 1천만원 × 기대여명 연수

　자녀공제와 미성년자공제, 장애인공제는 중복적용이 가능하며 이효식씨는 자녀공제 50,000천원에 현재 17세이므로 미성년자공제 20,000천원, 기대여명 연수가 60년이므로 장애인공제 600,000천원을 추가적으로 받을 수 있다.

② [O] 상속공제액은 상속공제 한도액을 초과할 수 없으므로 손자에게 모든 상속재산을 유증하는 경우 상속공제 한도액은 0원이 되어 상속공제액도 0원이 된다.

　　[참고] 상속공제 한도액은 상속세 과세가액에서 선순위의 상속인이 아닌 자에게 유증·사인증여한 재산가액 등을 차감하여 계산한다.

③ [X] 이희준씨가 최대한 적용받을 수 있는 '그 밖의 인적공제'의 합계액은 770,000천원이다.

　　(50,000 × 3인) + (10,000 × 2년 × 1인) + (10,000 × 60년 × 1인) = 770,000
　　　　↖ 자녀공제　　　　　↖ 미성년자 공제　　　　　　↖ 장애인공제

④ [X] 이희준씨의 순금융재산가액은 500,000천원이다.

　　주식평가액은 이희준씨가 최대주주이므로 금융재산에 포함되지 않으며, 상가는 금융재산이 아니고 임대보증금은 금융부채가 아니므로 순금융재산가액은 500,000천원(예금 300,000 + 사망보험금 500,000 - 은행대출금 300,000)이다.

⑤ [X] 상속인 이효선씨는 직계비속이지만 미성년자인 기간을 제외하는 경우 상속개시일부터 소급하여 10년 미만의 기간 동안 하나의 주택에서 동거하였기 때문에 동거주택상속공제를 적용받을 수 없다.

단일사례 **TEST 4**

재무설계 원론	**01** ⑤	**02** ③	**03** ③	**04** ②	**05** ⑤
위험관리와 보험설계	**06** ⑤	**07** ①	**08** ①	**09** ④	**10** ①
투자설계	**11** ④	**12** ①	**13** ④	**14** ③	**15** ⑤
부동산설계	**16** ③	**17** ④	**18** ⑤		
은퇴설계	**19** ③	**20** ②	**21** ②	**22** ⑤	
세금설계	**23** ②	**24** ③	**25** ①	**26** ②	
상속설계	**27** ④	**28** ④	**29** ②	**30** ②	

---

01 재무설계 원론 | 리파이낸싱으로 인한 대출원리금상환액 계산

정답 : ⑤

⑭ p.104 ㉓ p.408-01번

❶ 2023년 12월의 대출잔액을 구한다.

PV 400,000, N 15 × 12, I/Y 7/12, CPT PMT(E) = 3,595.313(STO1)

[2ND AMORT] P1 1, P2 60, BAL = 309,651.207

❷ 신규대출로 리파이낸싱했을 때 매월 말 상환해야 할 원리금상환액을 구한다.

PV 309,651.207, N 20 × 12, I/Y 4/12, CPT PMT(E) = 1,876.425(STO2)

❸ ❶에서 ❷를 차감하여 매월 줄어드는 원리금상환액을 구한다.

3,595.313(RCL1) − 1,876.425(RCL2) = 1,718.888

---

02 재무설계 원론 | LTV 및 DTI 적용 최대 대출가능금액

정답 : ③

⑭ p.104 ㉓ p.14-09번

❶ 규제 강화 전 LTV와 DTI를 기준으로 한 주택담보대출 한도액을 각각 계산하여 더 작은 값을 구한다.

1) LTV에 따른 대출금액

600,000 × 70% = 420,000

2) DTI에 따른 대출금액

PMT(E) <u>32,400</u>/12, N 20 × 12, I/Y 5/12, CPT PV = 409,118.345

↳ 54,000 × 60%

3) Min[420,000, 409,118.345] = 409,118.345(STO1)

❷ 규제 강화 후 LTV와 DTI를 기준으로 한 주택담보대출 한도액을 각각 계산하여 더 작은 값을 구한다.

1) LTV에 따른 대출금액

600,000 × 50% = 300,000천원

2) DTI에 따른 대출금액

PMT(E) <u>21,600</u>/12, N 20 × 12, I/Y 5/12, CPT PV = 272,745.564

↳ 54,000 × 40%

3) Min[300,000, 272,745.564] = 272,745.564(STO2)

❸ ❶에서 ❷를 차감하여 규제 강화 전후의 대출 한도액을 비교한다.

409,118.345(RCL1) − 272,745.564(RCL2) = 136,372.782

03 재무설계 원론 | 증액저축과 정액저축의 비교

정답 : ③

🖲 p.105 ② p.5-02번

❶ A상품에 가입한 경우 첫 1년간의 저축액을 구한다.
   1) 5년 후 500,000천원을 마련하기 위해 현재 필요한 일시금을 구한다.
      FV 500,000, N 5, I/Y 3, CPT PV = 431,304.392
   2) 증액률로 할인한 첫 해 저축액을 구한다.
      PV 431,304.392, N 5, I/Y (4 − 3)/1.03, CPT PMT(B) = 87,935.769(STO1)

❷ B상품에 가입한 경우 첫 1년간의 저축액을 구한다.
   1) 이율전환(연이율 → 월이율)을 한다.
      PV −100, N 12, FV 104, CPT I/Y = 0.327(STO7)
   2) 매월 정액저축액을 구한다.
      FV 500,000, N 5 × 12, I/Y 0.327(RCL7), CPT PMT(B) = 7,530.611
   3) 첫 1년 간의 저축액을 구한다.
      7,530.611 × 12 = 90,367.330(STO2)

❸ A상품과 B상품의 첫 1년간의 저축액을 비교한다.
   87,935.769(RCL1) − 90,367.330(RCL2) = −2,431.561
   ∴ A상품보다 B상품에 저축하는 경우 저축액이 약 2,432천원 더 많다.

04 재무설계 원론 | 투자안의 NPV 및 IRR 계산

정답 : ②

🖲 p.106

❶ 오피스텔 건물의 5년 후 가치를 계산한다.
   $1,200,000 × 1.035^5 = 1,425,223.567$(STO1)

❷ 오피스텔의 NPV와 IRR을 구한다.
   CF0 −1,200,000, C01 30,000 (1), C02 35,000 (1), C03 50,000 (2),
   C04 55,000 + 1,425,223.567(RCL1) (1), I 7.5,
   NPV CPT = −33,055.824
   IRR CPT = 6.867

05 재무설계 원론 | 연간 수익률 계산 및 비교

정답 : ⑤

🖲 p.107 ② p.8-05번

가. [X] 100,000천원을 투자하여 10년 후 130,000천원을 받는다면, 연간수익률은 연 2.66%이다.
   PV −100,000, FV 130,000, N 10, CPT I/Y = 2.658
나. [O] 100,000천원을 투자하여 10년 동안 매년 말 150,000천원씩 받는다면, 연간 수익률은 연 8.14%이다.
   PV −100,000, N 10, PMT(E) 150,000, CPT I/Y = 8.144
다. [O] 100,000천원을 투자하고 투자 즉시 8,000천원을 시작으로 매년 초 8,000천원씩 정액으로 영구히 받는 경우 연간수익률은 8.70%이다.

영구연금(기시급)의 이자율 = 연금액 ÷ [현재가치(또는 현재 납입액) − 연금액]

   영구연금(기시급)의 이자율 = 8,000 ÷ (100,000 − 8,000) = 0.087
라. [O] 100,000천원을 투자하고 투자한 첫해 말 9,000천원으로 시작하여 매년 말 3%씩 증액된 금액을 15년간 받는다면, 연간 수익률은 6.70%이다.
   1) 증액률 조정수익률을 구한다.
      PV −100,000, N 15, PMT(E) 9,000/1.03, CPT I/Y = 3.590
   2) 투자수익률을 구한다.

증액률 조정수익률(k율) = {(1 + 투자수익률)/(1 + 증액률) − 1} × 100

   3.590 = {(1 + 투자수익률)/(1 + 0.03) − 1} × 100
   투자수익률 = 0.0670

06 위험관리와 보험설계 | 벨쓰방식에 의한 단위 보험금액당 코스트 비교   정답 : ⑤

® p.108 ㉑ p.27-04번

❶ 벨쓰방식에 의한 100천원당 코스트는 다음 공식을 이용하여 계산한다.

$$100천원당\ 코스트 = \frac{(연간\ 보험료 + 직전연도\ 해약환급금) \times (1 + 이자율) - (당해연도\ 해약환급금 + 배당금)}{(일반사망보험금 - 당해연도\ 해약환급금) \times 0.00001}$$

1) 하나생명의 100천원당 코스트를 구한다.

$$\frac{(1,440 + 5,148) \times (1 + 0.05) - (6,250 + 56)}{(100,000 - 6,250) \times 0.00001} = 652.160$$

2) 두울생명의 100천원당 코스트를 구한다.

$$\frac{(1,320 + 5,234) \times (1 + 0.05) - (6,320 + 0)}{(100,000 - 6,320) \times 0.00001} = 599.594$$

❷ 하나생명과 두울생명의 1000천원당 코스트를 비교한다.
하나생명 652.160 > 두울생명 599.594
∴ 하나생명은 100천원당 코스트로 두울생명보다 52.57원(= 652.160 - 599.594)만큼 더 많이 부담하고 있다.

07 위험관리와 보험설계 | 생애가치법에 의한 생명보험 필요보장액 계산   정답 : ①

® p.109 ㉑ p.22-01번

❶ 생명보험 필요보장액(가장이 정년까지 벌 수 있는 연봉)을 구한다.
PMT(E) 80,000 - 20,000, N 20, I/Y 6, CPT PV = 688,195.273
[참고] 생애가치법은 가장의 연봉을 가지고 계산하므로 기말모드를 사용하며, 가장의 나이와 정년이 중요하다.

❷ 준비자금(가장사망을 대비하여 준비해놓은 자금 = 종신보험)을 구한다.
100,000(종신보험 주계약) + 50,000(60세 만기 정기특약) = 150,000

❸ ❶에서 ❷를 차감하여 추가적인 생명보험 필요보장액을 구한다.
688,195.273 - 150,000,000 = 538,195.273

08 위험관리와 보험설계 | 개별 니즈에 대한 보장금액 산정(개호자금)   정답 : ①

® p.109 ㉑ p.37-11번

❶ 현재시점부터 사망까지의 time table을 그려 장기개호를 위한 필요자금, 준비자금과 기간을 구한다.

	현재시점		개호시점	사망
		43년	5년	
최주영	35세		78세	83세
필요자금		0	35,000 (5회)	
준비자금		0	40,000 (5회)	

❷ 장기개호를 위한 필요자금의 현재가치를 구한다.
CF0 0, C01 0 (42), C02 35,000 (5), I (7 - 4)/1.04, NPV CPT = 48,710.152(STO1)

❸ 장기개호를 위한 준비자금의 현재가치를 구한다.
CF0 0, C01 0 (42), C02 40,000 (5), I 7, NPV CPT = 9,566.346(STO2)

정액이므로 투자수익률을 사용한다.

❹ ❷에서 ❸을 차감하여 추가로 준비해야 할 개호비용을 구한다.
48,710.152(RCL1) - 9,566.346(RCL2) = 39,143.805

⟨⟩ p.110 ㉑ p.232-02번

① [O] 박금석씨가 가입한 실손의료보험(3세대)의 갱신주기는 1년이다.
　　[참고] 실손의료보험(3세대)의 재가입주기는 15년이다.
② [O] 입원기간 중 1인실을 일정기간 사용한 경우 기준병실과의 차액의 50%를 약관에서 정한 1일 평균금액(10만원) 한도 내에서 보상받을 수 있다.
③ [O] 입원치료비의 경우 진료비 금액이 동일하다면 동일한 보험금이 지급된다.
④ [X] 급여항목의 지급보험금은 급여 보장대상 의료비 1,800천원에서 10%(180천원)를 공제한 1,620천원이다.
　　[참고] 입원의 경우 통원치료와 달리 최소자기부담금이 없다.
⑤ [O] 비급여항목의 지급보험금은 비급여 보장대상 의료비 1,000천원에서 20%(200천원)를 공제한 800천원이다.

⟨⟩ p.111

❶ CF기능을 이용하여 각 보기의 연금수령 형태에 따른 수익률(IRR)을 구한다.
　① CF0 -200,000 + 17,000, C01 17,000 (19), IRR CPT = 6.464%
　② CF0 -200,000, C01 0 (4), C02 25,000 (15), IRR CPT = 5.622%
　③ CF0 -200,000, C01 0 (9), C02 40,000 (10), IRR CPT = 4.966%
　④ CF0 -200,000, C01 0 (59), C02 2,000 (180), IRR CPT = 0.409%(STO1) ← 월수익률
　　∴ PV -100, N 12, I/Y 0.409(RCL1), CPT FV = 105.020 → 연수익률 5.02%
　⑤ CF0 -200,000 + 13,000, C01 13,000 (19), IRR CPT = 2.952% ← k율
　　∴ 투자수익률 = 2.952% × 1.03 + 3% = 6.041%
　　[참고] k율 = (투자수익률 - 증액률)/(1 + 증액률) → 투자수익률 = k율 × (1 + 증액률) + 증액률

❷ 수익률(IRR)이 가장 높은 보기를 고른다.
수익률이 가장 높은 보기 ①(6.464%)이 가장 유리한 연금수령 형태이다.

⟨⟩ p.112 ㉑ p.65-18번

❶ 펀드수익률과 원화기준 수익률을 구하는 공식은 아래와 같다.

- 펀드수익률 = 회수시점 기준가 ÷ 투자시점 기준가 - 1
- 원화기준 수익률 = {1 ÷ 투자시점 환율 × (1 + 해외펀드수익률) × 회수시점 환율} - 1

❷ 펀드수익률(외화기준)을 구한 후, 투자시점(과거)과 회수시점(현재)의 환율을 이용하여 원화기준 수익률로 변환한다.
　1) 미국펀드의 수익률 = 13.2/12 - 1 = 10%
　　원화기준 수익률 = {1/1,153 × (1 + 0.1) × 1,162} - 1 = 10.86%
　　　　　　　　　　　　　↖ 미국펀드의 수익률
　2) 일본펀드의 수익률 = 1,180/1,000 - 1 = 18%
　　원화기준 수익률 = {1/1,022 × (1 + 0.18) × 992} - 1 = 14.54%
　　　　　　　　　　　　　↖ 일본펀드의 수익률

⑱ p.113 ㉑ p.61-15번

❶ 채권가격의 하락이 예상되면 듀레이션이 짧은 채권 위주로 포트폴리오를 구성한다.

> [참고] • 이표채 : 표면이자율이 낮을수록 듀레이션이 길어지고, 표면이자율이 높을수록 듀레이션이 짧아진다.
>   • 할인채, 복리채 : 중도현금흐름이 없으므로 듀레이션은 만기와 같다.

❷ 보기를 읽으며 O, X를 표시한다.

  ① [X] 듀레이션 증가 : 잔존만기 3년인 이표채는 듀레이션이 3년보다 짧으며, 잔존만기 4년인 복리채의 듀레이션은 잔존만기와 같다.

  ② [O] 듀레이션 감소 : 잔존만기 2년인 이표채의 듀레이션은 3년보다 짧으므로 채권포트폴리오의 듀레이션이 감소한다.

  ③ [O] 듀레이션 감소 : 채권펀드의 듀레이션을 2.20으로 조정한다는 것은 수익률 상승에 대비하는 전략이다.

  ④ [O] 듀레이션 감소 : 단기유동성 자산은 듀레이션이 아주 짧은 것이 일반적이다.

  ⑤ [O] 듀레이션 감소 : 표면금리가 높으면 듀레이션은 감소한다.

---

13 투자설계 | 가중평균자본비용(WACC)   정답 : ④

⑱ p.114 ㉑ p.52-07번

❶ 각 자본(부채, 보통주, 우선주)의 비중을 찾는다.

  1) 부채비중 = 100% − 30% − 20% = 50%

  2) 보통주비중 = 30%

  3) 우선주비중 = 20%

❷ 각 자본(부채, 보통주, 우선주)의 비용을 계산한다.

> • 세후부채비용 = 세전부채비용 × (1 − 법인세율)
> • 보통주비용(k) = R_f + β × (R_m − R_f)
> • 우선주비용 = 우선주배당금/우선주주가
>
> • R_f : 무위험이자율   • R_m : 시장수익률   • (R_m − R_f) : 시장 위험프리미엄

[참고] 부채비용은 세후부채비용, 보통주비용은 CAPM식에 의해 구해진 요구수익률, 우선주비용은 우선주 배당수익률이다.

  1) 세후부채비용 = 6% × (1 − 0.21) = 4.74%

         만약 세전부채비용이 금액으로 주어졌을 경우에는 이자금액을 부채금액으로 나누어 구한다.

  2) 보통주비용(k) = 4% + 1.12 × 10% = 15.2%

         $\beta = (\sigma_i / \sigma_m) \times \rho_{im} = (28\% / 20\%) \times 0.8 = 1.12$

  3) 우선주비용 = 우선주 배당수익률 = 720/10,000 = 7.2%

❸ 각 자본의 비중과 비용을 아래의 공식에 대입하여 가중평균자본비용(WACC)을 계산한다.

> 가중평균자본비용(WACC) = (부채비중 × 세후부채비용) + (보통주비중 × 보통주비용)
>   + (우선주비중 × 우선주 배당수익률)

가중평균자본비용(WACC) = (0.5 × 4.74%) + (0.3 × 15.2%) + (0.2 × 7.2%) = 8.37%

(복) p.115 (기) p.66-19번

❶ 유진희씨와 최유민씨의 손익분기점을 구한다.

1) 유진희 : 180pt + 프리미엄 합계(14pt + 6pt) = 200pt, 180pt − 프리미엄 합계(14pt + 6pt) = 160pt
2) 최유민 : 190pt + 프리미엄 합계(8pt + 4pt) = 202pt, 170pt − 프리미엄 합계(8pt + 4pt) = 158pt

❷ 유진희씨와 최유민씨의 수익실현구간을 구한다.

1) 유진희 : 200pt 이상 혹은 160pt 이하 → 만기가격(210pt)이 200pt 이상이므로 수익 발생
2) 최유민 : 202pt 이상 혹은 158pt 이하 → 만기가격(210pt)이 202pt 이상이므로 수익 발생

❸ 각각의 만기 시 수익을 계산한다.

1) 유진희 : (210pt − 200pt) × 250 × 7계약 = 17,500
2) 최유민 : (210pt − 202pt) × 250 × 3계약 = 6,000

(복) p.116 (기) p.55-09번

❶ 각 기업의 PER, PBR, PEG, EV/EBITDA를 계산한다.

구 분	A기업	B기업	C기업
PER[1]	15,000/1,250 = 12	17,500/2,500 = 7	20,000/2,000 = 10
PBR[2]	15,000/1,000 = 15	17,500/2,000 = 8.75	20,000/2,500 = 8
PEG[3]	12/5% = 2.4	7/5% = 1.4	10/5% = 2
EV/EBITDA	7	5	9

[1] PER = 현재주가/주당순이익(EPS)
[2] PBR = 현재주가/주당순자산(BPS)
[3] PEG = PER/기대성장률

❷ 보기를 읽으며 O, X를 표시한다.

① [O] PER을 기준으로 판단할 때 가장 고평가된 기업은 A기업이다.
② [O] PBR을 기준으로 판단할 때 가장 저평가된 기업은 C기업이다.
③ [O] EV/EBITDA를 기준으로 가장 저평가된 기업과 PER을 기준으로 가장 저평가된 기업은 모두 B기업이다.
④ [O] 각 기업의 기대성장률이 모두 5%라면 B 기업의 PEG가 1.4로 가장 낮다.
⑤ [X] A기업 PBR은 15, C기업 PBR은 8이므로, A기업 PBR은 C기업 PBR의 1.875배이다.

(복) p.117 (기) p.86-12번

❶ 5년 보유 후 매도했을 경우 내부수익률(IRR)을 구한다.
CF0 −600,000, C01 22,000 (4), C02 22,000 + 700,000 (1), I 5, NPV CPT = 43,716.803
IRR CPT = 6.5887%

❷ 5년 보유 후 매도했을 경우 수익성지수(PI)를 구한다.

> 수익성지수(PI) = 현금유입의 현가/현금유출의 현가

CF0 0, C01 22,000 (4), C02 22,000 + 700,000 (1), I 5, NPV CPT = 643,716.803
∴ 수익성지수(PI) = 643,716.803/600,000 = 1.0729

17 부동산설계 | LTV, DCR을 만족하는 최대 대출가능금액

정답 : ④

(문) p.118 (기) p.90-15번

① [X] 하태용씨는 LTV를 기준으로 최대 540,000천원(= 900,000 × 60%)까지 대출이 가능하다.
② [X] DCR(부채감당률)은 사업의 대출금 변제능력을 보는 지표이다.
    [참고] 연간 총소득을 기준으로 하여 보유하고 있는 모든 부채의 상환능력을 나타내는 지표는 DSR(총부채원리금상환비율)이다.
③ [X] DCR이 1.2 이상이 되기 위해서는 연간 원리금상환액이 '84,000 ÷ 1.2' 이하이어야 한다.
    [참고] DCR = 순영업소득(NOI) ÷ 연간 원리금상환액
        → 84,000 ÷ 연간 원리금상환액 ≥ 1.2
        → 연간 원리금상환액 ≤ 84,000 ÷ 1.2
④ [O] DCR을 계산하기 위해서 매월 원리금상환액은 '84,000 ÷ 1.2 이하의 값' 중 가장 큰 값을 입력한다.
⑤ [X] 하태용씨는 DCR을 기준으로 최대 525,428.48천원까지 대출이 가능하다.
    PMT(E) (84,000 ÷ 1.2)/12, N 10 × 12, I/Y 6/12, CPT PV = 525,428.478

18 부동산설계 | 현재가치 비교를 통한 투자방안 분석

정답 : ⑤

(문) p.119 (기) p.89-14번

❶ 자기자본수익률을 구하는 공식은 다음과 같다.

> 자기자본수익률(Ke) = K_o + {(K_o - K_d) × (L/E)}
>
> • K_o : 전체수익률　　　• K_d : 대출이자율　　　• L : 대출 비중　　　• E : 자기자본의 투자 비중

❷ 공식을 대입하여 작년과 올해 자기자본수익률을 구한다.
    1) 작년의 자기자본수익률
        0.1 + {(0.1 - 0.06) × (0.6/0.4)} = 0.16
    2) 올해의 자기자본수익률
        0.1 + {(0.1 - 0.07) × (0.6/0.4)} = 0.145

19 은퇴설계 | 은퇴자산 마련을 위한 기시급 증액저축

정답 : ③

(문) p.120 (기) p.99-05번

❶ 현재시점에서 투자해야 할 일시금을 계산한다.
    FV 650,000, N 20, I/Y 5, CPT PV = 244,978.164
❷ 첫해 초 저축액을 계산한다.
    PV 244,978.164, N 20, I/Y (5 - 2)/1.02, CPT PMT(B) = 15,909.045
❸ 증액률로 할증하여 2차년도 저축액을 계산한다.
    15,909.045 × 1.02 = 16,227.226

20 은퇴설계 | 은퇴자산의 연금화

정답 : ②

(문) p.121

❶ 은퇴시점에서 평가한 연금보험의 적립금을 계산한다.
    1) 이율전환(연이율 → 월이율)을 한다.
        PV -100, FV 103, N 12, CPT I/Y = 0.247(STO7)
    2) 은퇴시점에서의 연금보험 적립금을 계산한다.
        PMT(E) 500, N 29 × 12, I/Y 0.247(RCL7), CPT FV = 275,023.747(STO1)
❷ 연간 연금액을 계산한다.
    PV 275,023.747(RCL1), N 25, I/Y 3, CPT PMT(B) = 15,334.008
❸ 연금액을 현재물가기준 금액으로 평가한다.
    $15,334.008/1.02^{20}$ = 10,319.348

📖 p.121

'확보 가능한 은퇴소득 수준'을 묻는 유형의 문제는 은퇴시점에서의 은퇴자산 일시금 평가액을 기준으로 물가조정수익률(k율)을 적용하여 연간 연금액을 계산해준다. 물가상승률을 고려했을 때 매년 소비할 수 있는 금액의 수준을 묻는 문제라고 이해할 수 있다. 반면, 20번 문제의 경우에는 적립된 금액을 은퇴기간 동안 (물가상승률의 고려 없이) 매년 동일하게 수령하는 경우를 가정하여 매년 정액으로 어느 정도 수준의 금액을 수령할 수 있는지를 계산하는 문제라는 점에서 차이가 있다.

❶ 연금보험에서 연간 확보 가능한 은퇴소득(현재물가기준 금액)을 계산한다.

  1) 연간 연금액을 계산한다.

    PV 275,023.747(RCL1), N 25, I/Y (3 − 2)/1.02, CPT PMT(B) = 12,336.745(은퇴시점 물가기준)

    ↳ 20번 문제에서 계산한 연금보험 적립금(은퇴시점)

  2) 연금액을 현재물가기준 금액으로 평가한다.

    $12,336.745/1.02^{20}$ = 8,302.276

❷ 은퇴기간 중 현재물가기준으로 확보 가능한 연간 은퇴소득을 구한다.

  12,000 + 8,302.276 = 20,302.276

  ↳ 국민연금   ↳ 연금보험

📖 p.122 ㉑ p.120-19번

❶ 은퇴생활비에서 국민연금을 차감하여 연간 은퇴소득 부족분을 계산한다.

  35,000 − 15,000 = 20,000

❷ 현재시점에서 생활비계정에 배분할 금액을 구한다.

  20,000 × 2 = 40,000(STO1)

    ↳ 2년 생활비

❸ 현재시점에서 저축계정에 배분할 금액을 구한다.

  PMT(E) 20,000, N 3, I/Y 2, CPT PV = 57,677.665(STO2)

    ↳ 매년 말에 생활비계정으로 이체해야 할 금액

❹ 현재시점에서 투자계정에 배분할 금액을 구한다.

  1) 매기 말에 저축계정으로 이체할 금액(저축계정 기시 배분 금액에 미달하는 금액)을 구한다.

    57,677.665 − (58,831.219 − 20,000) = 18,846.447

     ↳ 저축계정   ↳ 1차년도 말   ↳ 1차년도 말
     기시 배분액   저축계정 평가액   저축계정에서 생활비계정으로 이체한 금액
            57,677.665 × 1.02

  2) 현재시점에서 투자계정에 배분할 금액을 구한다.

    PMT(E) 18,846.447, N 20, I/Y 5, CPT PV = 234,868.383(STO3)

    ↳ 매년 말에 저축계정으로 이체해야 할 금액

❺ 현재시점에서 은퇴자산 포트폴리오에 투자해야 할 총금액을 구한다.

  40,000(RCL1) + 57,677.665(RCL2) + 234,868.383(RCL3) = 332,546.048

❻ 은퇴자산 포트폴리오의 수익률을 구한다.

  PV 332,546.048, PMT(B) −20,000, N 25, CPT I/Y = 3.761

❼ 보기를 읽으며 O, X를 표시한다.

  ① [O] 현재시점에서 저축계정에 배분할 금액은 57,678천원이다.

  ② [O] 현재시점에서 투자계정에 배정할 금액은 234,868천원이다.

  ③ [O] 매년 말 투자계정에서 저축계정으로 이체해야 할 금액은 저축계정 기시 배분 금액에 미달하는 금액으로 18,846천원이다.

  ④ [O] 현재시점에서 은퇴자산 포트폴리오에 투자해야 할 총금액은 332,546천원이다.

  ⑤ [X] 은퇴자산 포트폴리오의 세후수익률은 3.8% 수준이다.

23 세금설계 | 부동산 임대사업소득의 총수입금액

정답 : ②
웹 p.123 ㉑ p.129-04번

❶ 연 임대료를 구한다.

$3,000^{1)} \times 8 = 24,000$

1) 2,000(1층 임대료) + 1,000(2층 임대료)

❷ 간주임대료를 구한다.

간주임대료 = (임대보증금의 적수 - 건설비의 적수) × 1/365 × 정기예금 이자율 - 금융수익

$(1,000,000 \times 245 - 400,000 \times 245) \times 1/365 \times 3.5\% - 5,000 = 9,095.89$

[참고] 토지의 취득비용은 건설비의 적수에 포함되지 않는다.

❸ 총수입금액에 산입한다.

$24,000(❶) + 9,095.89(❷) = 33,095.89$

24 세금설계 | 인적공제액과 의료비세액공제액

정답 : ③
웹 p.124 ㉑ p.132-07번, p.134-08번

❶ 인적공제액을 계산한다.

1) 기본공제액 = 1,500 × 4명(본인, 모친, 아들, 딸) = 6,000

[참고] 모친의 이자소득금액 3,000천원은 분리과세되므로 기본공제대상자에 해당한다.

2) 추가공제액 = 1,000(한부모공제) + 1,000(경로우대공제) + 2,000(장애인공제) = 4,000

3) 인적공제액 = 1) + 2) = 10,000

❷ 의료비세액공제액을 계산한다.

1) 의료비세액공제 대상액 = 500 + {7,000 - (65,000 × 3%)} = 5,550

[참고] 안경구입비는 500천원을 한도로 한다.

2) 의료비세액공제액 = 5,550 × 15% = 832.5

25 세금설계 | 결손금 및 이월결손금의 계산

정답 : ①
웹 p.125 ㉑ p.127-03번

❶ 종합소득금액을 계산한다.

임대사업소득금액		24,000
− 일반사업소득금액 결손금[1]	−	4,000
− 임대사업소득금액 이월결손금[2]	−	2,000
− 일반사업소득금액 이월결손금[2]	−	4,000
+ 이자소득금액	+	25,000
+ 기타소득금액	+	8,000
− 기타소득금액 이월결손금	−	7,000
= 종합소득금액	=	40,000

[1] 일반사업소득금액에서 발생한 결손금은 상가임대사업소득금액에서 통산 가능하다.

[2] 결손금과 이월결손금이 있는 경우 결손금을 먼저 공제한 후 이월결손금을 공제한다.

❷ 과세표준을 계산한다.

종합소득금액		40,000
− 종합소득공제액	−	10,000
= 종합소득 과세표준	=	30,000

⑱ p.126 ㉑ p.151-20번

❶ 유종진씨와 나서현씨의 연금계좌세액공제 공제율을 구한다.

종합소득금액(총급여액)	연금저축한도(퇴직연금 포함 통합 한도)	공제율
4,500만원(5,500만원) 이하	600만원(900만원)	15%
4,500만원(5,500만원) 초과		12%

1) 유종진씨(총급여 55,000천원 초과) : 12%
2) 나서현씨(총급여 55,000천원 이하) : 15%

❷ 각 사례별 연금계좌세액공제액을 계산한다.

가. $(6,000^{1)} + 2,000) \times 12\% = 960$
   1) 연금저축한도 6,000천원
나. $(2,000 \times 15\%) + \{(3,000 + 3,000) \times 12\%\} = 1,020$
다. $7,000 \times 15\% = 1,050$

---

⑱ p.127 ㉑ p.295-07번

① [X] 포괄유증 및 법정상속으로 상속지분이 결정되었다고 해서 상속재산이 상속인이나 유증받는 자의 소유로 완전히 귀속되는 것은 아니며, 공동상속인과 포괄유증을 받은 자들에 의해 함께 공유가 되고 개별적으로 분할하기 전까지는 공동소유이다.
② [X] 상속인들은 공동상속재산에 대해 과반수의 동의가 있으면 임대차 등 관리행위를 할 수 있다.
③ [X] 상속재산을 분할함에 있어 공동상속인은 언제든지 협의로 상속재산을 분할할 수 있으나, 유언에 의한 분할방법의 지정이나 분할금지가 없는 경우에 한한다.
④ [O] 상속재산분할에 관하여 정해진 법정기간이 없고, 상속이 발생한 이후라면 언제든지 상속인간 상속재산분할이 가능하다.
⑤ [X] 상속재산의 분할은 원칙적으로 상속분, 유증받을 지분에 맞게 분할되어야 하나 반드시 상속분과 분할재산의 비율이 일치해야 할 필요는 없으며, 분할협의 과정에서 상속인이나 유증받을 자는 자신의 지분을 일부 양보할 수 있고 일부 상속인이나 유증받을 자는 자신의 지분보다 더 많은 상속재산을 받을 수도 있다.

---

⑱ p.127 ㉑ p.162-08번

❶ 다음의 재산처분액은 상속재산으로 추정한다.

• 상속개시일 전 1년 이내에 2억원 이상의 대금을 처분하거나 인출한 경우
• 상속개시일 전 2년 이내에 5억원 이상의 대금을 처분하거나 인출한 경우

1) 1년 이내 250,000천원의 대금으로 처분한 상가의 추정상속재산가액은 50,000천원이다.
   $250,000 - 150,000 - Min[250,000 \times 20\%, 200,000] = 50,000$
2) 2년 이내 250,000천원과 180,000천원의 대금으로 처분한 상가와 토지는 5억원을 넘지 않으므로 추정상속재산가액에 포함되지 않는다.

❷ 다음의 채무부담액은 상속재산으로 추정한다.

• 상속개시일 전 1년 이내에 2억원 이상의 채무를 부담한 경우
• 상속개시일 전 2년 이내에 5억원 이상의 채무를 부담한 경우

1) 대출 A는 차입일이 상속개시일로부터 2년 전이므로 채무부담액이 추정상속재산가액에 포함되지 않는다.
2) 1년 이내 350,000천원을 차입한 대출 B의 추정상속재산가액은 없다.
   $250,000 - 200,000 - Min[250,000 \times 20\%, 200,000] = 0$

❸ ❶과 ❷를 합산하여 이현주씨의 총 추정상속재산가액을 구한다.
$50,000 + 0 = 50,000$

㉫ p.128 ㉮ p.368-19번

납부할 증여세액은 산출세액에서 세액공제를 차감하고 가산세를 가산하여 구한다.

❶ **증여세 과세가액에 가산되는 증여재산 가산금액을 찾는다.**

  1) 해당 증여일로부터 10년 이내에 아버지와 동일인(증여자가 직계존속인 경우 그 직계존속의 배우자 포함)이 증여한 재산가액과 금번 증여재산가액의 합이 1,000만원 이상인 경우 그 가액을 증여세 과세가액에 가산한다.

  2) 2021년 5월 10일에 어머니가 증여한 1억원은 증여세 과세가액에 포함된다.

  3) 2020년 6월 20일에 아버지가 증여한 창업자금 증여세 과세특례 30억원은 증여세 과세가액에 포함되지 않는다.

    [참고] 창업자금·가업승계 과세특례를 적용받은 증여재산은 다른 일반증여재산에 합산하지 않는다.

❷ **금번 증여의 증여재산공제액을 구한다.**

  1) 2012년에 할아버지에게 증여받았을 때는 증여재산공제 3,000만원을 적용받았고, 2021년에 어머니에게 증여받았을 때는 할아버지의 증여로부터 10년이 경과하지 않았으므로 증여재산공제를 2,000만원 적용받는다.

    [참고] 성년자가 직계존속으로부터 받은 증여의 증여재산공제액은 2013년 12월 31일까지의 증여에 대하여 3,000만원이 적용되고, 2014년 1월 1일부터의 증여에 대하여 5,000만원이 적용된다.

  2) 금번 증여로부터 10년 이내의 직계존속에 대한 증여재산공제는 2021년 어머니에게 증여받은 때의 2,000만원뿐이므로 금번 증여를 통해 직계존속에 대한 3,000만원의 증여재산공제가 가능하다.

  3) 따라서 증여재산공제액은 어머니 2,000만원, 아버지 3,000만원을 합산한 5,000만원이다.

❸ **증여세 과세흐름에 의해 납부할 세액을 계산한다.**

			금액	설명
	증여재산가액		500,000	
+	증여재산 가산금액	+	100,000	2021년 5월 10일 어머니에게 증여받은 100,000천원
=	과세가액	=	600,000	
−	증여재산공제	−	50,000	직계존속으로부터 받은 증여의 증여재산공제 50,000천원
=	과세표준	=	550,000	
×	세 율	×	30% − 60,000	과세표준 5억원 초과 10억원 이하
=	산출세액	=	105,000	
−	납부세액공제	−	8,000	2021년 어머니로부터 받은 증여의 산출세액(80,000 × 10%)
−	신고세액공제	−	2,910	(105,000 − 8,000) × 3%
=	납부할 세액	=	94,090	

(납부세액공제 설명 아래 화살표 주석: 과세표준 ↗, 세율 ↖)

㉫ p.129 ㉮ p.169-13번

❶ **갑과 을이 특수관계자일 경우와 특수관계자가 아닌 경우 각각 증여세 과세대상에 해당하는지 확인한다.**

  1) 특수관계인 간의 거래

> 시가와 대가의 차액이 시가의 30% 이상이거나 3억원 이상인 경우 증여로 본다.

  시가(900,000) − 대가(500,000) ≥ Max[시가(900,000) × 30%, 300,000]

  ∴ 증여세 과세대상이다.

  2) 특수관계인이 아닌 자 간의 거래

> 시가와 대가의 차액이 시가의 30% 이상인 경우 증여로 추정한다.
> [참고] 위 요건이 충족되면 증여재산가액으로 추정되는 것이므로 그 대가가 정당하다고 입증되면 증여재산가액으로 보지 않는다.

  시가(900,000) − 대가(500,000) ≥ 시가(900,000) × 30%

  ∴ 증여세 과세대상이다.

❷ **저가양수에 따른 이익의 증여에 대한 증여재산가액을 구한다.**

> • 특수관계자일 경우 : 시가와 대가의 차액 − Min[시가 × 30%, 3억원]
> • 특수관계자가 아닌 경우 : 시가와 대가의 차액 − 3억원

  1) 특수관계자일 경우의 증여재산가액

    시가(900,000) − 대가(500,000) − Min[시가(900,000) × 30%, 300,000] = 130,000

  2) 특수관계자가 아닐 경우의 증여재산가액

    시가(900,000) − 대가(500,000) − 300,000 = 100,000

복합사례 TEST 1

복합사례 I (원론·보험·투자·세금)

01 ④	02 ④	03 ⑤	04 ④	05 ⑤	06 ②	07 ③	08 ③	09 ④	10 ③

복합사례 II (보험·부동산·은퇴·상속)

11 ③	12 ⑤	13 ⑤	14 ③	15 ③	16 ⑤	17 ②	18 ③	19 ②	20 ②

복합사례 III (원론·투자·은퇴·세금)

21 ②	22 ④	23 ⑤	24 ⑤	25 ①	26 ⑤	27 ④	28 ④	29 ④	30 ④

복합사례 I (원론·보험·투자·세금)

01 재무설계 원론 | 대출잔액 계산 및 상환금에 대한 분석
정답 : ④

필요정보 III. 경제지표 가정, IV. 자산 세부내역_3. 부채   원 p.138 ㉑ p.252-02번

가. [O] 2023년 12월 말 현재 25회를 상환하였으며, 주택담보대출 잔액은 95,130천원이다.
　　　PV 100,000, N 20 × 12, I/Y 7.5/12, CPT PMT(E) = 805.593(STO1)
　　　[2ND AMORT] P1 1, P2 <u>25</u>, BAL = 95,129.760(대출잔액)(STO2)
　　　　　　↳ 2021년 12월(1회차), 2022년 1~12월(2~13회차), 2023년 1~12월(14~25회차)

나. [O] 2023년 12월 말 현재까지 상환한 대출원금은 4,870천원이다.
　　　[2ND AMORT] P1 1, P2 25, PRN = 4,870.240(원금상환액)

다. [X] 김상민씨의 주거관련부채상환비율은 18.59%로 가이드라인인 28%보다 낮다.

주거관련부채상환비율 = 주거관련부채상환액 ÷ 월 총수입

　　1) 월 총수입액을 구한다.
　　　52,000 ÷ 12 = 4,333.33
　　2) 주거관련부채상환비율을 구한다.
　　　주거관련부채상환비율 = 805.593(RCL1) ÷ 4,333.33 = 18.59%

라. [O] 대출이율이 동일하고 그 이율이 물가상승률보다 높으면 상환금액의 현재가치를 기준으로(25회 상환) 원리금균등상환방식이 만기일시상환방식보다 유리하다.
　　1) 이율전환(연이율 → 월이율)을 한다.
　　　PV -100, N 12, FV 103, CPT I/Y = 0.247(STO7)
　　2) 원리금균등분할상환방식
　　　PMT(E) 805.593(RCL1), N 240 - 25, I/Y 0.247(RCL7), CPT PV = 134,302.037
　　3) 만기일시상환방식
　　　PMT(E) <u>594.561</u>, FV 95,129.760(RCL2), N 240 - 25, I/Y 0.247(RCL7), CPT PV = 155,136.962
　　　　↳ 월이자상환액 : 95,129.760(대출잔액) × 0.075/12 = 594.561

　　[참고] 대출이율이 동일하고 그 이율이 물가상승률보다 높다면, 현재물가기준으로 비교했을 때 항상 원리금균등상환방식이 만기일시상환방식보다 유리하다.

(필요정보) Ⅰ. 고객정보, Ⅳ. 자산 세부내역_1. 금융자산,   團 p.138 ㉑ p.196-02번
     Ⅴ. 자녀교육 및 결혼비용 관련 정보_1. 자녀교육 관련 정보

❶ 김정훈과 김미정의 나이를 기준으로 time table을 그린다.

	현재시점	김정훈 입학	김미정 입학	김정훈 졸업	김미정 졸업
		14년	2년	2년	2년
김정훈씨 5세 김미정씨 3세		19세 17세	21세 19세	23세 21세	25세 23세
교육자금	0	12,000	24,000	12,000	

❷ 김정훈의 대학입학시점에서 필요한 교육자금 일시금을 구한다.

[방법1]

매 기간의 필요 교육자금을 현재시점의 일시금으로 계산하여 투자수익률로 할증한다.

CF0 0, C01 0 (13), C02 12,000 (2), C03 24,000 (2), C04 12,000 (2),
I (2 − 3.5)/1.035, NPV CPT = 122,176.673
→ 122,176.673 × 1.02^{14} = 161,209.526(STO1)

[방법2]

교육자금이 현재시점에 필요하다고 가정하고 일시금을 계산하여 대학교육비상승률로 할증한다. (대학입학시점을 현재시점으로 가정)

CF0 12,000, C01 12,000 (1), C02 24,000 (2), C03 12,000 (2),
I (2 − 3.5)/1.035, NPV CPT = 99,592.309
→ 99,592.309 × 1.035^{14} = 161,209.526(STO1)

❸ 김정훈의 대학입학시점에서 준비된 교육자금을 구한다.

22,000 × 1.02^{14} = 29,028.533(STO2)

❹ 대학입학시점에서 부족한 교육자금을 구한다.

161,209.526(RCL1) − 29,028.533(RCL2) = 132,180.993

❺ 부족한 교육자금을 위한 추가저축액을 구한다.

FV 132,180.993, N 14, I/Y 5.5, CPT PV = 62,464.688
→ [2ND CLR TVM] PV 62,464.688, N 14, I/Y (5.5 − 3.5)/1.035, CPT PMT(E) = 5,135.179
→ <u>5,135.179 × 1.035</u> = 5,314.910

     ↳ 기말 증액저축이므로 PMT(E)값에 '1 + 증액률'을 곱해준다.

(필요정보) Ⅰ. 고객정보, Ⅲ. 경제지표 가정, Ⅳ. 자산 세부내역_1. 금융자산,   團 p.139 ㉑ p.19-14번
     Ⅴ. 자녀교육 및 결혼비용 관련 정보_2. 자녀결혼 관련 정보

❶ 현재시점에서 필요한 두 자녀의 결혼자금 일시금을 구한다.

CF0 0, C01 0 (24), C02 100,000 (1), C03 0 (1), C04 100,000 (1),
I (6 − 3)/1.03, NPV CPT = 94,847.154

❷ 김미정의 결혼시점에서 필요한 결혼자금 일시금을 구한다.

94,847.154 × 1.06^{25} = 407,071.724(STO1)

❸ 결혼 준비자금인 주식형펀드의 미래가치를 구한다.

42,000 × 1.06^{25} = 180,258.570(STO2)

❹ ❷에서 ❸을 차감하여 김미정의 결혼시점에서 부족한 결혼자금을 구한다.

407,071.724(RCL1) − 180,258.570(RCL2) = 226,813.154(STO3)

❺ 부족한 결혼자금을 위한 추가저축액을 구한다.

1) 이율전환(연이율 → 월이율)을 한다.
     PV −100, N 12, FV 106, CPT I/Y = 0.487(STO7)
2) 추가저축액을 구한다.
     FV 226,813.154(RCL3), N 25 × 12, I/Y 0.487(RCL7), CPT PMT(E) = 335.379

❻ 보기를 읽으며 O, X를 표시한다.
① [X] 주식형펀드의 결혼시점 가치는 180,259천원으로 결혼자금 407,072천원에 미달한다.
② [X] 현재시점에서 필요한 두 자녀의 결혼자금 일시금은 94,847천원이다.
③ [X] 김미정의 결혼시점에서 필요한 결혼자금 일시금은 407,072천원이다.
④ [X] 김미정의 결혼시점에서 226,813천원이 부족하므로 매월 말 335천원을 저축해야 한다.
⑤ [O] 김미정의 결혼시점에서 226,813천원이 부족하므로 매월 말 335천원을 저축해야 한다.

---

04 투자설계 | 펀드의 위험조정 성과평가

정답 : ④

필요정보 이 유형은 보통 문제에서 주어진 정보로 푼다.

핵 p.139 기 p.204-08번

❶ 샤프척도와 트레이너척도를 계산하는 공식은 아래와 같다.

• 샤프척도 $= \dfrac{\text{펀드의 연평균수익률} - \text{무위험수익률}}{\text{펀드의 표준편차}}$	• 트레이너척도 $= \dfrac{\text{펀드의 연평균수익률} - \text{무위험수익률}}{\text{베타}}$
• 샤프척도 : 총위험 한 단위당 실현된 초과수익률	• 트레이너척도 : 체계적 위험 한 단위당 실현된 초과수익률

❷ 보기를 읽으며 O, X를 표시한다.
① [O] 샤프척도는 자본시장선의 원리를 이용하여 포트폴리오 성과를 측정한다.
② [O] 트레이너척도는 0.067이며 그 값이 클수록 투자기간 중 포트폴리오 성과가 우월한 것으로 판단한다.
   트레이너척도 = (6.8% - 1.8%)/0.75 = 0.067
③ [O] 트레이너척도는 수많은 자산군에 분산투자하여 체계적 위험만을 부담하는 대규모 연기금에 적합하다. 몇 개의 펀드에 분산투자하는 개인투자자의 경우 총위험을 적용하는 샤프척도를 더 많이 사용한다.
④ [X] 샤프척도는 0.543이며 총위험 한 단위당 실현된 초과수익률을 의미한다.
   샤프척도 = (6.8% - 1.8%)/9.2% = 0.543
⑤ [O] 샤프척도는 펀드의 운용능력을 평가하는 용도로 사용하며 지수가 클수록 운용능력이 우수한 것으로 평가한다.

---

05 투자설계 | 주식의 가치평가

정답 : ⑤

필요정보 이 유형은 보통 문제에서 주어진 정보로 푼다.

핵 p.140 기 p.203-07번

❶ 요구수익률(k)과 잠재성장률(g)을 계산한다.

• 요구수익률(k) = 실질무위험수익률 + 물가상승률 + 위험프리미엄 = 명목무위험수익률 + 위험프리미엄
• 잠재성장률(g) = ROE × 내부유보율 = ROE × (1 - 배당성향)

1) 요구수익률(k) = 10% + 3% + 2% = 15%
2) 잠재성장률(g) = 6% × (1 - 0.4) = 3.6%

❷ 보기를 읽으며 O, X를 표시한다.
① [O] A기업의 요구수익률은 15%이고, 앞으로 3.6%로 성장할 것으로 예상된다.
② [O] 산업평균 PER이 4.2라면 2024년 주당순이익 기준 적정주가는 50,400원이다.
   2024년 주당순이익 기준 적정주가 = 4.2 × 12,000 = 50,400
③ [O] 2025년 해당 주식의 주가가 43,500원이라면 2025년의 PER은 3.76으로 추정된다.
   PER = 43,500/12,000 × (1 + 3.6%) = 3.76
   ↳ 주가/주당순이익(EPS)
④ [O] 2025년 해당 주식의 주당순이익은 12,432원으로 추정된다.
   2025년 주당순이익(EPS) = 12,000 × (1 + 3.6%) = 12,432
⑤ [X] 2024년 배당액이 2,000원이라면 2024년의 주가는 18,175원으로 추정된다.
   2024년 주가(V_0) = 2,000 × (1 + 3.6%)/(15% - 3.6%) = 18,175

(필요정보) Ⅰ. 고객정보, Ⅲ. 경제지표 가정, Ⅳ. 자산 세부내역_2. 보장성보험(생명보험), 3. 부채,   ⓔ p.141 ㉑ p.177-01번
           Ⅴ. 자녀교육 및 결혼비용 관련 정보

❶ 김정훈씨와 김미정씨의 나이를 기준으로 time table을 그려 각 구간마다 필요한 자금과 기간을 구한다.

	현재시점		김정훈 대학입학		김미정 대학입학		김정훈 대학졸업		김미정 대학졸업		김미정 결혼		김정훈 결혼	
		14년		2년		2년		2년		5년		1년	1년	1년	
김정훈씨	5세		19세		21세		23세		25세		30세	31세	32세	33세
김미정씨	3세		17세		19세		21세		23세		28세	29세	30세	31세
교육자금(3.5%)	0		12,000		24,000		12,000		0		0	0	0	
결혼자금(3%)	0		0		0		0		0		100,000	0	100,000	

1) 김정훈씨와 김미정씨의 대학 교육자금의 일시금을 구한다.
   CF0 0, C01 0 (13), C02 12,000 (2), C03 24,000 (2), C04 12,000 (2), I (6 − 3.5)/1.035,
   NPV CPT = 64,791.573(STO1)
2) 김정훈씨와 김미정씨의 결혼자금의 일시금을 구한다.
   CF0 0, C01 0 (24), C02 100,000 (1), C03 0 (1), C04 100,000 (1), I (6 − 3)/1.03,
   NPV CPT = 94,847.154(STO2)

❷ 막내 독립 전 생활비 일시금을 구한다.
   CF0 24,000, C01 24,000 (24), I (6 − 3)/1.03, NPV CPT = 434,305.413(STO3)
      ↳ 30,000(가족생활비) − 6,000(유족연금)

❸ 주택담보대출의 미상환잔액을 구한다.
   PV 100,000, N 20 × 12, I/Y 7.5/12, CPT PMT(E) = 805.593
   [2ND CLR TVM]을 하지 않은 상태에서 N 25, CPT FV = 95,129.760(STO4)
             ↳ 2021년 12월(1회차), 2022년 1월 ~ 2023년 12월(2 ~ 25회차)

❹ 총필요자금을 구한다.
   64,791.573(RCL1) + 94,847.154(RCL2) + 434,305.413(RCL3) + 95,129.760(RCL4) = 689,073.901(STO5)

❺ 준비자금을 구한다.
   200,000 + 50,000 = 250,000
   ↳ 종신보험(주계약)   ↳ 종신보험(60세 만기특약)

❻ 필요자금에서 준비자금을 차감하여 추가로 필요한 생명보험 필요보장액을 구한다.
   689,073.901(RCL5) − 250,000.000 = 439,073.901

(필요정보) Ⅳ. 자산 세부내역_2. 보장성보험(주택화재보험)   ⓔ p.142 ㉑ p.28-05번

❶ 화재보험의 보험금 지급방법을 확인한다.
1) 대상 물건이 주택건물이므로 부보비율 조건부 실손보상조항(Coinsurance)이 적용된다.
   [참고] coin 적용 : 주택, 일반물건(점포)
          coin 미적용 : 공장, 일반물건(재고자산)
2) 보험가입금액이 보험가액의 80%를 초과하므로 재산손해액 전액을 보상한다.

❷ 잔존물제거비용에 대한 보험금과 가입금액 한도를 감안하여 지급받을 수 있는 보험금을 계산한다.

재산손해액		50,000	보험가입금액이 보험가액 80%를 초과하여 전액보상	
+ 잔존물제거비용	+	5,000	7,000 ← 재산손해액의 10%(= 5,000) 한도	
= 합 계	=	55,000	55,000 ← 300,000(보험가입금액 한도 이내)	
+ 손해방지비용	+	5,000	5,000 ← 보험가입금액이 보험가액 80%를 초과하여 전액보상	
+ 기타협력비용	+	5,000	5,000 ← 전액보상	
= 총보험금	=	65,000		

(필요정보) 이 유형은 보통 문제에서 주어진 정보로 푼다. ⓑ p.142 ⑦ p.255-04번

자동차보험의 사망보험금 계산문제는 장례비, 위자료, 상실수익액을 모두 더하여 최종 보험금을 산정하며, 사망자의 과실비율이 있을 경우 이를 상계하여 최종보험금을 산정한다.

❶ **장례비를 구한다.**
소득, 연령, 기·미혼 여부, 자녀의 수에 관계없이 5,000천원을 지급한다.

❷ **위자료를 구한다.**

> • 65세 미만 → 80,000천원
> • 65세 이상 → 50,000천원

김상민씨는 65세 미만이므로 위자료로 80,000천원을 지급한다.

❸ **상실수익액을 구한다.**
1) 취업가능월수(정년까지 월수)를 구한다.

> 취업가능월수(정년까지 월수) = (출생연월일 + 정년) - 사고연월일

취업가능월수(정년까지 월수) = (1988년 4월 21일 + 65세) - 2024년 9월 10일 = 343개월(월 미만 절사)
2) 월평균 현실소득액에서 사망자의 생활비(1/3)를 공제하여 상실수익액을 구한다.

> 상실수익액 = 월평균 현실소득액 × 2/3 × 취업가능월수에 해당하는 호프만계수

상실수익액 = 4,000 × 2/3 × 212.7177 = 567,247.200

❹ **'❶, ❷, ❸'을 모두 합한 후 과실비율(20%)을 적용하여 최종보험금을 구한다.**
(5,000 + 80,000 + 567,247.200) × (1 - 0.2) = 521,797.760

(필요정보) Ⅰ. 고객정보, Ⅳ. 자산 세부내역_2. 보장성보험 ⓑ p.143 ⑦ p.238-07번

❶ **인적공제액을 계산한다.**
1) 기본공제액 = 1,500 × 7명(본인, 배우자, 아들, 딸, 아버지, 어머니, 동생) = 10,500
[참고] 주거환경상 별거하고 있는 직계존속과 질병의 요양상 일시퇴거한 장애인인 동생은 기본공제대상자에 해당한다.
2) 추가공제액 = 2,000(장애인공제) + 1,000(경로우대공제) = 3,000
3) 인적공제 = 1) + 2) = 13,500

❷ **물적공제액을 계산한다.**
1) 연금보험료 공제액 = 150
2) 건강보험료 등 특별소득공제액 = 60
3) 물적공제액 = 1) + 2) = 210

❸ **보험료세액공제액, 의료비세액공제액, 교육비세액공제액을 계산한다.**
1) 보험료세액공제액 = Min[2,774[1], 1,000] × 12% = 120
[1] (172 + 32 + 23) × 12 + 50 = 2,774
~~종신보험~~ ↗ ~~암보험~~ ↗ ~~암보험~~ ↖ ~~주택화재보험~~
2) 의료비세액공제액 = [5,000 + 600 + {500[2] - (65,000 × 3%)}] × 15% = 622.5
[2] 시력보정용 안경 구입비용은 1인당 연 50만원 한도
3) 교육비세액공제액 = (200 + 160) × 15% = 54
[참고] 대학원 등록비는 본인에 대해서만 세액공제하므로, 배우자의 대학원 등록비는 교육비세액공제가 불가능하다.

❹ **종합소득공제액과 특별세액공제액을 구한다.**
1) 종합소득공제액 = 13,500(❶) + 210(❷) = 13,710
2) 특별세액공제액 = 120 + 622.5 + 54 = 796.5(❸)

필요정보 이 유형은 보통 문제에서 주어진 정보로 푼다.

® p.144 ② p.187-09번

① [X] 판매장려금은 총수입금액에 해당하므로, 사업소득금액을 계산하기 위한 총수입금액은 5,500천원이다.

② [X] 15년(2008년 이전 발생분은 5년, 2009년부터 2019년 발생분은 10년) 이내에 발생한 이월결손금은 종합소득금액 계산 시 공제 가능하다.

③ [O] 사업용 자산의 손해보험료[1]는 사업소득금액 계산 시 필요경비에 산입된다.

  [1] 적립보험료 부분은 제외함

④ [X] 김정한씨의 사업소득금액 계산 시 필요경비불산입액은 300천원(기업업무추진비 한도초과액)이다.

  [참고] 복식부기의무자의 유형자산 처분손익은 사업소득금액에 해당한다.

⑤ [X] 추계에 의하여 장부를 작성할 경우 이월결손금 공제를 받을 수 없다.

11 위험관리와 보험설계 | 생활 가능한 유지 기간 계산

정답 : ③

필요정보 II. 자산 세부내역_1. 금융자산, 3. 보장성보험(생명보험)　　　　　⑱ p.149 ㉑ p.39-12번

❶ 필요자금(부채 + 사후정리비용)을 구한다.

	장례비		18,000
+	최후의료비	+	25,000
+	사후조정자금	+	45,000
+	상속처리비용	+	350,000
=	필요자금	=	438,000

❷ 현재 활용 가능한 유동자산(일반사망보험금 + 목적 없는 유동자산)을 구한다.

	일반사망보험금	550,000	종신보험(500,000 + 50,000)
+	목적 없는 유동자산	+ 127,652	CMA(86,200) + 정기예금(41,452)
=	준비된 유동자산	= 677,652	

❸ ❶에서 ❷를 차감하여 추가적인 생명보험 필요보장액을 구한다.

438,000 − 677,652 = −239,652

∴ 현재 활용 가능한 유동자산이 필요자금을 239,652천원 정도 초과하기 때문에 추가적인 보장이 필요 없다.

12 위험관리와 보험설계 | 자동차보험의 지급보험금(후유장해 시)

정답 : ⑤

필요정보 이 유형은 보통 문제에서 주어진 정보로 푼다.　　　　　⑱ p.150 ㉑ p.268-01번

① [X] 박현우씨의 차량이 가해차량의 과실로 파손된 경우 가해자의 과실비율이 70%이므로 가해차량의 대물배상에서 수리비용의 최대 70%까지 보상받을 수 있다.

② [X] 차량의 수리비용으로 7,000천원이 발생했다면 자동차 시세하락 손해로 1,050천원을 보상받을 수 있다.

　　1) 사고로 인한 자동차가 출고 후 5년 이하인 자동차에 해당하고 수리비용이 사고 직전 자동차가액의 20%를 초과하는 경우 다음의 인정기준액을 경과기간에 따라 지급한다.

> • 출고 후 1년 이하인 자동차 : 수리비용의 20%
> • 출고 후 1년 초과 2년 이하인 자동차 : 수리비용의 15%
> • 출고 후 2년 초과 5년 이하인 자동차 : 수리비용의 10%

　　2) 수리비용(7,000천원)이 사고 직전 자동차가액의 20%(25,000 × 20% = 5,000천원)를 초과하고, 출고 후 1년이 초과되었으므로 1,050천원(= 7,000 × 15%)을 보상받을 수 있다.

③ [X] 노동능력상실률이 35% 이상 45% 미만인 경우 후유장해에 따른 위자료는 2,400천원이다.

> • 노동능력상실률 50% 미만인 자
> - 45% 이상 50% 미만 : 4,000천원
> - 35% 이상 45% 미만 : 2,400천원
> - 27% 이상 35% 미만 : 2,000천원

④ [X] 상실수익액 산정 시 호프만계수를 사용하여 계산한다.

⑤ [O] 박현우씨의 후유장애에 따라 가해차량의 보험사로부터 지급받을 수 있는 후유장해보험금은 195,254천원이다.

　　1) 취업가능월수(정년까지 월수)를 구한다.

> 취업가능월수(정년까지 월수) = (출생연월일 + 정년) − 사고연월일

　　취업가능월수(정년까지 월수) = (1974년 3월 15일 + 65세) − 2024년 5월 6일 = 178개월(월 미만 절사)

　　2) 상실수익액을 구한다.

> 상실수익액 = 월평균 현실소득액 × 노동능력상실률 × 취업가능월수에 해당하는 호프만계수

　　상실수익액 = 5,200 × 40% × 132.9495 = 276,534.960

　　3) 상실수익액과 위자료를 합한 후 과실비율을 적용하여 후유장해보험금을 구한다.

　　(276,534.960 + 2,400) × (1 − 30%) = 195,254.472
　　　　　　　　　↳ 위자료

(필요정보) Ⅱ. 자산 세부내역_3. 보장성보험(주택화재보험) (해) p.151 (기) p.28–05번

❶ 화재보험의 보험금 지급방법을 확인한다.

1) 대상 물건이 주택건물이므로 부보비율 조건부 실손보상조항(Coinsurance)이 적용된다.

[참고] coin 적용 : 주택, 일반물건(점포)

coin 미적용 : 공장, 일반물건(재고자산)

2) 보험가입금액이 보험가액의 80% 미만이므로 재산손해액은 비례보상 한다.

❷ 잔존물제거비용에 대한 보험금과 가입금액 한도를 감안하여 지급받을 수 있는 보험금을 계산한다.

재산손해액		75,000	120,000 × 200,000/(400,000 × 80%)
+	잔존물제거비용	+ 6,250	10,000 × 200,000/(400,000 × 80%)← 재산손해액의 10%(= 12,000) 한도 이내
=	합 계	= 81,250	200,000천원(보험가입금액 한도 이내)
+	기타협력비용	+ 5,000	전액보상
=	총보험금	= 86,250	

(필요정보) Ⅰ. 고객정보_1. 동거가족, Ⅱ. 자산 세부내역_1. 금융자산, Ⅲ. 재무목표_3. 은퇴설계 관련 (해) p.152 (기) p.93–02번

❶ 은퇴시점의 연금적립금을 구한다.

1) 이율전환(연이율 → 월이율)을 한다.

PV −100, FV 105.5, N 12, CPT I/Y = 0.447(STO7)

2) 은퇴시점의 연금적립금을 계산한다.

PMT(E) 500, N 20 × 12, I/Y 0.447(RCL7), CPT FV = 214,432.761(STO1)

❷ 연금지급기간 중 연간 연금 수령액을 구한다.

PV 214,432.761(RCL1), N 20, I/Y 5.5, CPT PMT(B) = 17,008.142

(필요정보) Ⅰ. 고객정보_1. 동거가족, Ⅱ. 자산 세부내역_1. 금융자산, 4. 국민연금, (해) p.152 (기) p.100–06번
Ⅲ. 재무목표_3. 은퇴설계 관련, Ⅳ. 경제지표 가정

❶ 현재시점, 은퇴시점, 사망시점을 기준으로 time table을 그려서 연간 은퇴소득 부족분을 계산한다.

	현재시점		은퇴시점		박현철씨 사망
	박현철씨 51세	14년	65세	25년	90세
목표은퇴소득	0		45,000		
− 국민연금	− 0		− 12,000		
= 은퇴소득 부족분	= 0		= 33,000		

❷ 은퇴 첫해 은퇴소득 부족분에 은퇴소득 인출률을 적용해 총은퇴일시금을 구한다.

1) 은퇴시점 물가기준으로 평가한 첫해 은퇴소득 부족금액을 계산한다.

$\underline{33,000} \times 1.03^{14}$ = 49,915.461

↳ 현재물가기준 금액

2) 은퇴소득 인출률을 적용해 총은퇴일시금을 계산한다.

49,915.461 ÷ 0.045 = 1,109,232.465(STO2)

❸ 은퇴시점에서 부족한 은퇴일시금을 구한다.

1,109,232.465(RCL2) − $\underline{214,432.761}$(RCL1) = 894,799.704

↳ 14번 문제에서 계산한 은퇴시점의 (변액)연금보험 연금적립금 평가액

> (필요정보) Ⅰ. 고객정보_1. 동거가족, Ⅲ. 재무목표_3. 은퇴설계 관련   ⓑ p.152 ㉑ p.101-07번

❶ 첫해의 연간 저축액을 계산한다.

     PV 900,000/1.07¹⁴, N 14, I/Y (7 - 4)/1.04, CPT <u>PMT(B)</u> = 29,796.794(STO1)

                          ↳ 저축 여력 증가율   ↳ 매년 초 증액하므로 기시금 증액저축액을 계산한다.

❷ 저축 첫해의 매월 저축액을 계산한다.

     1) 이율전환(연복리 → 월복리)을 한다.

       PV -100, FV 107, N 12, CPT I/Y = 0.565(STO7)

     2) 저축 첫해 매월 저축액(정액)을 계산한다.

       PV 29,796.794(RCL1), N 12, I/Y 0.565(RCL7), CPT <u>PMT(E)</u> = 2,575.267

                                  ↳ 같은 해 안에서의 매월 말 정액저축액을 계산한다.

> (필요정보) 이 유형은 보통 문제에서 주어진 정보로 푼다.   ⓑ p.153 ㉑ p.181-04번

❶ 직접환원법에 의한 수익가치는 다음과 같이 계산한다.

> 수익가치 = 순영업소득(NOI) ÷ 환원율(자본환원율)

❷ 보기를 읽으며 O, X를 표시한다.

     ① [X] 서은영씨가 상가 G 투자 시 생각하는 요구수익률이 연 4.0%일 경우 매도인이 제시하는 금액으로 매수한다면 250,000천원의 이익이 발생한다.

       1) 수익가치 = <u>30,000</u>/0.04 = 750,000

               ↳ 연간 순영업소득(= 2,500천원 × 12개월)

       2) 수익가치는 750,000천원이므로 250,000천원(= 750,000 - 500,000)의 이익이 발생한다.

     ② [O] 서은영씨가 상가 G 투자 시 생각하는 요구수익률이 연 5.0%일 경우 매도인이 제시하는 금액으로 매수한다면 100,000천원의 이익이 발생한다.

       1) 수익가치 = 30,000/0.05 = 600,000

       2) 수익가치는 600,000천원이므로 100,000천원(= 600,000 - 500,000)의 이익이 발생한다.

     ③ [X] 서은영씨가 상가 G 투자 시 생각하는 요구수익률이 연 6.0%일 경우 매도인이 제시하는 금액으로 매수한다면 아무런 손해가 발생하지 않는다.

       1) 수익가치 = 30,000/0.06 = 500,000

       2) 수익가치는 500,000천원이므로 아무런 손익이 발생하지 않는다.

     ④ [X] 서은영씨가 상가 G 투자 시 생각하는 요구수익률이 연 8.0%일 경우 수익가치는 375,000천원이다.

       수익가치 = 30,000/0.08 = 375,000

     ⑤ [X] 서은영씨가 상가 G 투자 시 생각하는 요구수익률이 연 10%일 경우 수익가치는 300,000천원이다.

       수익가치 = 30,000/0.1 = 300,000

> (필요정보) 이 유형은 보통 문제에서 주어진 정보로 푼다.   ⓑ p.154

❶ 개발을 예상할 경우 다세대주택에 대한 자기자본 투자금액(건축비)을 구한다.

     <u>1,600㎡</u> × 850 = 1,360,000

         ↳ 건축물연면적(= 800㎡ × 200%)

     [참고] 건축물연면적 = 대지면적 × 용적률

❷ 토지를 다세대주택으로 개발할 경우 예상되는 순영업수익을 구한다.

     (1,600㎡ × 15 × 12) + (1,600㎡ × 250 × 0.055) = 310,000

❸ 토지를 다세대주택으로 개발할 경우 5년 후 예상되는 매각금액을 구한다.

     310,000/0.08 = 3,875,000

❹ 5년간 세전현금흐름의 현가를 이용하여 다세대주택의 투자가치 현가를 구한다.

     CF0 0, C01 310,000 (4), C02 310,000 + 3,875,000 (1), I 6, NPV CPT = 4,201,458.193

❺ ❹에서 ❶을 차감하여 토지의 자기자본 투자가치를 구한다.

     4,201,458.193 - 1,360,000 = 2,841,458.193

필요정보 Ⅰ. 고객정보, Ⅲ. 재무목표_4. 상속설계 관련   ⑭ p.155 ㉑ p.240−08번

❶ 박성환씨의 상속인을 구별한다.

박성환의 상속인은 배우자 홍선자, 자녀 박현정, 박현철, 박현우이다.

❷ 박성환씨 사망으로 인한 상속세 산출세액을 구한다.

본래의 상속재산		6,750,000	금융자산(1,500,000) + 부동산자산(1,750,000 + 1,350,000 + 1,600,000 + 550,000)
+간주상속재산	+	0	
+추정상속재산	+	0	
=총상속재산가액	=	6,750,000	
−비과세재산	−	0	
+증여재산가산금액	+	980,000	사전증여재산(200,000 + 250,000 + 230,000 + 300,000 + 0[1])
−상속재산차감금액	−	285,000	장례비용(15,000) + 신용대출(270,000)
=상속세 과세가액	=	7,445,000	
−상속공제		700,000	일괄공제(500,000) + 금융재산 상속공제(순금융재산 12억으로 10억원을 초과하므로 상속공제액은 200,000)
=상속세 과세표준	=	6,745,000	
×세 율	× 50%	− 460,000	과세표준 30억원 초과
=상속세 산출세액		2,912,500	

[1] 손자는 비상속인에 해당하며 상속개시일 기준 5년 전에 증여가 이루어졌으므로 상속세 과세가액에 가산하지 않는다.

❸ 보기를 읽으며 O, X를 표시한다.

① [X] 상속세 과세가액은 7,445,000천원이다.

② [O] 상속세 산출세액은 2,912,500천원이다.

③ [X] 납부할 세액이 2천만원을 초과하기 때문에 상속세 신고 시 분납을 신청하면 납부할 세액의 50%만큼을 한도로 분납할 수 있다.

④ [X] 박성환씨가 증여한 사전증여재산은 980,000천원이다.

⑤ [X] 금융재산 상속공제액은 200,000천원이다.

필요정보 Ⅰ. 고객정보   ⑭ p.156 ㉑ p.242−09번

가. [X] 유언자는 언제든 새로이 유언을 하거나 생전행위로써 유언의 전부 또는 일부를 철회할 수 있지만, 유언을 철회할 권리는 포기하지 못한다.

나. [O] 비밀증서방식으로 봉서된 유언장(유언봉서)은 그 표면에 기재된 날, 즉 제출 연월일로부터 5일 이내에 공증인 또는 법원서기에게 제출하여 그 봉인 위에 확정일자인을 받아야 한다.

다. [O] 공정증서유언에서 유언자의 의사에 따라 기명날인한 것으로 볼 수 있는 경우 기명날인을 반드시 유언자 자신이 할 필요는 없다.

라. [X] 유언집행자를 별도로 지정하지 않았다면 상속인이 유언집행자가 된다.

마. [X] 적법한 유언증서는 유언자의 사망에 의하여 곧바로 그 효력이 발생하고 검인이나 개봉 절차의 유무에 의하여 그 효력에 영향을 받지 않는다.

21 재무설계 원론 | 미래사업자금 마련을 위한 저축액

정답 : ②

필요정보 Ⅰ. 고객정보, Ⅱ. 재무적(정량적) 정보_3. 자산 내역, Ⅴ. 경제지표 가정

® p.160 ㉑ p.18-13번

① [O] 정수호씨의 예상 사업개시시점에 필요한 사업자금은 705,299천원이다.

$500,000 \times 1.035^{10} = 705,299.380$(STO1)

② [X] 매년 말 정액으로 저축해야 하는 금액이 현재 저축 여력을 초과하므로 사업개시시점에서 필요한 사업자금을 마련할 수 없다.

FV 705,299.380, N 10, I/Y 5, CPT PMT(E) = 56,074.528

③ [O] 매년 말 물가상승률만큼 증액저축을 할 경우 첫해 저축해야 할 금액은 48,464천원이다.

1) 현재시점에 필요한 사업자금을 구한다.

FV 705,299.380(RCL1), N 10, I/Y 5, CPT PV = 432,992.637

2) 증액저축 시 첫해 저축액(PMT)을 구한다.

PV 432,992.637, N 10, I/Y (5 − 3.5)/1.035, CPT PMT(E) = 46,825.120

→ 46,825.120 × 1.035 = 48,463.999

④ [O] 물가상승률로 증액저축할 경우 2년째부터 저축 여력이 부족하여 더 이상 저축할 수 없다.

$\underset{\text{첫해 저축액}}{\underline{48,463.999}} \times \underset{\text{물가상승률}}{\underline{1.035}} = 50,160.239$

⑤ [O] 현재 저축 여력으로 사업자금을 마련하는 것은 불가능하므로 별도의 목적없이 보유하고 있는 집합투자증권을 해지하여 사업자금에 충당하는 것을 권고할 수 있다.

22 재무설계 원론 | 자녀 교육자금 마련

정답 : ④

필요정보 Ⅰ. 고객정보, Ⅱ. 재무적(정량적) 정보_3. 자산 내역, Ⅴ. 경제지표 가정, Ⅵ. 자녀교육 관련 정보

® p.161 ㉑ p.307-13번

❶ 현재시점, 대학입학시점을 기준으로 time table을 그린다.

	현재시점		정나윤 입학		정나윤 졸업 정두준 입학		정두준 졸업
		8년		4년		4년	
정나윤씨 정두준씨	11세 7세		19세 15세		23세 19세		27세 23세
교육자금	0		12,000		12,000		

❷ 첫째 자녀가 입학하는 시점에서 대학교육비 일시금을 구한다.

[방법1]

1) 매 기간의 필요금액을 현재시점의 일시금으로 계산한다.

CF0 0, C01 0 (7), C02 12,000 (8), I (6 − 4)/1.04, NPV CPT = 77,188.170(STO1)

2) 일시금을 투자수익률로 할증하여 첫째 자녀가 입학하는 시점에서의 가치로 환산한다.

$77,188.170(RCL1) \times 1.06^8 = 123,026.215$

[방법2]

1) 매 기간의 필요금액이 현재시점에 필요하다고 가정하고 일시금을 계산한다. (첫째 자녀 입학시점을 현재시점으로 가정)

CF0 12,000, C01 12,000 (7), I (6 − 4)/1.04, NPV CPT = 89,894.051

2) 일시금을 물가상승률로 할증하여 첫째 자녀가 입학하는 시점에서의 가치로 환산한다.

$89,894.051 \times 1.04^8 = 123,026.215$

[방법3]

1) 매 기간의 필요금액이 현재시점에 필요하다고 가정하고 일시금을 계산한다. (첫째 자녀 입학시점을 현재시점으로 가정)

PMT(B) 12,000, N 8, I/Y (6 − 4)/1.04, CPT PV = 89,894.051

2) 일시금을 물가상승률로 할증하여 첫째 자녀가 입학하는 시점에서의 가치로 환산한다.

$89,894.051 \times 1.04^8 = 123,026.215$

❸ 보기를 읽으며 O, X를 표시한다.

가. [O] 두 자녀가 모두 졸업할 때까지의 교육비를 충당하기 위해 첫째 자녀 입학시점에서 필요한 일시금은 123,026천원이다.

나. [O] 두 자녀의 교육자금을 위해 확보되어 있는 자금은 첫째 자녀가 입학하는 시점에 82,880천원이다.

   52,000 × 1.068 = 82,880.100

다. [X] 현재 보유 중인 정기예금을 해지하여 상장주식에 재투자하더라도, 첫째 자녀 입학시점에서 필요한 교육비를 충당할 수 없다.

   (52,000 + 21,500) × 1.068 = 117,147.834

라. [O] 만약 두 자녀가 향후 해외대학에 입학하게 될 경우, 환변동위험을 고려하여 환율 하락 시마다 조금씩 외화를 분할 매입하도록 주지한다.

---

23 재무설계 원론 | 증액저축과 정액저축의 비교   정답 : ⑤

(필요정보) Ⅰ. 고객정보, Ⅱ. 재무적(정량적) 정보_3. 자산 내역, Ⅵ. 자녀교육 관련 정보   교 p.161 기 p.05-02번

❶ 매년 말 정액저축액을 구한다.

1) 현재시점에서 교육비 부족액을 구한다.

   <u>77,188.170(RCL1)</u> − 52,000 = 25,188.170(STO2)

   ↖ 필요 교육자금의 현재시점 일시금

2) 매년 말 저축액을 구한다.

   PV 25,188.170(RCL2), N 8, I/Y 6, CPT PMT(E) = 4,056.201(STO3)

❷ 첫해 말 증액저축액을 구한다.

   PV 25,188.170(RCL2), N 8, I/Y (6 − 4)/1.04, CPT PMT(E) = 3,427.042

   → 3,427.042 × 1.04 = 3,564.124(STO4)

❸ 정액저축액과 첫해 말 증액저축액을 비교한다.

   4,056.201(RCL3) − 3,564.124(RCL4) = 492.077

❹ 보기를 읽으며 O, X를 표시한다.

① [X] 현재시점에서의 교육비 부족액은 25,188천원이다.

② [X] 정액저축을 하는 경우 매년 말에 4,056천원을 저축해야 한다.

③ [X] 증액저축을 하는 경우 첫해 말에 3,564천원을 저축해야 한다.

④ [X] 첫해 말 정액저축액이 증액저축액보다 492천원 많다.

⑤ [O] <u>4,169.521</u> > 4,056.201이므로 5회차 시점에 납입해야 하는 증액저축액은 정액저축액을 초과한다.

   ↖ 3,564.124 × 1.04^4 = 4,169.521

---

24 투자설계 | 다요인모형에 의한 기대수익률   정답 : ⑤

(필요정보) 이 유형은 보통 문제에서 주어진 정보로 푼다.   교 p.162 기 p.391-05번

❶ 시장이자율과 물가상승률의 변화의 영향을 구한다.

1) 시장이자율의 변화의 영향 = (6.0% − 6.4%) × 2.0 = −0.8%

2) 물가상승률의 변화의 영향 = (5.3% − 4.8%) × −2.0 = −1.0%

❷ 다요인모형에 의한 기대수익률을 계산한다.

자산의 실제수익률 = 기대수익률 + 여러 변수에 의한 수익률의 변화 + 고유한 특성으로 인한 예상치 못한 수익률의 변화

   자산의 실제수익률 = 12% + (−0.8%) + (−1.0%) − 3.5% = 6.7%

---

25 투자설계 | 포트폴리오 기대수익률과 위험   정답 : ①

(필요정보) 이 유형은 보통 문제에서 주어진 정보로 푼다.   교 p.162 기 p.49-04번

❶ 포트폴리오의 기대수익률과 표준편차, 실현수익률의 확률을 구하는 공식은 아래와 같다.

- 포트폴리오의 기대수익률($E(R_p)$) = Σ(각 상품의 수익률 × 투자비중)
- 포트폴리오의 표준편차(σ_P) = $\sqrt{(W_A \times \sigma_A)^2 + (W_B \times \sigma_B)^2 + (2 \times W_A \times W_B \times \sigma_A \times \sigma_B \times \rho_{AB})}$
- 정규분포곡선을 따르는 수익률의 확률
  - 실현수익률이 기대수익률 ±1σ 구간 내에 있을 확률은 약 68%이다.
  - 실현수익률이 기대수익률 ±2σ 구간 내에 있을 확률은 약 95%이다.
  - 실현수익률이 기대수익률 ±3σ 구간 내에 있을 확률은 약 99%이다.

❷ 포트폴리오의 기대수익률을 계산한다.

$(0.05 \times 0.45) + (0.08 \times 0.55) = 6.65\%$

❸ 포트폴리오의 표준편차를 계산한다.

$\sqrt{(0.45 \times 0.03)^2 + (0.55 \times 0.18)^2 + (2 \times 0.45 \times 0.03 \times 0.55 \times 0.18 \times 0.2)} = 10.26\%$

❹ 포트폴리오의 기대수익률과 표준편차를 이용하여 1년 후 95.45%의 신뢰구간에서 달성 가능한 기대수익률의 범위를 계산한다.

$6.65\% \pm 10.26\% \times 2$이므로 $(6.65\% - 20.51\%) \sim (6.65\% + 20.51\%) = -13.86 \sim 27.16\%$

---

26 은퇴설계 | 은퇴저축 포트폴리오의 목표수익률 달성을 위한 자산배분   정답 : ⑤

필요정보 Ⅰ. 고객정보_1. 배우자 및 직계비속, Ⅳ. 재무목표_3. 은퇴설계 관련, Ⅴ. 경제지표 가정   교 p.163 기 p.108-12번

❶ 포트폴리오 목표수익률 달성을 위한 자산군별 투자 비중의 공식을 이용하여 주식형펀드의 투자 비중 및 투자 금액을 계산한다.

> $$\text{주식형자산의 투자 비중} = \frac{\text{포트폴리오 종가} - \{\text{채권형자산 종가계수} \times \text{저축(투자)액}\}}{(\text{주식형자산 종가계수} - \text{채권형자산 종가계수}) \times \text{저축(투자)액}}$$

1) 주식형펀드의 투자 비중을 구하기 위해 포트폴리오의 종가와 각 자산의 종가계수를 구한다.
  • 포트폴리오의 종가
    PMT(E) 2,000, N 20 × 12, I/Y 0.487, CPT FV = 906,877.265(STO1)
            ↳ PV -100, FV 106, N 12, CPT I/Y = 0.487(이율전환)
  • 각 자산의 종가계수
    - 주식형펀드 : PMT(E) -1, N 20 × 12, I/Y 0.565, CPT FV = 507.536(STO2)
               ↳ PV -100, FV 107, N 12, CPT I/Y = 0.565(이율전환)
    - 채권혼합형펀드 : PMT(E) -1, N 20 × 12, I/Y 0.407, CPT FV = 405.804(STO3)
               ↳ PV -100, FV 105, N 12, CPT I/Y = 0.407(이율전환)

2) 주식형펀드의 투자 비중을 계산한다.

$$\frac{906,877.265(RCL1) - \{405.804(RCL3) \times 2,000\}}{\{507.536(RCL2) - 405.804(RCL3)\} \times 2,000} = 0.468(STO4)$$

3) 주식형펀드의 투자 금액을 계산한다.
    0.468(RCL4) × 2,000 = 936.464(STO5)

❷ 채권혼합형펀드의 투자 비중 및 투자 금액을 계산한다.

> 채권형자산의 투자 비중 = 1 - 주식형자산의 투자 비중

1) 채권혼합형펀드의 투자 비중을 계산한다.
    1 - 0.468(RCL4) = 0.532(STO6)
2) 채권혼합형펀드의 투자 금액을 계산한다.
    0.532(RCL6) × 2,000 = 1,063.536(STO7)

❸ 보기를 읽으며 O, X를 표시한다.
  ① [X] 포트폴리오의 은퇴시점 평가액은 906,877천원이다.
  ② [X] 정기저축(투자) 금액 중 주식형펀드의 투자비중은 약 47%이다.
  ③ [X] 정기저축(투자) 금액 중 채권혼합형펀드에 투자하는 금액은 1,064천원이다.
  ④ [X] 주식형펀드의 은퇴시점 평가액은 475,290천원이다.
    PMT(E) 936.464(RCL5), N 20 × 12, I/Y 0.565, CPT FV = 475,289.748
  ⑤ [O] 총은퇴일시금은 758,236천원이므로 포트폴리오의 은퇴시점 평가인 906,877천원으로 충분히 충당된다.
    1) 연간 은퇴소득 부족분을 계산한다.
      35,000 - 15,000 = 20,000(현재물가기준)
      → 20,000 × 1.035²⁰ = 39,795.777
    2) 총은퇴일시금을 계산한다.
      PMT(B) 39,795.777, N 25, I/Y (6 - 3.5)/1.035, CPT PV = 758,235.605

필요정보 이 유형은 보통 문제에서 주어진 정보로 푼다.　　　　　　　　　　　　　⑲ p.163 ㉠ p.110-13번

❶ 첫해 자산배분 시점에서의 각 자산군 투자 비중을 구한다.
　1) 주식형펀드의 투자 비중 = 0.468(RCL4)
　2) 채권혼합형펀드의 투자 비중 = 0.532(RCL6)

❷ 은퇴시점에서의 각 자산군 투자 비중을 구한다.
　1) 은퇴시점에서의 각 자산군 평가액을 구한다.
　　• 주식형펀드의 평가액
　　　PMT(E) 936.464(RCL5), N 20 × 12, I/Y 0.565, CPT FV = 475,289.748
　　• 채권혼합형펀드의 평가액
　　　PMT(E) 1,063.536(RCL7), N 20 × 12, I/Y 0.407, CPT FV = 431,587.517
　2) 은퇴시점에서의 각 자산군 투자 비중을 구한다.
　　• 주식형펀드의 투자 비중
　　　475,289.748/(475,289.748 + 431,587.517) = 0.524
　　• 채권혼합형펀드의 투자 비중
　　　431,587.517/(475,289.748 + 431,587.517) = 0.476

❸ 시점별 각 자산군 투자 비중과 표준편차를 정리한다.

구 분	자산군별 투자 비중		표준편차	상관계수
	첫해 자산배분 시점	은퇴시점		
주식형펀드	0.468	0.524	0.1	0.2
채권혼합형펀드	0.532	0.476	0.04	

❹ 시점별 포트폴리오의 변동성(표준편차)을 계산한다.
　1) 첫해 자산배분 시점에서의 표준편차를 구한다.
　　$\sqrt{(0.1^2 \times 0.468^2) + (0.04^2 \times 0.532^2) + (2 \times 0.2 \times 0.1 \times 0.04 \times 0.468 \times 0.532)}$ = 0.055
　2) 은퇴시점에서의 표준편차를 구한다.
　　$\sqrt{(0.1^2 \times 0.524^2) + (0.04^2 \times 0.476^2) + (2 \times 0.2 \times 0.1 \times 0.04 \times 0.524 \times 0.476)}$ = 0.059

필요정보 이 유형은 보통 문제에서 주어진 정보로 푼다.　　　　　　　　　　　　　⑲ p.164 ㉠ p.260-08번

각 주식의 베타를 계산한 후 결괏값을 비교한다.

개별 주식의 베타 = $\dfrac{\sigma_i}{\sigma_m} \times \rho_{im}$

• σ_i : 개별주식 i 수익률의 표준편차　　　　　　• σ_m : 시장 포트폴리오의 수익률의 표준편차
• ρ_{im} : 개별증권 i와 시장 포트폴리오 수익률의 상관계수

주 식	베 타
A	(8.50%/10%) × 1.20 = 1.02
B	(10.95%/10%) × 0.85 = 0.93
C	(11.20%/10%) × 1.12 = 1.25
D	(9.80%/10%) × 0.76 = 0.74
E	(8.70%/10%) × 1.08 = 0.94

∴ 베타의 크기 비교 : C > A > E > B > D

필요정보 Ⅰ. 고객정보, Ⅱ. 재무적(정량적) 정보_1. 수입 내역　　　　　　　⑫ p.165 ㉠ p.363-12번

① [X] 자녀세액공제는 거주자의 기본공제대상자에 해당하는 8세 이상의 자녀 및 손자녀에 대해 적용되므로, 정수호씨는 정나윤에 대해 15만원의 자녀세액공제를 받을 수 있다.
② [X] 배우자의 총급여가 5,000천원 이하 또는 소득금액이 1,000천원 이하인 경우에는 배우자인적공제를 받을 수 있다.
③ [X] 정수호씨가 계약자이고 기본공제 대상자인 배우자를 위하여 납입한 보장성보험료는 보험료세액공제를 받을 수 있다.
④ [O] 정치자금기부금과 우리사주조합기부금은 본인 명의 지출분만 공제대상이며 특례기부금과 일반기부금은 기본공제대상자가 지출한 기부금에 대하여도 기부금세액공제를 받을 수 있다.
⑤ [X] 근로소득이 있는 정수호씨는 기본공제대상자(배우자 포함)를 위하여 공제대상 교육비를 지급한 경우 공제대상 금액의 15%를 세액공제 받을 수 있다.

30 세금설계 | 부동산 취득 관련 세금 　　　　　　　　　　　　　　　　　　　　정답 : ④

필요정보 이 유형은 보통 문제에서 주어진 정보로 푼다.　　　　　　　　　⑫ p.165 ㉠ p.411-05번

❶ 주택 유상거래시 취득세 세율(2020년 8월 12일 취득분부터 적용)은 아래와 같다.

구 분	종 전 (조정대상지역 불문)	개 정	
		조정대상지역	비조정대상지역
1주택	1 ~ 3%[1]	1 ~ 3%	1 ~ 3%
2주택		8%[2]	1 ~ 3%
3주택		12%	8%
4주택 이상	4%	12%	12%

[1] 취득가액 6억원 이하는 1%, 6억원 초과 9억원 이하는 (해당 주택의 취득 당시 가액 × 2/3억원 − 3) × 1/100으로 계산한 세율, 9억원 초과는 3%
[2] 1주택을 소유한 1세대가 신규주택을 취득하여 종전 주택을 신규주택 취득일로부터 3년 내에 종전 주택을 양도하는 경우 1 ~ 3%적용

❷ 보기를 읽으며 O, X를 표시한다.
① [X] 아파트의 취득세 과세표준은 720,000천원이다.
　　　취득세의 과세표준은 사실상 취득가격과 시가표준액 중 큰 값으로 한다.
② [X] 아파트의 취득세로 12,960천원을 납부하여야 한다.
　　　720,000천원 × (7.2억원 × 2/3억원 − 3)/100 = 720,000천원 × 1.8% = 12,960천원
③ [X] 취득한 아파트의 농어촌특별세는 1,440천원이다.
　　　720,000천원 × 0.2% = 1,440천원
④ [O] 취득한 아파트의 지방교육세는 1,296천원이다.
　　　720,000천원 × (1.8% × 0.5) × 0.2 = 1,296천원
　　　[참고] 지방교육세 = 과세표준액(매매가) × (취득세율 × 0.5) × 0.2
⑤ [X] 아파트 취득으로 총 부담해야 할 취득세(부가세 포함)는 15,696천원이다.
　　　720,000천원 × 2.18%(= 1.8% + 0.2% + 0.18%) = 15,696천원

복합사례 TEST 2

복합사례 Ⅰ (원론·보험·투자·세금)

01 ⑤ **02** ② **03** ④ **04** ③ **05** ① **06** ② **07** ② **08** ④ **09** ③ **10** ①

복합사례 Ⅱ (원론·부동산·은퇴·세금)

11 ⑤ **12** ④ **13** ④ **14** ③ **15** ② **16** ① **17** ② **18** ③ **19** ① **20** ②

복합사례 Ⅲ (보험·투자·부동산·상속)

21 ② **22** ② **23** ③ **24** ④ **25** ④ **26** ③ **27** ③ **28** ④ **29** ③ **30** ⑤

복합사례 Ⅰ (원론·보험·투자·세금)

01 재무설계 원론 | 주택담보대출의 상환금에 대한 분석

정답 : ⑤

(필요정보) Ⅱ. 재무적(정량적) 정보_1. 수입 내역, 4. 부채 내역

(본) p.171 (기) p.252-02번

① [O] 2024년 1월 초 현재 주택담보대출금 미상환잔액은 189,413천원이다.
PV 200,000, N 20 × 12, I/Y 7.5/12, CPT PMT(E) = 1,611.186(STO1)
[2ND AMORT] P1 1, P2 27, BAL = 189,412.753(미상환잔액)
↳ 2021년 10 ~ 12월(1 ~ 3회차), 2022년 1 ~ 12월(4 ~ 15회차), 2023년 1 ~ 12월(16 ~ 27회차)

② [O] 2024년 1월 초까지 상환한 원금은 10,587천원이다.
[2ND AMORT] P1 1, P2 27, PRN = 10,587.247(원금상환액)

③ [O] 2023년 한 해 동안 상환한 원금은 4,926천원이다.
[2ND AMORT] P1 16, P2 27, INT = 4,925.881(원금상환액)

④ [O] 2023년 한 해 동안 상환한 이자액은 14,408천원이다.
[2ND AMORT] P1 16, P2 27, INT = 14,408.356(이자상환액)

⑤ [X] 조용환씨, 이현주씨 가계의 주거관련부채상환비율은 17.9%로 가이드라인인 28% 이내이므로 적정소견을 낼 수 있다.

주거관련부채상환비율 = 주거관련부채상환액 ÷ 월 총수입

1) 조용환씨 가계의 월 총수입액을 구한다.
(66,000 + 42,000) ÷ 12 = 9,000
2) 주거관련부채상환비율을 구한다.
주거관련부채상환비율 = <u>1,611.186(RCL1)</u> ÷ 9,000 = 17.90%
↳ 주택담보대출 매월 부채상환액

(필요정보) Ⅱ. 재무적(정량적) 정보_4. 부채 내역   교 p.171 ㉠ p.389-02번

❶ H은행 대출 원리금상환액을 구한다.

1) K은행 주택담보대출 잔액을 구한다.
 PV 200,000, N 20 × 12, I/Y 7.5/12, CPT PMT(E) = 1,611.186(STO1)
          ↳ K은행 대출 원리금상환액

 [2ND AMORT] P1 1, P2 27, BAL = 189,412.753
2) H은행에서의 원리금상환액을 구한다.
 PV 189,412.753 × 1.003, N 25 × 12, I/Y 7.5/12, CPT PMT(E) = 1,403.943(STO2)
        ↳ 신규대출에 따른 수수료

❷ K은행 대출 원리금상환액과 H은행 대출 원리금상환액을 비교한다.

 1,611.186(RCL1) - 1,403.943(RCL2) = 207.244

❸ 보기를 읽으며 O, X를 표시한다.

① [O] 기존 K은행 주택담보대출의 원리금상환액은 1,611천원이다.
② [X] H은행 대출조건에 따른 신규대출 원리금상환액은 1,404천원이다.
③ [O] 매월 절감되는 주택담보대출 원리금상환액은 207천원이다.
④ [O] 매월 말 납부하는 상환액은 줄어들지만 대출상환기간이 연장되어 대출총이자는 상승한다.
⑤ [O] CFP® 자격인증자는 대출조기상환플랜을 따로 마련하여 대출총이자를 줄일 수 있는 방법을 자문하는 것이 바람직하다.

(필요정보) Ⅰ. 고객정보, Ⅱ. 재무적(정량적) 정보_3. 자산 내역, Ⅳ. 고객 재무목표_1. 재무관리 관련   교 p.172 ㉠ p.307-13번

❶ 조정민, 조민영의 대학입학시점과 유학시점을 기준으로 time table을 그린다.

	현재시점		조정민 입학		조민영 입학		조정민 유학		조민영 유학	
		11년		2년		2년		2년		2년
조정민씨 8세 조민영씨 6세			19세 17세		21세 19세		23세 21세		25세 23세		27세 25세
교육자금	0		12,000		12,000 + 12,000 = 24,000		12,000 + 30,000 = 42,000		30,000	

❷ 보기를 읽으며 O, X를 표시한다.

① [X] 현재시점에서 준비해야 할 교육비 일시금은 150,567천원이다.
 CF0 0, C01 0 (10), C02 12,000 (2), C03 24,000 (2), C04 42,000 (2), C05 30,000 (2),
 I (6 - 3.5)/1.035, NPV CPT = 150,567.339
② [X] 현재시점에서 부족한 교육비 일시금은 125,567천원이다.
 150,567.339 - 25,000 = 125,567.339
           ↳ 주식혼합형펀드의 현재시점 평가액
③ [X] 정액으로 저축할 경우 매년 말 추가저축액은 15,921천원이다.
 PV 125,567.339, N 11, I/Y 6, CPT PMT(E) = 15,921.052
④ [O] 증액으로 저축할 경우 첫해 말 저축액은 13,595천원이다.
 PV 125,567.339, N 11, I/Y (6 - 3.5)/1.035, CPT PMT(E) = 13,135.325
 → 13,135.325 × 1.035 = 13,595.061
        ↳ 기말 증액저축이므로 PMT(E)값에 '1 + 증액률'을 곱해준다.
⑤ [X] 해외유학자금은 지금 원화로 저축하더라도 미래에 외화로 지출되므로 미래의 환율이 변동될 위험에 대비하기 위해 환헤지가 필요하다.

04 위험관리와 보험설계 | 자동차보험의 지급보험금(후유장해 시)

정답 : ③

필요정보 이 유형은 보통 문제에서 주어진 정보로 푼다.

📖 p.172 ㉑ p.268-01번

자동차보험의 후유장애보험금 계산문제는 장례비를 제외한 위자료, 상실수익액만을 더하여 최종 보험금을 산정하며, 사망 시와 달리 피해자의 생활비를 공제하지 않는다.

❶ 위자료를 구한다.

- 노동능력상실률 50% 이상인 자
  - 65세 미만 : 4,500만원 × 노동능력상실률 × 85%
  - 65세 이상 : 4,000만원 × 노동능력상실률 × 85%
- 노동능력상실률 100% 해당자 등 가정간호비 지급 대상인 자
  - 65세 미만 : 8,000만원 × 노동능력상실률 × 85%
  - 65세 이상 : 5,000만원 × 노동능력상실률 × 85%

[참고] 노동능력상실률 50% 미만인 자는 노동능력상실 정도에 따라 인정액이 상이함

45,000 × 60% × 85% = 22,950

❷ 상실수익액을 구한다.

1) 취업가능월수를 구한다.

취업가능월수(정년까지 월수) = (출생연월일 + 정년) − 사고연월일

취업가능월수(정년까지 월수) = (1985년 8월 18일 + 65세) − 2024년 7월 6일 = 313개월(월 미만 절사)

2) 상실수익액을 구한다.

상실수익액 = 월평균 현실소득액 × 노동능력상실률 × 취업가능월수에 해당하는 호프만계수

상실수익액 = 5,500 × 60% × 200.0498
           = 660,164.340

❸ ❶과 ❷를 더한 후 과실비율(무과실)을 적용하여 최종 보험금을 구한다.

22,950 + 660,164.340 = 683,114.340

05 위험관리와 보험설계 | 생명보험상품에 대한 이해

정답 : ①

필요정보 Ⅰ. 고객정보, Ⅳ. 고객 재무목표_2. 위험관리(보험설계) 관련

📖 p.173 ㉑ p.256-05번

가. [O] 조용환씨가 교통사고 사망 시 종신보험에서 지급되는 사망보험금은 300,000천원이다.

$\underbrace{200,000}_{\text{주계약}} + \underbrace{100,000}_{\text{재해사망특약}} = 300,000천원$

나. [X] 조용환씨가 암으로 사망 시 종신보험에서 지급되는 사망보험금은 200,000천원이다.

[참고] 암으로 인한 사망은 재해사망에 포함되지 않으며, 질병사망에 해당한다.

다. [X] 조용환씨가 암으로 사망 시 실손의료보험에서 지급되는 사망보험금은 0원이다.

[참고] 실손의료보험은 암으로 사망 시 사망보험금이 지급되지 않는다.

라. [O] 조용환씨가 일반암으로 진단받고 사망 시 암보험에서 지급받을 수 있는 보험금(진단비 포함)은 40,000천원이다.

$\underbrace{10,000}_{\text{암진단보험금}} + \underbrace{30,000}_{\text{사망보험금}} = 40,000$

마. [X] 조용환씨가 교통사고로 사망 시 가입된 보험료에서 지급되는 총 사망보험금은 300,000천원이다.

[참고] 교통사고 사망 시 암보험과 실손의료보험에서 지급되는 사망보험금은 없다.

06 위험관리와 보험설계 | 생애가치방법에 의한 생명보험 필요보장액

정답 : ②

필요정보 Ⅰ. 고객정보, Ⅳ. 고객 재무목표_2. 위험관리(보험설계) 관련

📖 p.173 ㉑ p.200-05번

❶ 생명보험 필요보장액을 구한다.

PMT(E) 70,000 × 0.7, N 27, I/Y 5, CPT PV = 717,508.647

[참고] 생애가치방법은 가장의 연봉을 가지고 계산하므로 기말모드를 사용하며, 가장의 나이와 정년이 중요하다.

❷ 준비자금(가장사망을 대비하여 준비해놓은 자금 = 일반사망보험금)을 구한다.

종신보험 200,000

❸ ❶에서 ❷를 차감하여 추가적인 생명보험 필요보장액을 구한다.

717,508.647 − 200,000 = 517,508.647

(필요정보) 이 유형은 보통 문제에서 주어진 정보로 푼다.　　　　　　　　　　　　(별) p.174

❶ 할인채의 세전매매단가를 계산하는 공식은 아래와 같다.

$$세전\ 단가 = \frac{10,000}{\{(1 + i)^k \times (1 + i \times d/365)\}}$$

· i : 매매수익률　　　· k : 연 단위 잔존기간　　　· d : 연 단위 이하 잔존일수

❷ 공식을 이용하여 세전매매단가를 구한다.

세전매매단가 = 10,000/{(1 + 0.035) × (1 + 0.035 × 190/365)} = 9,488(원 미만 절사)

(필요정보) 이 유형은 보통 문제에서 주어진 정보로 푼다.　　　　　　　(별) p.174 (기) p.60-14번

❶ 수정듀레이션과 볼록성에 의한 채권가격 변화율을 계산한다.

채권가격 변화율 = {−듀레이션/(1 + 변화 전 유통수익률)} × Δr + (0.5 × 볼록성 × Δr^2)
　　　　　　　　　　↖ 수정듀레이션

채권가격 변화율 = {−2.7724/(1 + 0.082/4)} × (−0.012) + {0.5 × 7.2045 × (−0.012)^2}
　　　　　　　　= 0.033(STO1)

[참고] 3개월마다 이자를 지급하기 때문에 변화 전 유통수익률(8.2%)을 연간 이자지급 횟수인 4로 나누어 주어야 한다.

❷ 채권가격 변화율을 이용하여 금리 하락으로 인한 새로운 채권가격을 계산한다.

새로운 채권가격 = 현재 채권가격 × (1 + 채권가격 변화율)

새로운 채권가격 = 9,826 × (1 + 0.033(RCL1)) = 10,151(원 미만 절사)

(필요정보) 이 유형은 보통 문제에서 주어진 정보로 푼다.　　　　　　　　　　(별) p.175

❶ 샤프척도와 트레이너척도를 계산하는 공식은 아래와 같다.

· 샤프척도 = $\dfrac{\text{펀드의 실현수익률 − 무위험수익률}}{\text{펀드의 표준편차}}$　　　　· 트레이너척도 = $\dfrac{\text{펀드의 실현수익률 − 무위험수익률}}{\text{펀드의 베타계수}}$

· 총위험 한 단위당 실현된 초과수익률　　　　　　　　· 체계적 위험 한 단위당 실현된 초과수익률
· 값이 클수록 포트폴리오의 성과가 우수　　　　　　　· 값이 클수록 포트폴리오의 성과가 우수

❷ 샤프척도와 트레이너척도를 계산한 후 결괏값을 비교한다.

펀 드	샤프척도	트레이너척도
가	(28.06% − 3.0%)/22.06% = 1.136	(0.2806 − 0.03)/1.00 = 0.251
나	(22.55% − 3.0%)/15.40% = 1.269	(0.2255 − 0.03)/1.20 = 0.163
다	(33.21% − 3.0%)/25.02% = 1.207	(0.3321 − 0.03)/1.30 = 0.232
라	(25.45% − 3.0%)/18.33% = 1.225	(0.2545 − 0.03)/1.10 = 0.204

1) 샤프척도의 수익률 비교 : 나 > 라 > 다 > 가
2) 트레이너척도의 수익률 비교 : 가 > 다 > 라 > 나

필요정보 I. 고객정보, II. 재무적(정량적) 정보 전 p.176 ② p.395-10번

① [X] 직계존속의 교육비에 대해서는 교육비세액공제를 받을 수 없다.
② [O] 조용환씨가 연말정산 시 받을 수 있는 인적공제액은 9,000천원이다.
　　　1) 기본공제액 = 1,500 × 4명(본인, 조정민, 조민영, 조기용) = 6,000
　　　2) 추가공제액 = 2,000(장애인공제) + 1,000(경로우대공제) = 3,000
　　　3) 인적공제액 = 1) + 2) = 9,000
③ [O] 조용환씨의 배우자 이현주씨는 소득금액이 1,000천원을 초과하여 기본공제대상자가 아니므로 배우자가 지출한 기부금에 대하여 기부금세액공제를 받을 수 없다.
④ [O] 장애치료를 위한 의료비는 의료비세액공제를 받을 수 있으나, 미용 목적의 성형수술로 지출된 의료비는 의료비세액공제를 받을 수 없다.
⑤ [O] 보험료를 신용카드로 결제한 경우 신용카드 사용에 대한 소득공제 사용금액에 포함되지 않는다.

11 재무설계 원론 | 교육자금 마련을 위한 부족자금과 저축액 계산

정답 : ⑤

(필요정보) Ⅰ. 고객정보, Ⅳ. 자산 세부내역_1. 금융자산, Ⅵ. 자녀 교육 및 결혼 비용 관련 정보 　　　📖 p.182 🗓 p.18-13번

❶ 필요한 교육비 일시금을 구한다.
　1) 현재시점에서 필요한 일시금을 구한다.
　　CF0 0, C01 0 (11), C02 20,000 (4), I (6 − 4)/1.04, NPV CPT = 61,874.167
　2) 대학입학시점에서 필요한 일시금을 구한다.
　　61,874.167 × 1.06^{12} = 124,502.981(STO1)

❷ 부족한 교육자금 마련을 위한 저축액을 구한다.
　1) 정기예금 해지금을 주식혼합형펀드에 투자한 금액의 가치를 구한다.
　　PV 10,180, N 12, I/Y 6, CPT FV = 20,484.160(STO2)
　2) 추가로 저축해야 할 금액을 구한다.
　　124,502.981(RCL1) − 20,484.160(RCL2) = 104,018.821

❸ 추가저축액의 현재가치를 구한다.
　FV 104,018.821, N 12, I/Y 6, CPT PV = 51,694.167

❹ 매년 말 저축해야 할 금액을 구한다.
　PV 51,694.167, N 7, I/Y 6, CPT PMT(E) = 9,260.236

❺ 보기를 읽으며 O, X를 표시한다.
　① [X] 정선재의 대학교육자금을 위해 현재 확보되어 있는 자금은 정기예금 평가금액인 10,180천원으로 본다.
　② [X] 주식혼합형펀드로 저축했을 때 정선재 대학입학시점에서 필요한 교육자금 일시금은 124,503천원이다.
　③ [X] 정기예금 해지금을 모두 주식혼합형펀드에 투자했다면 해지금은 정선재 대학입학시점에 20,484천원이 된다.
　④ [X] 부족자금의 현재가치는 51,694천원이다.
　⑤ [O] 정종성씨가 매년 말 저축해야 하는 금액은 9,260천원이다.

12 재무설계 원론 | 결혼자금 마련을 위한 추가저축

정답 : ④

(필요정보) Ⅰ. 고객정보, Ⅲ. 경제지표 가정, Ⅳ. 자산 세부내역_1. 금융자산, 　　📖 p.182 🗓 p.196-02번
　　　　　Ⅵ. 자녀 교육 및 결혼 비용 관련 정보

❶ 결혼시점의 필요일시금을 구한다.
　100,000 × 1.035^{23} = 220,611.448(STO1)

❷ 결혼시점에 부족한 필요일시금을 구한다.
　1) 주식형펀드의 결혼시점 평가액을 구한다.
　　28,000 × 1.06^{23} = 106,952.991(STO2)
　2) 부족한 일시금을 구한다.
　　220,611.448(RCL1) − 106,952.991(RCL2) = 113,658.458

❸ 부족한 결혼자금 일시금을 마련하기 위한 매년 말 저축액을 구한다.
　FV 113,658.458, N 23, I/Y 6, CPT PV = 29,755.473
　→ PV 29,755.473, N 23, I/Y 6, CPT PMT(E) = 2,418.480
　[참고] 정액저축은 현재가치(PV)를 계산하는 절차를 생략하고 간단히 미래가치(FV)에서 매년 저축액(PMT)을 산출할 수 있다.
　　　　FV 113,658.458, N 23, I/Y 6, CPT PMT(E) = 2,418.480

> (필요정보) Ⅳ. 자산 세부내역_4. 부채   (본) p.183

Balloon Payment 방식으로 5년차 말에 상환해야 하는 자동차 할부금을 구하는 방식은 다음과 같다.

[방법1]

1) 5년차 말까지 매회 8,000천원을 상환한다고 가정했을 때 남는 미상환대출금을 구한다.

    PV <u>55,000</u>, PMT(E) −8,000, N 5, I/Y 7.5, CPT FV = 32,492.485

    ↖ *자동차 대금 60,000천원 중 선불금 5,000천원을 공제한 금액*

2) 1)에서 구한 미상환대출금에 8,000천원을 더하여 5년차 말에 총 상환해야 하는 금액을 구한다.

    8,000 + <u>32,492.485</u> = 40,492.485

             ↖ *5년차 말까지 8,000천원을 상환한 경우 남는 미상환대출금*

[방법2]

1) 4년차 말까지 매회 8,000천원을 상환한 경우 남는 미상환대출금을 구한다.

    PV 55,000, PMT(E) −8,000, N 4, I/Y 7.5, CPT FV = 37,667.428

2) 1회차 이자를 가산하여 5년차 말에 상환해야 하는 금액을 구한다.

    37,667.428 × (1 + 0.075) = 40,492.485

> (필요정보) 이 유형은 보통 문제에서 주어진 정보로 푼다.   (본) p.183 (기) p.218-05번

❶ 대출상수를 구한다.

    PV 1, N 20 × 12, I/Y 6/12, CPT PMT(E) = 0.00716

    → 0.00716 × 12 = 0.0860

❷ 금융적 투자결합법에 의한 종합환원율을 구한다.

종합환원율 = (지분비율 × 지분환원율) + (대출비율 × 대출상수)

(0.3 × 0.1) + (0.7 × 0.0860) = 0.0902

❸ 상가 가치를 구한다.

상가 가치 = 순영업수익 ÷ 종합환원율

70,000/0.0902 = 776,053.215

> (필요정보) Ⅳ. 자산 세부내역_2. 부동산자산   (본) p.184

❶ 리모델링으로 얻을 수 있는 추가임대료를 구한다.

    1) 리모델링으로 받을 수 있는 임대료 : 3,500/0.7 = 5,000

    2) 상가 B 임대료와 리모델링 시 임대료의 차액(추가임대료) : 1,500

        [참고] 시장임대료보다 약 30% 낮은 임대료를 받고 있으므로 리모델링으로 정상적인 시장임대료를 받게 될 경우 5,000천원을 받을 수 있다.

❷ 추가임대료의 현재가치를 구한다.

    PMT(E) 1,500, N 5 × 12, I/Y 8/12, CPT PV = 73,977.650

❸ 리모델링 후 증대되는 추가수익을 구한다.

    73,977.650 − <u>50,000</u> = 23,977.650

       ↖ *리모델링 비용*

필요정보 Ⅰ. 고객정보, Ⅶ. 은퇴 관련 정보   ® p.184 ㉒ p.115~15번

IRP에서 일시금 인출 시 이연퇴직소득에 대해서는 이연퇴직소득세 100%가 과세되며, 운용수익에 대해서는 기타소득세(16.5%)가 과세된다.

❶ 확정기여형(DC형) 퇴직연금의 퇴직 시 퇴직급여 세전평가액을 구한다.

> 확정기여형의 퇴직시점 세전평가금액 = 기말급 증액저축의 FV값

PMT(E) 5,000/1.025, N 17, I/Y (5.5 − 2.5)/1.025, CPT PV = 64,605.002
→ 64,605.002 × 1.055^17 = 160,530.648(STO1)

❷ 이연퇴직소득에 대한 이연퇴직소득세를 구한다.

과세 대상 이연퇴직소득		160,530.648(RCL1)	
− 근속연수 대비 소득공제	−	32,500	15,000 + 2,500 × (17년 − 10년) 근속연수 대비 소득공제(10년 초과 20년 이하)
=	=	128,030.648	
÷ 근속연수	÷	17	
=	=	7,531.215	
× 12	×	12	
= 환산급여	=	90,374.575	
− 환산급여 대비 소득공제	−	56,406.016	45,200 + (90,374.575 − 70,000) × 55% 환산급여 대비 소득공제(7,000만원 초과 1억원 이하)
= 과세표준	=	33,968.559	
× 세 율	×	15% − 1,260	과세표준 14,000천원 초과 50,000천원 이하
= 환산 전 산출세액	=	3,835.284	
÷ 12	÷	12	
=	=	319.607	
× 근속연수	×	17	
= 산출세액	=	5,433.319	
× 1.1	×	1.1	지방소득세 10% 포함
= 이연퇴직소득세 (지방소득세 포함)	=	5,976.651 (STO2)	

❸ 운용수익에 대한 기타소득세를 구한다.

1) 과세 대상 운용수익을 구한다.

구 분	IRP적립금의 세전평가액 구분
세전평가액	350,000
이연퇴직소득	160,530.648(RCL1)
과세 대상 운용수익	189,469.352 (= 350,000 − 160,530.648(RCL1))

2) 과세 대상 운용수익에 대한 기타소득세를 구한다.
189,469.352 × 16.5% = 31,262.443(STO3)
           ↳ 지방소득세 10% 포함

❹ 은퇴시점에 일시금으로 수령하는 경우 세후평가액을 구한다.
350,000 − 5,976.651(RCL2) − 31,262.443(RCL3) = 312,760.906
   ↳ 은퇴시점   ↳ 이연퇴직소득세   ↳ 기타소득세
     IRP 세전평가액

(필요정보) Ⅰ. 고객정보, Ⅲ. 경제지표 가정, Ⅳ. 자산 세부내역_5. 국민연금, Ⅶ. 은퇴 관련 정보   (®) p.185 (⑦) p.113~14번

❶ 현재시점, 은퇴시점, 사망시점을 기준으로 time table을 그려서 연간 은퇴소득 부족분을 계산한다.

	현재시점		은퇴시점		정종성씨 사망		박유진씨 사망
		22년		22년	3년	2년	3년
정종성씨 38세 박유진씨 35세			60세 57세		82세 79세	85세 82세 84세	87세
목표은퇴소득	0		40,000		40,000	30,000	30,000
− 국민연금	− 0		−10,000		− 10,000	− 6,000	− 6,000
+ 간병비	+ 0		+ 0		+ 20,000	+ 0	+ 20,000
= 은퇴소득 부족분	= 0		= 30,000		= 50,000	= 24,000	= 44,000

❷ 연간 은퇴소득 부족분을 통해 총은퇴일시금을 구한다.

[방법1]
1) 매 기간의 은퇴소득 부족분을 현재시점의 일시금으로 계산한다.
   CF0 0, C01 0 (21), C02 30,000 (22), C03 50,000 (3), C04 24,000 (2), C05 44,000 (3),
   I (6 − 3.5)/1.035, NPV CPT = 414,081.885
2) 일시금을 투자수익률로 할증하여 은퇴시점가치로 환산한다. (총은퇴일시금)
   <u>414,081.885</u> × 1.06²² = 1,492,159.564
   ↳ 은퇴시점에 1,492,159.564천원을 가지고 있기 위해 현재시점에서 일시금으로 투자해야 하는 금액을 의미한다.

[방법2]
1) 은퇴소득 부족분이 현재시점에 필요하다고 가정하고 일시금을 계산한다. (은퇴시점을 현재시점으로 가정)
   CF0 <u>30,000</u>, C01 30,000 (21), C02 50,000 (3), C03 24,000 (2), C04 44,000 (3),
        ↳ 현재물가기준 금액
   I (6 − 3.5)/1.035, NPV CPT = <u>700,047.601</u>
                                        ↳ 현재물가기준 금액
2) 일시금을 물가상승률로 할증하여 은퇴시점가치로 환산한다. (총은퇴일시금)
   700,047.601 × 1.035²² = 1,492,159.564

(필요정보) Ⅰ. 고객정보, Ⅶ. 은퇴 관련 정보   (®) p.185 (⑦) p.392~06번

❶ 추가저축 계획에 따라 저축할 경우 은퇴시점의 평가액을 계산한다.
   PMT(B) 25,000, N 20, I/Y 5, CPT FV = 867,981.295
   → 867,981.295 × <u>1.05²</u> = 956,949.378
                        ↳ 거치기간

❷ 보기를 읽으며 O, X를 표시한다.
① [X] 계획대로 추가저축을 한다면 은퇴시점의 평가액은 956,949천원으로 예상되므로 추가로 필요한 은퇴일시금
   (1,000,000천원)을 마련할 수 없다.
② [X] 추가저축의 세후투자수익률을 연 6%로 높여 투자한다고 하더라도 17년 이상 투자해야 추가로 필요한 은퇴일시금
   (1,000,000천원)을 마련할 수 있다.
   PV 1,000,000/1.06²², PMT(B) −25,000, I/Y 6, CPT N = 16.985
③ [O] 20년간 매년 초 35,000천원을 저축하는 경우 세후투자수익률이 2.8% 이상이면 추가로 필요한 은퇴일시금
   (1,000,000천원)을 마련할 수 있다.
   CF0 −35,000, C01 −35,000 (19), C02 0 (2), C03 1,000,000 (1), IRR CPT = 2.791
④ [X] 저축기간 중 초기 10년은 6% 세후투자수익률로 운용하고, 남은 10년 및 은퇴시점까지의 기간 동안에는 4% 세후
   투자수익률로 운용한다면 은퇴시점의 평가액은 896,857천원으로 예상되므로 추가로 필요한 은퇴일시금
   (1,000,000천원)을 마련할 수 없다.
   1) 초기 10년 후 평가금액을 구한다.
      PMT(B) 25,000, N 10, I/Y 6, CPT FV = 349,291.066
   2) 후기 10년 후 평가금액을 구한다.
      PV −349,291.066, PMT(B) −25,000, N 10, I/Y 4, CPT FV = 829,194.889
   3) 은퇴시점에서의 평가금액을 구한다.
      829,194.889 × 1.04² = 896,857.192
⑤ [X] 저축기간을 은퇴시점까지 늘린다면 은퇴시점의 평가액은 1,010,762천원으로 예상되므로 추가로 필요한 은퇴일시금
   (1,000,000천원)을 마련할 수 있다.
   PMT(B) 25,000, N 22, I/Y 5, CPT FV = 1,010,761.878

(필요정보) V. 박유진씨의 개인사업 관련 현황 　　　　(湖) p.186 ㉑ p.276-07번

❶ 공동사업장의 소득금액을 계산한다.

　　매출액 　　　　　　　　　　 4,000,000
－　매출원가 　　　　　　　　 －　 600,000
－　사업용 고정자산 감가상각비 　 －　 770,000 　800,000 - 30,000
－　종업원 인건비 　　　　　　 －　1,800,000
－　기타 사업관련 경비 　　　　 －　 470,000 　500,000 - 30,000
＝　공동사업장 소득금액 　　　　＝　 360,000

[참고] 벌과금은 사업소득금액에 포함하지 않는다.

❷ 보기를 읽으며 O, X를 표시한다.
① [O] 성실신고확인비용 세액공제는 해당 비용의 60%를 연간 1,200천원을 한도로 적용한다.
　　성실신고확인비용 세액공제 = Min[500 × 60%, 1,200] = 300
② [X] 출자공동사업자가 있는 경우에도 공동사업에 해당한다.
③ [X] 성실신고확인대상 사업장이므로 소득세 신고기한은 2024년 6월 30일까지이다.
④ [X] 윤찬현씨의 인건비는 공동사업장의 소득금액 계산 시 필요경비로 차감한다.
⑤ [X] 박유진씨의 사업소득금액은 198,000천원이다.
　　박유진씨의 사업소득금액 = 360,000 × 55% = 198,000

(필요정보) IV. 자산 세부내역_2. 부동산자산 　　　　(湖) p.186 ㉑ p.348-19번

❶ 아파트 A의 양도소득세를 계산한다.

　　양도가액 　　　　　 2,000,000
－　취득가액 　　　　－　 720,000
＝　양도차익 　　　　＝　 512,000 　1,280,000 × (2,000,000 - 1,200,000)/2,000,000 = 512,000
－　장기보유특별공제 －　 163,840 　1,280,000 × 32%(4년 이상 5년 미만 보유 및 거주)
　　　　　　　　　　　　　　　　　　 × (2,000,000 - 1,200,000)/2,000,000 = 163,840
＝　양도소득금액 　　＝　 348,160
－　양도소득 기본공제 －　 2,500
＝　양도소득 과세표준 ＝　 345,660
×　세 율 　　　　　 × 40% - 25,940
＝　양도소득 산출세액 ＝　 112,324

❷ 보기를 읽으며 O, X를 표시한다.
① [X] 12억원을 초과하는 부분에 대해서만 양도소득세를 부과한다.
② [O] 아파트 A의 양도로 납부해야 할 양도소득세는 112,324천원이다.
③ [X] 아파트 A를 양도할 경우 취득가액은 실거래가액을 적용한다.
④ [X] 아파트 A를 양도할 경우 양도한 날이 속하는 달의 말일부터 2개월 이내에 납세지 관할세무서장에게 신고하여야 한다.
⑤ [X] 양도소득에 대하여는 각각의 소득별로 분류하여 과세하므로 주식과는 별도로 기본공제를 적용한다.

21 위험관리와 보험설계 | **생활 가능한 유지 기간 계산** 　　　정답 : ②

(필요정보) Ⅰ. 고객정보, Ⅲ. 자산 세부내역_1. 금융자산, 3. 보장성보험(생명보험), Ⅴ. 경제지표 가정 　　⑱ p.191 ㉑ p.39-12번

❶ 유가족의 가계지출(부양비)을 구한다.

　48,000　　　－　　　7,000　＝　41,000
　↖ 120,000(연봉) × 0.4　↖ 노후시 본인의 지출비용

❷ 준비된 유동자산(일반사망보험금 + 목적 없는 유동자산 – 부채)을 구한다.

	일반사망보험금	300,000	종신보험(300,000)
+	목적 없는 유동자산 +	72,450	MMF(52,100) + 정기예금(20,350)
–	부　채　　　 –	90,649	주택담보대출금 잔액(PV 100,000, N 20 × 12, I/Y 7.5/12, CPT PMT(E) = 805.593)
			[2ND AMORT] P1 1, P2 45, BAL = 90,648.863(대출잔액)
=	준비된 유동자산 =	281,801	

❸ 유가족이 생활 가능한 기간을 구한다.

　PV –281,801, I/Y (6 – 3.5)/1.035, PMT(B) 41,000, CPT N = 7.410

22 위험관리와 보험설계 | **일반화재보험의 지급보험금** 　　　정답 : ②

(필요정보) Ⅰ. 고객정보, Ⅲ. 자산 세부내역_3. 보장성보험(일반화재보험) 　　⑱ p.192 ㉑ p.231-01번

❶ 화재보험의 보험금 지급방법을 확인한다.

1) 대상 물건이 일반물건(점포)이므로 부보비율 조건부 실손보상조항(Coinsurance)이 적용된다.

　[참고] coin 적용 : 주택, 일반물건(점포)

　　　　coin 미적용 : 공장, 일반물건(재고자산)

2) 보험가입금액이 보험가액의 80% 미만이므로 재산손해액과 비용손해액은 비례보상 한다.

❷ 잔존물제거비용에 대한 보험금과 가입금액 한도를 감안하여 지급받을 수 있는 보험금을 계산한다.

	재산손해액	37,500	50,000 × 300,000/(500,000 × 80%)
+	잔존물제거비용 +	5,000	~~10,000 × 300,000/(500,000 × 80%) = 7,500~~ ← 재산손해액의 10%(= 5,000) 한도
=	합　계　　 =	42,500	
+	손해방지비용 +	3,750	5,000 × 300,000/(500,000 × 80%)
+	기타협력비용 +	8,000	전액보상
+	배상책임액(대물) +	100,000	화재로 인한 대물손해에 한하여 보상
=	총보험금　 =	154,250	

❸ 보기를 읽으며 O, X를 표시한다.

① [O] 일반화재보험 보통약관에서 지급되는 재산손해액에 대한 보험금은 37,500천원이다.

② [X] 일반화재보험 보통약관에서 지급되는 잔존물제거비용에 대한 보험금은 5,000천원이다.

③ [O] 일반화재보험 보통약관에서 지급되는 손해방지비용에 대한 보험금은 3,750천원이다.

④ [O] 일반화재보험 보통약관에서 지급되는 기타협력비용에 대한 보험금은 8,000천원이다.

⑤ [O] 일반화재보험 보통약관에서 지급되는 화재보험금은 총 154,250천원이다.

필요정보 Ⅰ. 고객정보, Ⅲ. 자산 세부내역_3. 보장성보험(생명보험) 圈 p.193 ㉑ p.232-02번

❶ 보험금은 다음과 같이 지급한다.

> • (급여항목) 지급보험금 : 급여 보장대상 의료비에서 보장대상 의료비의 10%를 공제한 금액
> • (비급여항목) 지급보험금 : 비급여 보장대상 의료비에서 보장대상 의료비의 20%를 공제한 금액

1) 급여항목의 지급보험금을 구한다.
   1,200 − <u>120</u> = 1,080
        ↳ 1,200 × 10%

   [참고] 입원의 경우 통원치료와 달리 최소자기부담금이 없다.
2) 비급여항목의 지급보험금을 구한다.
   800 − <u>160</u> = 640
        ↳ 800 × 20%

❷ 총 지급보험금을 구한다.
   1,080(급여항목) + 640(비급여항목) = 1,720

필요정보 이 유형은 보통 문제에서 주어진 정보로 푼다. 圈 p.193 ㉑ p.274-05번

❶ 각 투자안의 포트폴리오 기대수익률과 베타계수를 계산한다.

구 분	포트폴리오	
	기대수익률	베타계수
투자안 1	(7% × 0.2) + (10% × 0.6) + (13% × 0.1) + (8% × 0.1) = 9.50%	(1.3 × 0.2) + (0.5 × 0.6) + (1.1 × 0.1) + (−0.2 × 0.1) = 0.650
투자안 2	(7% × 0.5) + (10% × 0.1) + (13% × 0.25) + (8% × 0.15) = 8.95%	(1.3 × 0.5) + (0.5 × 0.1) + (1.1 × 0.25) + (−0.2 × 0.15) = 0.945
투자안 3	(7% × 0.2) + (10% × 0.2) + (13% × 0.3) + (8% × 0.3) = 9.70%	(1.3 × 0.2) + (0.5 × 0.2) + (1.1 × 0.3) + (−0.2 × 0.3) = 0.630

❷ 포트폴리오 기대수익률과 베타계수가 가장 큰 투자안을 각각 구한다.
   1) 포트폴리오 기대수익률이 가장 큰 투자안 : 투자안 3
   2) 포트폴리오 베타계수가 가장 큰 투자안 : 투자안 2

(필요정보) 이 유형은 보통 문제에서 주어진 정보로 푼다.   ⑰ p.194

❶ 포트폴리오의 기대수익률과 표준편차, 실현수익률의 확률을 구하는 공식은 아래와 같다.

> - 포트폴리오의 기대수익률($E(R_p)$) = Σ(각 상품의 수익률 × 투자비중)
> - 포트폴리오의 표준편차(σ_p) = $\sqrt{(W_A \times \sigma_A)^2 + (W_B \times \sigma_B)^2 + (2 \times W_A \times W_B \times \sigma_A \times \sigma_B \times \rho_{AB})}$
> - 정규분포곡선을 따르는 수익률의 확률
>   - 실현수익률이 기대수익률 $\pm1\sigma$ 구간 내에 있을 확률은 약 68%이다.
>   - 실현수익률이 기대수익률 $\pm2\sigma$ 구간 내에 있을 확률은 약 95%이다.
>   - 실현수익률이 기대수익률 $\pm3\sigma$ 구간 내에 있을 확률은 약 99%이다.

❷ 보기를 읽으며 O, X를 표시한다.

① [O] 주식과 채권의 투자비중을 각각 50%로 설정하면 포트폴리오의 세후기대수익률은 7%이다.
  $E(R_p)$ = (0.5 × 10%) + (0.5 × 4%) = 7%

② [O] 포트폴리오의 세후기대수익률을 6%로 설정할 경우 주식과 채권의 투자비중은 33.33%와 66.67%로 자산을 배분하는 것이 위험을 축소하면서 목표한 기대수익률을 달성하는 방안이다.
  $E(R_p)$ = 6% = W_A × 10% + (1 − W_A) × 4%
  ∴ W_A = 0.3333(주식 투자비중 : 33.33%, 채권 투자비중 : 66.67%)

③ [O] 주식과 채권의 투자비중을 각각 50%로 설정하면 포트폴리오의 표준편차는 9.44%로 계산된다.
  σ_p = $\sqrt{(0.5 \times 18\%)^2 + (0.5 \times 3\%)^2 + (2 \times 0.5 \times 0.5 \times 18\% \times 3\% \times 0.22)}$ = 9.44%

④ [X] 주식과 채권의 투자비중을 각각 50%로 설정하면 포트폴리오의 세후실현수익률이 −2.44 ~ 16.44%에 있을 가능성은 약 68%이다. *기대수익률 ± 1σ = 7% ± (1 × 9.44%)*

⑤ [O] 포트폴리오의 위험을 6.2%로 축소하려면 주식 투자비중을 30% 이하로 줄여야 하는데 이 경우 포트폴리오의 세후실현수익률이 6% 이하일 가능성이 높다.
  $E(R_p)$ = 0.3 × 10% + 0.7 × 4% = 5.8%
  ↳ 주식 투자비중 ↳ 채권 투자비중 = 1 − 주식 투자비중

(필요정보) 이 유형은 보통 문제에서 주어진 정보로 푼다.   ⑰ p.194

환헤지와 관련된 문제는 주어진 정보를 바탕으로 큰 뼈대를 세우고 보기를 읽어야 헷갈리지 않을 수 있다.
먼저 투자 당시 환율과 1년 만기 선물환율을 확인한 후, 값이 같다면 환헤지를 한 경우의 수익률이 무위험(국채)이자율로 고정된다. 그 다음 1년 후 환율이 상승했는지 하락했는지를 확인하여 환헤지를 하지 않았을 경우의 손익의 방향을 생각한다.

① [O] 선물환 거래를 이용해 환헤지를 한 경우 환율 변화와 관계없이 초기에 수익률이 고정되어 3%의 확정수익을 얻게 된다.

② [O] 환헤지를 안 한 경우 1년 후 원화표시 투자수익률은 약 7.6%이다.
  원화표시 수익률 = {1/투자시점 환율 × (1 + 일본국채 수익률) × 회수시점 환율} − 1
  = (1/940 × 1.03 × 982) − 1 = 7.6%

③ [X] 노준호씨는 일본국채에 투자(현물 매수포지션)하고 있으므로 환율이 상승할 경우 이익이 발생하고, 환율이 하락할 경우 손해가 발생한다. 1년 후 환율이 상승했으므로 선물환을 이용해 환헤지를 한 경우가 안 한 경우보다 원화표시 수익률이 4.6%p(= 3% − 7.6%) 낮다.

④ [O] 선물환 거래를 이용해 환헤지를 한 경우가 안 한 경우보다 약 4,600천원(= 투자자금 × 수익률의 차이 = 100,000 × 4.6%) 수익이 적다.

⑤ [O] 만약 1년 후 환율이 예상과 달리 하락하였다면 선물환 매도포지션을 이용하여 환헤지를 한 경우 선물에서는 이익이 발생하고 현물인 일본국채에서는 손해가 나타나 서로 상쇄된다. 하지만 환헤지를 하지 않은 경우에는 현물에서 손해만 발생하므로 환헤지를 한 경우가 안 한 경우보다 수익률이 높게 나타난다.

필요정보 이 유형은 보통 문제에서 주어진 정보로 푼다.　　　　　　　　　⑲ p.195 ㉑ p.90-15번

❶ 다가구주택의 부동산가치를 구한다.

　1) 다가구주택 매입 시 순영업수익(NOI)을 구한다.

가능총수익		656,000	(1,000 × 50 × 12) + (700,000 × 0.08)
− 공실(5%)	×	0.95	
= 유효총수익		623,200	
− 영업경비(30%)	×	0.7	
= 순영업수익(NOI)	−	436,240	

　2) 순영업수익(NOI)과 종합환원율을 활용하여 부동산가치를 구한다.

> 부동산가치 = 순영업수익(NOI) ÷ 종합환원율

　436,240/0.08 = 5,453,000

❷ LTV에 의한 대출금액을 구한다.

> 대출금액 = 부동산가치 × LTV

　5,453,000 × 0.6 = 3,271,800

❸ DCR에 의한 대출금액을 구한다.

> 순영업수익 ÷ (대출이율 × 대출금액) ≥ DCR

　436,240/(0.085 × 대출금액) ≥ 1.5
　→ 대출금액 ≤ 3,421,490.196

❹ LTV와 DCR을 모두 충족하는 범위의 최대 대출가능금액을 구한다.

> 최대 대출가능금액 = Min[LTV적용 대출금, DCR적용 대출금]

　최대 대출가능금액 = Min[3,271,800(❷), 3,421,490.196(❸)] = 3,271,800(LTV적용 대출금)
　∴ LTV와 DCR이 적용된 금액 모두 충족하는 범위인 3,271,800천원이 최대 대출가능금액이다.

필요정보 이 유형은 보통 문제에서 주어진 정보로 푼다.　　　　　　　　　⑲ p.195 ㉑ p.470-06번

❶ Cash on Cash rate를 구하는 공식은 다음과 같다.

> • Cash on Cash rate = 세전현금수익/자기자본투자액
> • 자기자본투자액 = 총투자금액 − 대출금 − 임대보증금 × (1 − 공실률)

❷ 자기자본투자액을 구한다.

총투자금액(부대비용 포함)		6,000,000	
− 대출금	−	2,990,000	
− 보증금 × (1 − 공실률)	−	665,000	700,000 × 0.95
= 자기자본투자액	=	2,345,000	

❸ 세전현금수익을 구한다.

가능총수익		600,000	(1,000 × 50 × 12) 보증금운용수익 고려하지 않음
− 공실(5%)	×	0.95	
= 유효총수익	=	570,000	
− 영업경비(30%)	×	0.7	
= 순영업수익	=	399,000	
− 대출이자	−	254,150	2,990,000 × 0.085
= 세전현금수익	=	144,850	

❹ Cash on Cash rate를 구한다.

　144,850/2,345,000 = 0.0618(6.18%)

필요정보 Ⅵ. 노창선씨(부친)의 금융자산 현황

📖 p.196 ㉠ p.166-10번

❶ **순금융재산에 해당하는 재산을 찾는다.**

1) 노창선씨의 상속재산 중 금융재산에 해당하는 것은 정기예금, 주식형펀드, 종신형보험 사망보험금이다.

[참고] 종신보험 사망보험금은 총 납입보험료 중 본인이 납부한 비율만큼만 상속재산에 해당한다.

2) 은행차입금은 금융재산에서 차감한다.

3) 최대주주와 그 특수관계인이 보유한 주식 또는 출자지분은 금융재산에 해당되지 않으며, 임대보증금은 금융부채가 아니다.

❷ **총상속공제액을 구한다.**

1) 금융재산상속공제액을 구한다.

순금융재산의 가액	120,000	정기예금(80,000) + 주식형펀드(100,000) + 종신보험 사망보험금(90,000) – 은행차입금(150,000)
× 공제율	× 20%	순금융재산가액 1억원 초과 10억원 이하
= 금융재산상속공제액	= 24,000	↳ 300,000 × 30,000/100,000

2) 총상속공제액을 구한다.

24,000 + 500,000 = 524,000
   ↳ 일괄공제

❸ **상속세 과세표준을 구한다.**

870,000 – 524,000 = 346,000

필요정보 Ⅲ. 자산 세부내역_2. 부동산자산

📖 p.197 ㉠ p.171-15번

❶ **상가 B의 평가가액을 구한다.**

상가 B에 임대차계약이 체결되어 있으므로 기준시가와 임대보증금 환산가액 중 큰 금액을 시가로 본다.

> 임대보증금 환산가액 = 임대보증금 + 연간임대료 합계 ÷ 0.12

임대보증금 환산가액 = 300,000 + (3,500 × 12) ÷ 0.12 = 650,000
Max[980,000, 650,000] = 980,000

❷ **상가 B의 증여세 산출세액을 구한다.**

증여재산가액	980,000	상가 B 평가가액
– 채무부담액	– 300,000	
= 증여세 과세가액	= 680,000	
– 증여재산공제	– 600,000	600,000(배우자 증여재산공제액)
= 과세표준	= 80,000	
× 세 율	× 10%	과세표준 1억원 이하
= 증여세 산출세액	= 8,000	

종합사례 TEST 1

---

01 재무설계 원론 | **재무상태표상 순자산 변동 파악**   정답 : ①

(필요정보) Ⅰ. 고객정보_3. 주거상황, Ⅳ. 재무제표_1. 재무상태표   (핵) p.209 (기) p.355-02번

❶ **주택담보대출 잔액을 구한다.**
  1) 2022년 12월 31일 주택담보대출 잔액을 구한다.
     PV 300,000, N 20 × 12, I/Y 5.4/12, CPT PMT(E) = 2,046.755
     [방법1] [2ND CLR TVM]을 누르지 않은 상태에서 N 38, CPT FV = 271,195.275
     [방법2] [2ND AMORT] P1 1, P2 38, BAL = 271,195.274
  2) 2023년 12월 31일 주택담보대출 잔액을 구한다.
     PV 300,000, N 20 × 12, I/Y 5.4/12, CPT PMT(E) = 2,046.755
     [방법1] [2ND CLR TVM]을 누르지 않은 상태에서 N 50, CPT FV = 261,029.610
     [방법2] [2ND AMORT] P1 1, P2 50, BAL = 261,029.610

❷ **순자산(= 총자산 − 총부채)을 구한다.**
  1) 2022년 12월 31일 순자산을 구한다.
     1,049,730 − (271,195 + 7,350) = 771,185
         ↖ 총자산   ↖ 총부채
  2) 2023년 12월 31일 순자산을 구한다.
     1,355,790 − (261,030 + 6,240) = 1,088,520
         ↖ 총자산   ↖ 총부채

---

02 재무설계 원론 | **재무제표의 분석·평가**   정답 : ③

(필요정보) Ⅳ. 재무제표_1. 재무상태표, 2. 월간 현금흐름표   (핵) p.209 (기) p.252-02번

① [O] 현재 순현금흐름은 (+)이므로 자녀교육자금 및 은퇴자금 등 장기적인 재무목표를 위해 저축하기 용이하다.
② [O] 주택담보대출 상환이자는 고정지출로 분류하고, 상환원금은 저축·투자액 계정으로서 가계 순자산을 증가시키며, 그자체
   로 저축 효과가 있음을 고객에게 알려야 한다.
③ [X] 총부채부담율은 19.71%로 가이드라인인 40%를 넘지 않으므로 재무건전성에 부정적인 영향을 미치지 않는다.

총부채부담율 = 총부채 ÷ 총자산

   총부채부담율 = (6,240 + 261,030) ÷ 1,355,790 = 19.71%
④ [O] 주거관련부채부담율은 19.25%로 가이드라인인 28% 이하이므로 바람직한 수준이다.

주거관련부채부담율 = 주거관련부채 ÷ 총자산

   주거관련부채부담율 = 261,030 ÷ 1,355,790 = 19.25%
⑤ [O] 강정기씨 부부는 부채를 보유하고 있으면서 주식과 펀드를 하고 있는 것으로 보아 투자와 부채상환을 통합적으로 고려
   하고 있지 않다.

(필요정보) 이 유형은 보통 문제에서 주어진 정보로 푼다.   (書) p.210 (刊) p.337-10번

❶ 포트폴리오의 기대수익률과 표준편차, 실현수익률의 확률을 구하는 공식은 아래와 같다.

> • 포트폴리오의 기대수익률($E(R_P)$) = Σ(각 상품의 수익률 × 투자비중)
> • 포트폴리오의 표준편차(σ_P) = $\sqrt{(W_A \times \sigma_A)^2 + (W_B \times \sigma_B)^2 + (2 \times W_A \times W_B \times \sigma_A \times \sigma_B \times \rho_{AB})}$
> • 정규분포곡선을 따르는 수익률의 확률
>   - 실현수익률이 기대수익률 $\pm 1\sigma$ 구간 내에 있을 확률은 약 68%이다.
>   - 실현수익률이 기대수익률 $\pm 2\sigma$ 구간 내에 있을 확률은 약 95%이다.
>   - 실현수익률이 기대수익률 $\pm 3\sigma$ 구간 내에 있을 확률은 약 99%이다.

❷ 포트폴리오의 기대수익률을 계산한다.

포트폴리오의 기대수익률 = (5% × 40%) + (8% × 60%) = 6.80%

❸ 포트폴리오의 표준편차를 계산한다.

포트폴리오의 표준편차 = $\sqrt{(7\% \times 0.4)^2 + (9\% \times 0.6)^2 + (2 \times 0.4 \times 0.6 \times 7\% \times 9\% \times 0.67)}$
= 7.57%

❹ 포트폴리오의 기대수익률과 표준편차를 이용하여 95.45%의 신뢰구간에서 달성 가능한 기대수익률의 범위를 계산한다.

6.80% ± 7.57% × 2이므로 (6.80% - 7.57%) ~ (6.80% + 7.57%) = -8.34% ~ 21.94%

(필요정보) II. 고객 재무목표_1. 재무관리 관련, III. 재무정보_1. 금융자산,   (書) p.210 (刊) p.303-11번
           IV. 재무제표_2. 월간 현금흐름표, VI. 경제지표 가정

① [O] 5년 후 변호사 사무실을 개업하는 시점에서 필요한 자금은 약 182,498천원이다.

$\underline{(100,000 + 50,000)} \times 1.04^5$ = 182,497.935

    ↖ 임차비용   ↖ 기타비용   ↖ 물가상승률

② [X] 사업자금 마련을 위한 현재의 월 저축액과 현금흐름표상 추가저축 여력 금액을 매월 초 세후투자수익률 연 6%로 저축하더라도 5년 후 시점의 준비자금은 166,067천원이 되므로 사업자금을 마련할 수 없다.

1) 이율전환(연이율 → 월이율)을 한다.

PV -100, FV 106, N 12, CPT I/Y = 0.487(STO7)

2) 사업자금 마련을 위한 '5년 후' 시점의 준비자금을 구한다.

PV $\underline{32,500}$ + $\underline{10,200}$, PMT(B) $\underline{1,000}$ + $\underline{560}$, N 60, I/Y 0.487(RCL7), CPT FV = 166,067.690

   ↖ 정기적금의 ↖ 상장주식의   ↖ 정기적금의 ↖ 추가저축
     평가금액   평가금액   월 납입액   여력 금액

③ [O] 강정기씨는 변호사업을 영위하는 전문직 사업자이므로 신규개업 여부에 관계없이 복식부기에 의해 장부를 비치·기록해야 하는 복식부기의무자에 해당한다.

④ [O] 강정기씨는 전문직종을 운영하는 과세사업자이므로 항상 일반과세자에 해당한다.

⑤ [O] 강정기씨는 일반과세자이므로 적법한 매입세금계산서를 수취하여 부가가치세를 법정신고기한 이내에 신고하면 공제 또는 환급받을 수 있다.

필요정보 I. 고객정보, II. 고객 재무목표_1. 재무관리 관련, Ⅲ. 재무정보_1. 금융자산, VI. 경제지표 가정 📖 p.211 ㉒ p.307-13번

❶ 강한비의 대학 입학, 유학, 결혼시점을 기준으로 time table을 그린다.

	현재시점		강한비 입학	강한비 유학		강한비 결혼	
		15년	4년	3년	4년	1년	
강한비씨 4세			19세	23세	26세	30세	31세
교육자금(6%)	0		20,000	50,000	0	0	
결혼자금(4%)	0		0	0	0	60,000	

❷ 보기를 읽으며 O, X를 표시한다.

① [O] 현재시점의 교육 필요자금은 약 162,006천원이다.

CF0 0, C01 0 (14), C02 20,000 (4), C03 50,000 (3), I (8 – 6)/1.06, NPV CPT = 162,006.156
    ↳ 적립식 주식형펀드 A의 세후투자수익률

② [O] 현재시점의 교육 부족자금(= 필요자금 – 준비자금)은 약 143,706천원이다.

162,006.156 – 18,300 = 143,706.156(STO1)
    ↳ 적립식 주식형펀드 A의 평가금액

③ [O] 현재시점의 결혼 필요자금은 약 22,491천원이다.

FV 60,000, N 26, I/Y (8 – 4)/1.04, CPT PV = 22,490.568
    ↳ 거치식 주식형펀드 C의 세후투자수익률

④ [O] 현재시점의 결혼 부족자금(= 필요자금 – 준비자금)은 약 1,991천원이다.

22,490.568 – 20,500 = 1,990.568(STO2)
    ↳ 거치식 주식형펀드 C의 평가금액

⑤ [X] 교육자금 및 결혼자금의 총부족금액을 마련하기 위해서는 매월 약 769천원을 추가하여 저축하여야 한다.

1) 이율전환(연이율 → 월이율)을 한다.
   PV –100, FV 108, N 12, CPT I/Y = 0.643(STO7)
2) 부족자금을 마련하기 위한 월저축액을 구한다.
   PV 143,706.156(RCL1) + 1,990.568(RCL2), N 15 × 12, I/Y 0.643(RCL7),
   CPT PMT(E) = 1,368.975
3) 추가하여야 하는 월저축액을 구한다.
   1,368.975 – 600 = 768.975

필요정보 이 유형은 보통 문제에서 주어진 정보로 푼다. 📖 p.211 ㉒ p.45-01번

❶ F 주식과 G 주식의 베타(β)를 구하여 요구수익률(k)을 계산한다.

- 베타(β) = (σ_i / σ_m) × ρ_{im}
- 요구수익률(k) = R_f + β × (R_m – R_f)

· σ_i : 주식수익률의 표준편차 · R_f : 무위험이자율
· σ_m : 시장수익률의 표준편차 · R_m : 시장수익률
· ρ_{im} : 주식수익률과 시장수익률의 상관계수 · (R_m – R_f) : 시장 위험프리미엄

주 식	베타(β)	요구수익률(k)
F	18%/20% × 0.7 = 0.63	3% + 0.63 × (12% – 3%) = 8.67%
G	28%/20% × 0.9 = 1.26	3% + 1.26 × (12% – 3%) = 14.34%

❷ 계산한 요구수익률과 기대수익률을 비교하여 각 주식의 고평가·저평가 여부를 판단한다.

- 요구수익률 < 기대수익률 → 저평가(매수), 증권시장선보다 위쪽에 위치
- 요구수익률 > 기대수익률 → 고평가(매도), 증권시장선보다 아래쪽에 위치

주 식	요구수익률과 기대수익률의 비교	고평가·저평가 여부 판단
F	8.67% < 10%	저평가(매수)
G	14.34% > 13%	고평가(매도)

필요정보 이 유형은 보통 문제에서 주어진 정보로 푼다. 　　　　　　敎 p.212 ㉠ p.295-07번

❶ 펀드의 위험조정 성과평가와 관련된 공식은 아래와 같다.

- 젠센척도 = 실현수익률 – 요구수익률(k)
- 샤프척도 = (실현수익률 – 무위험이자율)/표준편차
- 트레이너척도 = (실현수익률 – 무위험이자율)/베타
- 정보비율 = (실현수익률 – 벤치마크 수익률)/tracking error의 표준편차
- 젠센척도, 샤프척도, 트레이너척도, 정보비율의 값이 클수록 성과가 우수하다.

❷ 보기를 읽으며 O, X를 표시한다.

① [O] 펀드의 정보비율은 1.533이다.
　　　정보비율 = <u>2.3%</u>/1.5% = 1.533
　　　　　　　↖ 벤치마크 대비 초과수익률 = 실현수익률 – 벤치마크 수익률

② [X] 샤프척도는 총위험 한 단위당 실현된 초과수익률을 의미하며, 1.134로 계산된다.
　　　샤프척도 = (12.3% – 3%)/8.2% = 1.134

③ [X] 트레이너척도는 체계적 위험 한 단위당 실현된 초과수익률을 의미하며, 0.078로 계산된다.
　　　트레이너척도 = (0.123 – 0.03)/1.2 = 0.078

④ [X] 펀드의 요구수익률은 11.4%이다.
　　　요구수익률(k) = R_f + β × (R_m – R_f) = 3% + 1.2 × (<u>10%</u> – 3%) = 11.4%
　　　　　　　　　　　　　　　　　　　　　　　　　　　↖ 벤치마크 수익률 = 실현수익률 – 벤치마크 대비 초과수익률
　　　　　　　　　　　　　　　　　　　　　　　　　　　　　= 12.3% – 2.3% = 10%

⑤ [X] 젠센척도가 (+)로 나타났으므로 펀드매니저들의 증권선택능력이 우수하다고 할 수 있다.
　　　젠센척도 = 12.3% – 11.4% = 0.9%

필요정보 이 유형은 보통 문제에서 주어진 정보로 푼다. 　　　　　　敎 p.213 ㉠ p.290-03번

① [X] 자동차 사고에 따른 강정기씨의 위자료는 80,000천원이다.

- 65세 이상 → 50,000천원
- 65세 미만 → 80,000천원

② [X] 자동차 사고에 따른 강정기씨의 장례비는 5,000천원이다.
　　[참고] 장례비는 소득, 연령, 기·미혼 여부, 자녀의 수에 관계없이 5,000천원을 지급한다.

③ [X] 자동차가 출고된 지 1년이 지났고 추돌 당해 수리비용이 사고 직전 자동차가액의 20%를 초과(35,000 × 20% = 7,000)하므로 자동차 시세하락 손해로 1,500천원(= 10,000 × 15%)을 보상받을 수 있다.

- 출고 후 1년 이하인 자동차 : 수리비용의 20%
- 출고 후 1년 초과 2년 이하인 자동차 : 수리비용의 15%
- 출고 후 2년 초과 5년 이하인 자동차 : 수리비용의 10%

④ [X] 강정기씨 사망에 따라 가해차량의 보험사로부터 지급받을 수 있는 상실수익액은 1,332,836천원이다.

상실수익액 = 월평균 현실소득액 × 2/3 × 정년까지의 월수에 해당하는 호프만계수

　　　상실수익액 = 12,000 × 2/3 × 166.6045
　　　　　　　　 = 1,332,836

⑤ [O] 강정기씨 사망에 따라 가해차량의 보험사로부터 지급받을 수 있는 사망보험금은 총 1,276,052천원이다.
　　　장례비와 위자료, 상실수익액을 모두 더한 후 과실비율(10%)을 적용하여 최종보험금을 구한다.
　　　(<u>5,000</u> + <u>80,000</u> + <u>1,332,836</u>) × (1 – 0.1) = 1,276,052.400
　　　　↖ 장례비　　↖ 위자료　　↖ 상실수익액

> (필요정보) Ⅰ. 고객정보, Ⅲ. 재무정보_3. 보장성보험(생명보험)   ⑧ p.214

① [O] 강정기씨가 오늘 암으로 사망할 경우 가입한 종신보험에서 지급되는 보험금은 300,000천원이다.
   <u>200,000</u> + <u>100,000</u> = 300,000천원
   ↳ 주계약   ↳ 60세 만기 정기특약
   [참고] 암으로 인한 사망은 질병사망이므로 재해사망에 해당되지 않는다.

② [O] 동호회 활동 목적으로 전문등반, 수상보트 등 위험행위로 인해 상해가 발생한 경우에는 보험금이 지급되지 않는다.

③ [X] 강정기씨가 교통사고로 사망할 경우 가입한 종신보험에서 지급되는 사망보험금은 500,000천원이다.
   <u>200,000</u> + <u>100,000</u> + <u>200,000</u> = 500,000
   ↳ 주계약   ↳ 60세 정기특약   ↳ 재해사망특약

④ [O] 강정기씨가 오늘 사망할 경우, 생애가치방법에 의한 생명보험 필요보장액은 1,341,104.735천원이다.
   PMT(E) <u>150,000</u> − 36,000, N 21, I/Y 6, CPT PV = 1,341,104.735
   ↳ 연봉

⑤ [O] 일반적으로 암보장 책임개시일은 보험가입 첫 날로부터 그날을 포함하여 90일이 지난 날의 다음 날에 시작된다.

> (필요정보) 이 유형은 보통 문제에서 주어진 정보로 푼다.   ⑧ p.214 ㉮ p.357-05번

연금보험의 현금흐름을 은퇴시점(65세)에서 일시금으로 비교한다.

① 평준 생애수입방법을 선택하여 65세부터 매년 말 정액으로 38,000천원을 수령
   PMT(E) 38,000, N 15, I/Y 6, CPT PV = 369,065.462

② 확정기간 분할수령방법을 선택하여 65세부터 10년 간 매년 초 정액으로 60,000천원을 수령
   PMT(B) 60,000, N 10, I/Y 6, CPT PV = 468,101.537

③ 확정기간 분할수령방법을 선택하여 65세부터 15년 간 매년 초 정액으로 45,000천원을 수령
   PMT(B) 45,000, N 15, I/Y 6, CPT PV = 463,274.277

④ 보증부 생애수입방법을 선택하여 65세부터 매년 말 정액으로 35,000천원을 수령하되 15년간은 보증지급
   PMT(E) 35,000, N 15, I/Y 6, CPT PV = 339,928.715

⑤ 이자수령방법을 선택하여 65세부터 매월 초 정액으로 2,000천원을 지급받고 사망 시 400,000천원을 수령
   PMT(B) 2,000, N 15 × 12, I/Y 0.4868, FV 400,000, CPT PV = 407,486.445
   (PV −100, FV 106, N 12, CPT I/Y = 0.4868)

> (필요정보) Ⅰ. 고객정보_1. 동거가족, Ⅱ. 고객 재무목표_3. 은퇴설계 관련,   ⑧ p.215 ㉮ p.103-08번
> Ⅲ. 재무정보_1. 금융자산, 4. 공적연금, Ⅵ. 경제지표 가정

❶ 현재시점, 은퇴시점, 사망시점을 기준으로 time table을 그려서 연간 은퇴소득 부족분을 계산한다.

	현재시점	은퇴시점	강정기씨 사망
		26년	25년
강정기씨	39세	65세	90세
목표은퇴소득	0	35,000	
− 국민연금	−0	−15,000	
= 은퇴소득 부족분	= 0	= 20,000	

❷ 은퇴 첫해 은퇴소득 부족분에 은퇴소득 인출률을 적용해 총은퇴일시금을 구한다.
   1) 은퇴시점 물가기준으로 평가한 첫해 은퇴소득 부족금액을 계산한다.
      <u>20,000</u> × 1.04²⁶ = 55,449.396
      ↳ 현재물가기준 금액
   2) 은퇴소득 인출률을 적용해 총은퇴일시금을 계산한다.
      55,449.396 ÷ 0.04 = 1,386,234.892(STO1)

❸ 은퇴시점에서 적립식펀드의 평가액을 구한다.

1) 이율전환(연이율 → 월이율)을 한다.
   PV −100, FV 106, N 12, CPT I/Y = 0.487(STO7)
2) 은퇴시점 세전평가액을 계산한다.
   PV 75,140, PMT(E) 300, N 26 × 12, I/Y 0.487(RCL7), CPT FV = 560,598.484(STO2)
3) 배당소득세액을 계산한다.
   [560,598.484(RCL2) − {50,000 + (300 × 26 × 12)}] × 15.4% = 64,217.767
                                    ↳ 총 납입원금
4) 세전평가액에서 배당소득세액을 차감하여 세후평가액을 계산한다.
   560,598.484(RCL2) − 64,217.767 = 496,380.718(STO3)

❹ 총은퇴일시금에서 은퇴자산 평가액을 차감하여 은퇴시점에서 부족한 은퇴일시금을 구한다.
   1,386,234.892(RCL1) − 496,380.718(RCL3) = 889,854.175

---

12 은퇴설계 | 은퇴저축 포트폴리오의 목표수익률 달성을 위한 자산배분   정답 : ④

(필요정보) Ⅰ. 고객정보_1. 동거가족, Ⅱ. 고객 재무목표_3. 은퇴설계 관련   ⓟ p.216 ㉮ p.315-18번

❶ 포트폴리오 목표수익률 달성을 위한 자산군별 투자 비중의 공식을 이용하여 주식형펀드의 투자 비중 및 투자 금액을 계산한다.

주식형자산의 투자 비중 = $\dfrac{\text{포트폴리오 종가} - \{\text{채권형자산 종가계수} \times \text{저축(투자)액}\}}{(\text{주식형자산 종가계수} - \text{채권형자산 종가계수}) \times \text{저축(투자)액}}$

1) 주식형펀드의 투자 비중을 구하기 위해 포트폴리오의 종가와 각 자산의 종가계수를 구한다.
   • 포트폴리오의 종가
     PV 200,000, N 26, I/Y 6, CPT FV = 909,876.593(STO1)
   • 각 자산의 종가계수
     - 주식형펀드 : PV −1, N 26, I/Y 7, CPT FV = 5.807(STO2)
     - 채권형펀드 : PV −1, N 26, I/Y 5, CPT FV = 3.556(STO3)
2) 주식형펀드의 투자 비중을 계산한다.
   $\dfrac{909,876.593(RCL1) - \{3.556(RCL3) \times 200,000\}}{\{5.807(RCL2) - 3.556(RCL3)\} \times 200,000}$ = 0.441(STO4)
3) 주식형펀드의 투자 금액을 계산한다.
   0.441 × 200,000 = 88,263.889

❷ 채권형펀드의 투자 비중 및 투자 금액을 계산한다.

채권형자산의 투자 비중 = 1 − 주식형자산의 투자 비중

1) 채권형펀드의 투자 비중을 계산한다.
   1 − 0.441(RCL4) = 0.559
2) 채권형펀드의 투자 금액을 계산한다.
   0.559 × 200,000 = 111,736.111

(필요정보) 이 유형은 보통 문제에서 주어진 정보로 푼다. ⓟ p.217

❶ 연금수령연차 1년차의 연금수령한도를 계산한다.

> 연금수령한도 = {연금계좌 평가액/(11 - 연금수령연차)} × 120%

연금수령한도 = {46,000/(11 - 1)} × 120%
= 5,520
∴ 인출액 5,000천원은 연금수령한도(5,520천원) 이내 금액이므로 세법상 연금수령 요건을 만족한다.

❷ 연금저축계좌에서 인출순서를 파악한다.

> 세액공제 받지 않은 납입금액(원금) ⇨ 이연퇴직소득 ⇨ 세액공제 받은 납입금액(원금) ⇨ 적립금 운용수익

❸ 위 ❷의 인출순서에 따라 인출액 5,000천원의 소득원천과 과세내용을 파악한다.

```
     2,000  세액공제 받지 않은 납입금액(원금) → 비과세
+    3,000  세액공제 받은 납입금액(원금) → 연금소득세 과세
=    5,000  인출액
```

❹ 원천징수 금액(연금소득세)을 계산한다.
3,000 × 5.5% = 165
↳ 연금수령 연령 55 ~ 69세

(필요정보) V. 부친 강성호씨의 자산현황_2. 부동산자산, VI. 경제지표 가정 ⓟ p.218 ㉑ p.316-19번

❶ 매각 예상금액을 구한다.
600,000 × $(1 + 0.04)^3$ = 674,918.400
↳ 적정시세

❷ 상가의 순영업소득을 구한다.

가능총수익		60,000	5,000 × 12
− 공실(3%)	−	1,800	(5,000 × 12) × 0.03
= 유효총수익	=	58,200	
− 영업경비	−	20,000	
= 순영업소득	=	38,200	

❸ 세후투자수익률을 할인율로 적용하여 3년 후 해당 상가의 수익가치를 구한다.

$$\frac{38,200}{(1 + 0.06)} + \frac{38,200}{(1 + 0.06)^2} + \frac{(38,200 + 674,918.400)}{(1 + 0.06)^3} = 668,783.560$$

(필요정보) 이 유형은 보통 문제에서 주어진 정보로 푼다.

(필) p.219 (기) p.205-09번

❶ 거래사례비교법에 따른 부동산의 비준가치 공식은 다음과 같다.

> 비준가치 = 단위당 거래사례 가격 × 단위면적 × 사정보정치 × 시점수정치 × 지역요인 격차율 × 개별요인 격차율

❷ 공식에 대입하여 부동산 가치를 구한다.

	단위당 거래사례 가격		3,500
×	단위면적	×	79
×	사정보정치	×	0.9
×	시점수정치	×	1.01
×	지역요인 격차율	×	1.00
×	개별요인 격차율(외부요인)	×	110/100	대상토지가 10% 우세하므로, 대상에서 10을 더한다.
×	개별요인 격차율(건물요인)	×	95/100	대상토지가 5% 열세하므로, 대상에서 5를 뺀다.
×	개별요인 격차율(기타요인)	×	105/100	대상토지가 5% 우세하므로, 대상에서 5를 더한다.
=	부동산 가치	=	275,781	

(필요정보) Ⅰ. 고객정보

(필) p.219 (기) p.304-12번

① [X] 상가에 대한 건물분 재산세는 물건별로 단일세율을 적용하기 때문에 상가 증여 시 명의를 분산하더라도 건물분 재산세는 감소하지 않는다.

② [X] 주택의 재산세는 물건별로 개별 과세하기 때문에 주택 증여 시 명의를 분산하더라도 주택분 재산세는 감소하지 않는다.

③ [X] 강정기는 2024년도 현재 로펌에 근무하는 근로소득자에 해당하므로 부동산 임대사업을 신규로 개업하는 경우에는 간편장부에 의해 사업소득금액을 계산할 수 있는 간편장부대상자에 해당한다.

④ [O] 증여세는 수증자별 취득한 각각의 증여재산을 기준으로 수증자에게 부과하는 유산취득세 과세방식의 체계이므로 수증자를 분산할 경우 증여세 절세효과가 있다. 또한 향후 강정기의 부친 사망 시 강정기는 상속인이 되는 반면 이수진(강정기의 배우자)은 상속인이 아니기 때문에, 상가를 공동으로 증여받은 날 이후 5년이 경과하여 부친의 상속개시일이 도래한다면 단독증여에 비해 사전증여재산가액이 감소하여 상속세 절세효과도 있을 수 있다.

⑤ [X] 상가 취득 시 명의를 분산하는 경우 소득세는 과세기간에 발생한 소득에 대해 개인별로 과세하기 때문에 절세효과가 있으나, 취득세는 취득행위에 대하여 부과하는 세금이므로 명의분산에 따른 취득세의 절세효과가 없다.

(필요정보) Ⅴ. 부친 강성호씨의 자산현황_2. 부동산자산

(필) p.220 (기) p.60-14번

❶ 상속받은 상가의 양도소득 산출세액을 계산한다.

	양도가액		700,000	
−	취득가액	−	472,500	상속 당시 상속세 및 증여세법상 평가액
−	기타필요경비	−	15,000	상속 당시 부담한 취득세는 기타필요경비에 해당함
=	양도차익	=	212,500	
−	장기보유특별공제	−	0	상가의 취득일(= 상속개시일)로부터 3년 이내에 양도함
=	양도소득금액	=	212,500	
−	다른 자산의 양도차손	−	30,000	2024년 5월에 발생한 토지의 양도차손
−	양도소득 기본공제	−	2,500	
=	양도소득 과세표준	=	180,000	
×	세 율	×	38% − 19,940	피상속인(부친 강성호)의 취득일로부터 2년 이상 보유함
=	양도소득 산출세액	=	48,460	

❷ 보기를 읽으며 O, X를 표시한다.
① [O] 상속받은 부동산의 양도소득세 계산 시 취득가액은 상속개시일 현재의 상속세 및 증여세법에 의하여 평가한 가액으로 한다.
② [X] 상속받은 부동산의 장기보유특별공제 적용 시 보유기간의 기산일은 상속개시일이다. 부친 강성호의 상속개시일은 2024년 3월이고 상속받은 상가의 양도일은 2024년 12월이므로 그 보유기간이 3년 미만이기 때문에 장기보유특별공제를 적용하지 아니한다.
③ [O] 상속 당시 부담한 취득세 등 부대비용은 양도차익 계산 시 필요경비로 공제할 수 있다.
④ [O] 양도소득 과세표준은 180,000천원이다.
⑤ [O] 양도소득 산출세액은 48,460천원이다.

---

18 상속설계 | 상속개시 후 상속절차 및 상속세에 대한 이해

정답 : ③

필요정보 Ⅰ. 고객정보, Ⅴ. 부친 강성호씨의 자산현황

⑱ p.220 ㉑ p.293-05번

① [X] 부인 한순이씨가 가정법원에 상속포기 신고를 하려는 경우 고려기간은 상속개시가 있음을 안 날로부터 3개월이다.
② [X] 미성년자인 손자녀가 받을 상속재산가액이 20억원을 초과 시 세대생략가산액으로 40%의 할증세액을 가산하나, 손녀 강한비씨에게 상속하는 주택가액이 20억원을 초과하지 않아 30%의 할증세액을 가산한다.
③ [O] 과거 강성호씨가 증여한 재산 중 상속세 과세가액 계산 시 가산되는 금액은 400,000천원이다.
상속개시일 전 10(5)년 이내에 피상속인이 상속인(비상속인)에게 증여한 재산을 증여 당시 가액으로 상속재산에 가산한다. 자녀 강정기씨와 손자 강준영씨에 대한 증여는 각각 10년과 5년이 경과하여 가산하지 않으며, 자녀 강승기씨와 배우자 한순이씨에 대한 증여는 10년이 경과하지 않았으므로 증여 당시 가액(200,000천원 + 200,000천원)을 상속재산에 가산한다.
④ [X] 각 공동상속인은 상속인 각자가 상속받은 재산의 한도 내에서만 연대납세의무를 부담한다.
⑤ [X] 연부연납을 허가받은 경우에는 상속세 분납이 허용되지 않는다.

---

19 상속설계 | 상속인의 구분과 구체적 상속분 가액 계산

정답 : ②

필요정보 Ⅰ. 고객정보

⑱ p.221 ㉑ p.243-10번

① [X] 최진호는 강승기씨의 상속인이 아니므로 최진호가 받은 증여는 특별수익이 아니다.
② [O] 강준영의 구체적 상속분은 650,000천원이다.
강준영의 구체적 상속분 = (1,400,000 + 100,000) × 1/2 - 100,000 = 650,000
③ [X] 강민경의 구체적 상속분은 750,000천원이다.
강민경의 구체적 상속분 = (1,400,000 + 100,000) × 1/2 = 750,000
④ [X] 배우자는 대습상속에서 피대습자가 될 수 없으므로 최진호는 박현주씨의 대습상속인이 될 수 없다.
⑤ [X] 강준영과 강민경은 박현주씨의 상속인이 아니므로 박현주씨의 상속재산은 최진호가 단독으로 상속받는다.

---

20 상속설계 | 유언대용신탁의 이해

정답 : ①

필요정보 이 유형은 보통 문제에서 주어진 정보로 푼다.

⑱ p.222 ㉑ p.279-09번

① [X] 강정기씨는 특별한 질병이나 병력이 없기 때문에 피후견인이 되지 않으며, 미성년자의 후견인을 유언으로 지정하는 것은 가능하지만 성년자의 경우 유언으로 후견인을 지정하는 것은 무효이다.
② [O] 유언대용신탁으로서 본인이 살아있는 동안은 신탁재산의 수익자를 본인 명의로 하고 본인이 사망하는 경우 수익자를 상속인 강정기씨에게 이전하는 것은 가능하다.
③ [O] 상속재산 중 부동산 자산은 등기과정에서 상속인들의 상속재산 분할에 대한 동의나 유언에 대한 법원의 검인조서가 필요한 경우가 있기 때문에, 상속으로 처리하는 것보다 유언대용신탁을 원인으로 등기하는 것이 간편하므로 유족들을 위해 유언대용신탁을 장려한다.
④ [O] 을종관리신탁계약을 체결하면 보통의 부동산담보신탁과 달리 부동산의 임대 권한을 그대로 가지고 있을 수 있다.
⑤ [O] 강성호씨가 친족으로 구성된 장학회를 만들어 손주들이나 앞으로 태어날 후손들 중 장학생을 선발하여 장학금 형식으로 본인 재산을 물려주고자 한다면 유언대용신탁계약을 체결하여 강성호씨의 유지를 잘 반영할 수 있도록 한다.

| 01 ④ | 02 ③ | 03 ② | 04 ④ | 05 ② | 06 ① | 07 ④ | 08 ④ | 09 ⑤ | 10 ② |
| 11 ③ | 12 ⑤ | 13 ③ | 14 ① | 15 ⑤ | 16 ② | 17 ③ | 18 ③ | 19 ⑤ | 20 ⑤ |

01 재무설계 원론 | 재무상태 분석

정답 : ④

(필요정보) Ⅰ. 고객정보, Ⅲ. 재무정보_2. 부동산자산, Ⅴ. 재무제표_1. 재무상태표, 2. 월간 현금흐름표

(교) p.234 (기) p.10-06번

① [X] 이정문씨 가계의 순현금흐름은 (−)이다.
② [X] 사용자산 총액은 1,490,000천원이다.
　　사용자산 총액 = <u>1,300,000</u> + 90,000 + 100,000 = 1,490,000
　　　　　　　　　　↖ 아파트 A의 유사부동산 실거래가
③ [X] 저축성자산은 작성일 기준 해지환급금인 평가금액으로 평가한다.
④ [O] 총자산의 합계는 3,487,000천원이다.
　　총자산 = 금융자산 총액 + 부동산자산 총액 + 사용자산 총액 + 기타자산 총액
　　　　　 = 456,250 + 1,500,000 + 1,490,000 + 40,750 = 3,487,000
⑤ [X] 순자산은 2,591,173천원이다.
　　1) 주택모기지 잔액을 구한다.
　　　PV 200,000, N 15 × 12, PMT(E) −20,253/12, CPT I/Y = 0.5 → 연 6% 월복리
　　　[2ND CLR TVM]을 누르지 않은 상태에서 N 123, CPT FV = 83,526.618
　　2) 순자산(= 총자산 − 총부채)을 구한다.
　　　3,487,000 − <u>895,827</u> = 2,591,173
　　　　　　　　↖ 유동부채(12,300) + 비유동부채(83,527 + 800,000)

02 재무설계 원론 | 재무제표의 분석·평가

정답 : ③

(필요정보) Ⅱ. 고객의 재무목표_3. 부동산설계 관련, Ⅴ. 재무제표_1. 재무상태표, 2. 월간 현금흐름표

(교) p.234 (기) p.326-02번

가. [O] 부채를 보유하고 있으면서 펀드 투자를 지속하고 있는 것을 보아 이정문씨 가계는 투자와 부채상환을 통합적으로 고려하고 있지 않다.
나. [O] 대출원금 상환 시 순자산이 증가한다는 사실을 간과하고 막연히 돈을 모으려는 생각으로 정기적금을 들고 있다.
다. [X] 부부의 주거관련부채비율은 10.13% 수준으로 가이드라인인 28% 이하이므로 적정한 수준이다.

> 주거관련부채비율 = 주거관련부채상환액 ÷ 월 총수입

　주거관련부채비율 = (20,253/12) ÷ (200,000/12) = 10.13%
라. [O] 부부의 자산구성 건전성을 확인할 수 있는 부채비율은 34.57%이다.

> 부채비율 = 부채총액 ÷ 순자산

　부채비율 = 895,827 ÷ 2,591,173 = 34.57%

(필요정보) Ⅰ. 고객정보, Ⅱ. 고객 재무목표   (해) p.235 (기) p.199-04번

가. [X] 이정문씨가 이세나씨의 교육자금에 대비하기 위해 현재 보유하고 있는 금융자산의 성과를 평가하고 금융자산을 추가구매하는 경우는 1년에서 10년 사이의 중기 재무목표 달성을 위한 것이므로 투자자산의 영역으로 볼 수 있다.

나. [O] 간헐적으로 발생하는 변동지출을 별도로 구분하여 가계비상예비자금으로 지불하게 되면 가계 현금흐름에서 변동지출 항목이 일정하게 되어 저축 여력을 추산하는 데 도움이 된다.

다. [O] 이정문씨 부부의 딸 이세나씨의 결혼자금 마련을 위한 추가저축은 10년 이상의 장기플랜이므로 안정자산 운용의 영역으로 볼 수 있다.

라. [X] 이정문씨 부부의 재무목표에 필요한 필요저축액에만 집중하여 해결하기 보다는 장단기 배분을 고려해야 한다. 장단기 배분 없이 단기 목적자금에만 집중하여 해결하다보면, 가계 필요자금의 시기와 가계 수입발생 기간이 불일치하기 때문에 인생 후반기에 소득이 하락 및 단절되는 기간에는 재무목표 달성에 큰 부담으로 작용하기 때문이다.

(필요정보) Ⅲ. 재무정보_3. 보장성보험(일반화재보험)   (해) p.235 (기) p.216-04번

❶ 화재보험의 보험금 지급방법을 확인한다.

1) 대상 물건이 일반물건(점포)이므로 부보비율 조건부 실손보상조항(Coinsurance)이 적용된다.

    [참고] coin 적용 : 주택, 일반물건(점포)

              coin 미적용 : 공장, 일반물건(재고자산)

2) 건물에 대한 보험가입금액(200,000)이 보험가액의 80%(250,000 × 80% = 200,000) 이상이므로 전부보험과 동일하게 손해액 전액을 보상한다.

❷ 잔존물제거비용에 대한 보험금과 가입금액 한도를 감안하여 지급받을 수 있는 보험금을 계산한다.

재산손해액	150,000	
+ 잔존물제거비용	+ 15,000	~~20,000~~ ← 재산손해액의 10%(= 15,000) 한도
= 합 계	= 165,000	
+ 손해방지비용	+ 5,000	
+ 기타협력비용	+ 5,000	5,000 ← 전액보상
= 총보험금	= 175,000	

(필요정보) Ⅰ. 고객정보, Ⅱ. 고객 재무목표_1. 재무관리 관련(자녀 결혼자금 관련 정보),   (해) p.236 (기) p.234-03번
Ⅲ. 재무정보_3. 보장성보험(생명보험), Ⅵ. 부친 이한영씨의 자산현황_2. 부동산자산, Ⅶ. 경제지표 가정

❶ 이한준씨와 이세나씨의 나이를 기준으로 time table을 그려 각 구간마다 필요한 자금과 기간을 구한다.

	현재시점	3년	이세나 대학입학	2년	이한준 결혼	1년		3년	이세나 대학원졸업	6년		이세나 결혼	1년
이한준씨 이세나씨	27세 16세		30세 19세		32세 21세	33세 22세			36세 25세			42세 31세	43세 32세
교육자금(5%) 결혼자금(4%)	0 0		30,000 0		30,000 100,000	30,000 0			0 0			0 100,000	

1) 이세나씨의 교육자금의 현재가치를 구한다.

CF0 0, C01 0 (2), C02 30,000 (6), I (6 − 5)/1.05, NPV CPT = 170,878.843(STO1)

2) 이한준씨와 이세나씨의 결혼자금의 현재가치를 구한다.

CF0 0, C01 0 (4), C02 100,000 (1), C03 0 (9), C04 100,000 (1), I (6 − 4)/1.04,
NPV CPT = 166,062.463(STO2)

❷ 막내 독립 전 생활비 일시금을 구한다.

CF0 <u>46,500</u>, C01 46,500 (14), I (6 − 4)/1.04, NPV CPT = 612,500.210(STO3)

    ↳ 52,500(가족생활비) − 6,000(유족연금)

❸ 총 필요자금을 구한다.

170,878.843(RCL1) + 166,062.463(RCL2) + 612,500.210(RCL3) = 949,441.516(STO4)

❹ 준비자금을 구한다.

200,000 + 300,000 + = 500,000(STO5)

↖ 종신보험(주계약) ↖ 종신보험(60세 만기 정기특약)

❺ 필요자금에서 준비자금을 차감하여 추가로 필요한 생명보험 필요보장액을 구한다.

949,441.516(RCL4) − 500,000(RCL5) = 449,441.516

06 위험관리와 보험설계 | 생명보험상품에 대한 이해

정답 : ①

(필요정보) Ⅲ. 재무정보_3. 보장성보험(생명보험)

㉡ p.237 ㉮ p.179-02번

가. [O] 이정문씨가 교통사고로 사망할 경우 종신보험에서 지급되는 사망보험금은 1,000,000천원이다.

사망보험금 = 200,000 + 300,000 + 500,000 = 1,000,000

↖ 주계약 ↖ 60세 만기 정기특약 ↖ 재해사망특약

나. [X] 변액연금보험을 10년 이상 유지했더라도 연금으로 수령하지 않고 해지하게 되면 특별계정 수익률에 따라 원금손실 가능성이 있다. 변액연금보험은 연금개시 시점까지 유지하여 연금을 수령할 경우 연금지급개시 전까지의 특별계정 운용성과에 관계없이 납입한 원금을 보장받을 수 있다.

다. [X] CI보험(중대질병보험)의 피보험자는 김소정씨이므로 김소정씨가 중대한 질병에 걸렸을 경우 이에 대한 치료비로 사망보험금의 50%를 미리 지급받을 수 있다.

라. [O] 김소정씨가 암으로 진단받고 사망 시 암보험에서 지급받을 수 있는 보험금(진단비 포함)은 80,000천원이다.

지급보험금 = 30,000 + 50,000 = 80,000

↖ 암진단보험금 ↖ 사망보험금

07 은퇴설계 | 목표로 하는 은퇴생활비를 충족하기 위한 총은퇴일시금 산정

정답 : ④

(필요정보) Ⅰ. 고객정보_1. 가족정보, Ⅱ. 고객 재무목표_4. 은퇴설계 관련,
Ⅲ. 재무정보_4. 국민연금, Ⅶ. 경제지표 가정

㉡ p.238 ㉮ p.473-08번

❶ 현재시점, 은퇴시점, 사망시점을 기준으로 time table을 그려서 연간 은퇴소득 부족분을 계산한다.

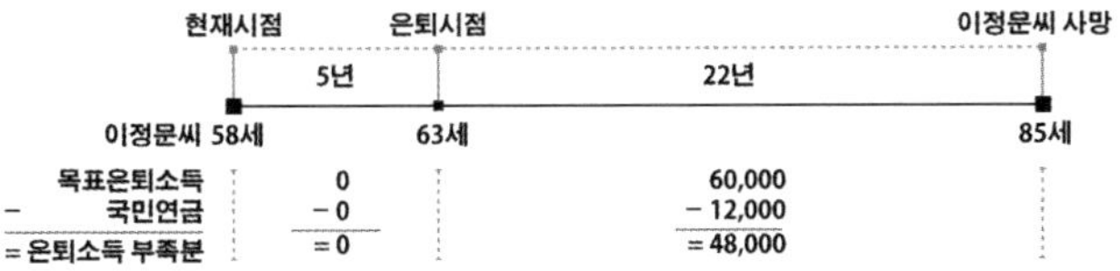

❷ 연간 은퇴소득 부족분을 통해 총은퇴일시금을 구한다.

[참고] 이 문제에서는 은퇴기간 중 기간별 금액이 다르지 않기 때문에 [방법3]과 같이 TVM으로도 간단하게 풀이가 가능하다.

[방법1]

1) 매 기간의 은퇴소득 부족분을 현재시점의 일시금으로 계산한다.

CF0 0, C01 0 (4), C02 48,000 (22), I (6 − 4)/1.04, NPV CPT = 791,783.339

2) 일시금을 투자수익률로 할증하여 은퇴시점가치로 환산한다. (총은퇴일시금)

791,783.339 × 1.06^5 = 1,059,584.716

↖ 은퇴시점에 1,059,584.716천원을 가지고 있기 위해 현재시점에서 일시금으로 투자해야 하는 금액을 의미한다.

[방법2]

1) 은퇴소득 부족분이 현재시점에 필요하다고 가정하고 일시금을 계산한다. (은퇴시점을 현재시점으로 가정)

CF0 48,000, C01 48,000 (21), I (6 − 4)/1.04, NPV CPT = 870,901.400

↖ 현재물가기준 금액 ↖ 현재물가기준 금액

2) 일시금을 물가상승률로 할증하여 은퇴시점가치로 환산한다. (총은퇴일시금)

870,901.400 × 1.04^5 = 1,059,584.716

[방법3]

1) 은퇴소득 부족분이 현재시점에 필요하다고 가정하고 일시금을 계산한다. (은퇴시점을 현재시점으로 가정)

PMT(B) 48,000, N 22, I/Y (6 − 4)/1.04, CPT PV = 870,901.400

↖ 현재물가기준 금액 ↖ 현재물가기준 금액

2) 일시금을 물가상승률로 할증하여 은퇴시점가치로 환산한다. (총은퇴일시금)

870,901.400 × 1.04^5 = 1,059,584.716

(필요정보) Ⅰ. 고객정보_1. 가족정보, Ⅱ. 고객 재무목표_4. 은퇴설계 관련,　　　　　⑧ p.238　㉑ p.473-09번
　　　　　Ⅲ. 재무정보_1. 금융자산, Ⅶ. 경제지표 가정

① [X] 적립식 주식형펀드만으로 은퇴생활을 하는 경우 현재물가기준으로 매년 11,316천원 정도의 은퇴생활수준을 유지하게 된다.
　　1) 은퇴시점의 일시금가치를 구한다.
　　　이율전환 : PV -100, FV 106, N 12, CPT I/Y = 0.487(STO7)
　　　PV 160,700, PMT(E) 500, N 5 × 12, I/Y 0.487(RCL7), CPT FV = 249,795.743(STO1)
　　2) 적립식 주식형펀드에서 매년 확보할 수 있는 은퇴소득수준(은퇴시점 물가기준)을 구한다.
　　　PV 249,795.743, N 22, I/Y (6 - 4)/1.04, CPT PMT(B) = 13,767.570
　　3) 현재물가기준으로 환산한다.
　　　$13,767.570/1.04^5 = 11,315.939$

② [X] 변액연금보험만으로 은퇴생활을 하는 경우 현재물가기준으로 매년 11,362천원 정도의 은퇴생활수준을 유지하게 된다.
　　1) 은퇴시점의 일시금가치를 구한다.
　　　PV 135,500, PMT(E) 1,000, N 5 × 12, I/Y 0.487(RCL7), CPT FV = 250,815.352(STO2)
　　2) 변액연금보험에서 매년 확보할 수 있는 은퇴소득수준(은퇴시점 물가기준)을 구한다.
　　　PV 250,815.352, N 22, I/Y (6 - 4)/1.04, CPT PMT(B) = 13,823.766
　　3) 현재물가기준으로 환산한다.
　　　$13,823.766/1.04^5 = 11,362.128$

③ [X] 현재 준비 중인 적립식 주식형펀드와 변액연금보험으로 확보되지 않는 558,974천원을 토지의 매각대금으로 충당해야 한다.
　　1) 현재 준비 중인 은퇴자산의 은퇴시점 가치를 구한다.
　　　249,795.743(RCL1) + 250,815.352(RCL2) = 500,611.095
　　2) 부족한 총은퇴일시금을 구한다.
　　　1,059,584.716(총은퇴일시금) - 500,611.095 = 558,973.621

④ [O] 토지 매각대금으로 부족한 은퇴일시금이 충당될 경우 토지 매각대금에서 연간 확보 가능한 소득은 현재물가기준으로 25,322천원이다. 따라서 토지를 증여받지 못하는 경우에 은퇴생활수준은 현재물가기준으로 매년 25,322천원 정도가 줄어들게 된다.
　　1) 토지 매각대금에서 매년 확보할 수 있는 은퇴소득수준(은퇴시점 물가기준)을 구한다.
　　　PV 558,973.621, N 22, I/Y (6 - 4)/1.04, CPT PMT(B) = 30,808.004
　　2) 현재물가기준으로 환산한다.
　　　$30,808.004/1.04^5 = 25,321.934$

⑤ [X] 즉시연금은 가입 후 1개월 후부터 연금을 수령하는 상품으로 소득세법에 정한 과세제외요건을 충족할 수 없게 된다. 확정기간형의 경우 소득세법상 장기저축성보험 과세제외요건(10년 이상 가입)을 충족하지 못한 것으로 보아 연금 또는 일시금을 인출할 때 과세를 하게 된다.

---

09 은퇴설계 | 은퇴기간 경과에 따른 은퇴자산 잔액 평가　　　　　　　　　　　　　정답 : ⑤

(필요정보) Ⅰ. 고객정보_1. 가족정보, Ⅱ. 고객 재무목표_4. 은퇴설계 관련,　　　　　⑧ p.239　㉑ p.473-10번
　　　　　Ⅲ. 재무정보_4. 국민연금, Ⅶ. 경제지표 가정

❶ 65세 시점의 물가기준으로 평가한 연간 은퇴소득 부족분을 계산한다.
　PV 48,000, N 7, I/Y 4, CPT FV = 63,164.725

❷ 65세 초 분할지급식 정기예금에 있어야 할 금액을 계산한다.
　　　　　　　↳ 2년간(65세 초 ~ 66세 말) 필요한 은퇴생활비
　PMT(B) 63,164.725, N 2, I/Y (4 - 4)/1.04, CPT PV = 126,329.451

❸ 65세 초 자산배분형펀드에 있어야 할 금액을 계산한다.
　　　　　　　↳ 18년간(67세 초 ~ 84세 말) 필요한 은퇴생활비
　PMT(B) 63,164.725, N 18, I/Y (6 - 4)/1.04, CPT PV = 971,738.224

10 투자설계 | 복리채의 채권가격

정답 : ②

(필요정보) 이 유형은 보통 문제에서 주어진 정보로 푼다. 교 p.240 기 p.57-11번

❶ 아래 공식을 이용하여 복리채의 보유기간이자를 계산한다.

> 복리채의 보유기간이자[1] = 매도일(만기일)까지의 복리이자금액 − 매수일까지의 복리이자금액
>
> [1] 복리채는 복리로 이자를 계산하여 만기에 일시 지급하게 되는데 만기 이전에 중도 매매할 경우에도 보유기간이자는 복리로 계산해야 한다.

1) 발행일부터 매수일까지의 복리이자금액 = 100,000,000 × 0.042 = 4,200,000
2) 발행일부터 매도일까지의 복리이자금액 = 100,000,000 × $\{(1 + 0.042)^3 - 1\}$ = 13,136,609
3) 복리채의 보유기간이자 = 13,136,609 − 4,200,000 = 8,936,609

❷ 소득세(14%)와 지방소득세(소득세의 10%)를 합한 15.4%를 보유기간이자에 곱하여 이자소득세를 계산한다.

이자소득세 = 보유기간이자 × 15.4% = 8,936,609 × 15.4% = 1,376,230(10원 미만 절사)

---

11 투자설계 | 기하평균수익률과 연간 수익률의 표준편차

정답 : ③

(필요정보) 이 유형은 보통 문제에서 주어진 정보로 푼다. 교 p.240

❶ 총수익률을 이용하여 기하평균수익률을 계산한다.

> 기하평균수익률 = $(1 + 총수익률)^{1/N} - 1$

기하평균수익률 = $(1 + 0.382)^{1/3} - 1$ = 11.39%

❷ 월간 수익률의 표준편차를 이용하여 연간 수익률의 표준편차를 계산한다.

> 연간 수익률의 표준편차 = 월간 수익률의 표준편차 × $\sqrt{12}$

연간 수익률의 표준편차 = 1.9% × $\sqrt{12}$ = 6.58%

---

12 투자설계 | 증권시장선(SML)과 가중평균자본비용(WACC)

정답 : ⑤

(필요정보) 이 유형은 보통 문제에서 주어진 정보로 푼다. 교 p.241 기 p.52-07번

① [X] P전자 주식의 시장수익률에 대한 민감도는 베타(β)를 의미하며, 그 값은 1.08이다.
  $\beta = (\sigma_i / \sigma_m) \times \rho_{im}$ = 24%/20% × 0.9 = 1.08
② [X] P전자 주식의 위험프리미엄은 10.8%이다.
  P전자 주식의 위험프리미엄 = $\beta \times (R_m - R_f)$ = 1.08 × 10% = 10.8%
       주식시장 위험프리미엄
③ [X] P전자의 세후부채비용은 5.53%이다.
  세후부채비용 = (이자지급금액/부채금액) × (1 − 법인세율) = (140/2,000) × (1 − 0.21) = 5.53%
④ [X] P전자 보통주 주주들의 요구수익률은 13.8%이다.
  요구수익률(k) = $R_f + \beta \times (R_m - R_f)$ = 3% + 10.8% = 13.8%
       보통주비용   *주식의 위험프리미엄*
⑤ [O] P전자 가중평균자본비용은 9.43%이다.
  가중평균자본비용(WACC) = (부채비중 × 세후부채비용) + (보통주비중 × 보통주비용) + (우선주비중 × 우선주 배당수익률)
                    = (0.4 × 5.53%) + (0.4 × 13.8%) + (0.2 × 8.5%) = 9.43%
       우선주 배당수익률 = 우선주배당금/우선주주가 = 2,975/35,000

(필요정보) Ⅳ. 이정문씨가 매수를 고려하고 있는 상가 관련 정보   ⑱ p.241 ㉮ p.271-03번

① [X] 이정문씨가 경매에 참여하기 위해서는 최저매각가격의 10% 이상의 입찰보증금을 제출해야 한다.
② [X] 이정문씨가 경매로 상가 C 취득 시 근저당권이 말소기준권리가 되며, 근저당권 이후에 설정된 권리들은 말소기준권리와 함께 소멸된다. 따라서 경매로 인해 전세권은 소멸되어 인수하지 않는다.
③ [O] 박철수(가압류권자)씨는 상가 C 경매 시 배당요구를 하지 않아도 당연히 배당에 참가할 수 있는 채권자이다.
④ [X] 상가 C의 경매는 기일입찰방식이며, 주로 기간입찰방식으로 진행되는 공매와 매각방법이 다르다.
⑤ [X] 경매는 인도명령 제도가 있어 채무자 또는 점유자가 경매 부동산을 인도하지 않은 경우 인도명령 제도를 이용할 수 있다.

(필요정보) Ⅳ. 이정문씨가 매수를 고려하고 있는 상가 관련 정보   ⑱ p.242 ㉮ p.271-04번

① [O] 상가 C의 NPV는 약 66,609천원으로 상가 D에 투자하는 것보다 약 49,859천원 더 이익이다.
   1) 상가 C의 NPV를 구한다.
     CF0 -500,000, C01 45,000 (9), C02 (45,000 + 752,454) (1), I 10, NPV CPT = 66,609.110
   2) 상가 D의 NPV를 구한다.
     CF0 -400,000, C01 30,000 (9), C02 (30,000 + 602,820) (1), I 10, NPV CPT = 16,750.219
② [X] 상가 D의 내부수익률(IRR)은 약 10.59%이다.
   CF0 -400,000, C01 30,000 (9), C02 (30,000 + 602,820) (1), I 10, NPV IRR = 10.5923%
③ [X] 상가 C 투자 시 수익성지수(PI)는 약 1.130이다.

> 수익성지수(PI) = 현금유입의 현가/현금유출의 현가

   1) 현금유입의 현가를 구한다.
     FV 752,454, PMT(E) 45,000, N 10, I/Y 10, CPT PV = 566,609.110
   2) 수익성지수(PI)를 구한다.
     566,609.110/500,000 = 1.1332
④ [X] 상가 D 투자 시 수익성지수(PI)는 약 1.04이다.
   1) 현금유입의 현가를 구한다.
     FV 602,820, PMT(E) 30,000, N 10, I/Y 10, CPT PV = 416,750.219
   2) 수익성지수(PI)를 구한다.
     416,750.219/400,000 = 1.0419
⑤ [X] 수익성지수(PI)로 판단 시 상가 D에 투자하는 것보다 상가 C에 투자하는 것이 더 유리하다.
   1.1332(상가 C 수익성지수) > 1.0419(상가 D 수익성지수)

(필요정보) 이 유형은 보통 문제에서 주어진 정보로 푼다.   ⑱ p.243 ㉮ p.317-20번

① [X] 상가건물임대차는 그 등기가 없는 경우에도 임차인이 건물의 인도와 사업자등록을 신청하면 그 다음날부터 제3자에 대하여 효력이 생긴다.
② [X] 상가건물에 대한 임대차기간을 정하지 아니하거나 기간을 1년 미만으로 정한 임대차는 그 기간을 1년으로 본다.
③ [X] 임차인의 계약갱신요구권은 최초의 임대차기간을 포함한 전체 임대차기간이 10년을 초과하지 아니하는 범위에서만 행사할 수 있다.
④ [X] 임대인이 임대차기간이 만료되기 6개월 전부터 1개월까지 임차인에게 갱신 거절의 통지를 하지 아니한 경우에는 그 기간이 만료된 때에 전 임대차와 동일한 조건으로 다시 임대차한 것으로 본다.
⑤ [O] 묵시적 갱신이 된 경우에는 임차인은 언제든지 임대인에게 계약해지의 통고를 할 수 있고, 임대인이 통고를 받은 날부터 3개월이 지나면 효력이 발생한다.

필요정보 이 유형은 보통 문제에서 주어진 정보로 푼다.

📖 p.244 ② p.444-18번

① [X] 비영업대금의 이익의 원천징수세액은 2,625천원(= 10,500 × 25%)이다.
② [O] 종합과세대상 금융소득금액이 기준금액(2천만원)을 초과하지 않으므로, 무조건 종합과세대상 금융소득 3,000천원(외국법인 배당소득)에 대해서만 종합과세한다.
③ [X] 국내상장법인과 국내비상장법인 모두 배당소득에 대해 Gross-up이 적용된다.
④ [X] 국내비상장법인 배당소득이 8,000천원이라면 금융소득금액은 21,650천원[1]이다.
  [1] 비영업대금의 이익 10,500 + 국내상장법인 배상소득 8,000 + 외국법인 배당소득 3,000 + Gross-up 150[2] = 21,650
  [2] Gross-up = Min[(21,500 − 20,000), 8,000] × 10% = 150
⑤ [X] 외국법인 배당소득은 무조건 종합과세대상 금융소득으로 국내에서 과세된다.

필요정보 Ⅲ. 재무정보_2. 부동산자산

📖 p.245

① [X] 배우자등 이월과세 규정에 따라 양도소득세를 계산할 때 취득가액은 증여자인 이정문씨의 취득 당시 실지거래가액으로 한다.
② [X] 배우자등 이월과세 적용 시 수증자인 김소정씨가 부담한 증여세는 이정문씨가 양도소득세를 계산할 때 필요경비에 산입한다.
  [참고] 증여자 양도의제 규정을 적용할 때 수증자가 부담한 증여세는 환급되고, 양도소득세 계산상 필요경비에 산입하지 아니한다.
③ [O] 상가 양도 시 양도차익은 340,000천원이다.

양도가액	1,600,000	
− 취득가액	− 1,000,000	이정문씨의 상가 B 취득 당시의 실지거래가액
− 기타필요경비	− 50,000	이정문씨의 상가 B 취득 당시의 취득부대비용
− 증여세 산출세액	− 210,000	김소정씨가 부담한 증여세 산출세액
= 양도차익	= 340,000	

④ [X] 배우자등 이월과세 적용 시 양도소득세 납세의무자는 증여받은 배우자인 김소정씨이다.
⑤ [X] 배우자등 이월과세 규정은 원칙적으로 양도 당시 혼인관계가 소멸된 경우를 포함하되, 사망으로 인하여 혼인관계가 소멸된 경우에는 적용하지 아니한다. 따라서 이정문씨와 김소정씨가 상가의 양도 당시 사망이 아닌 이혼으로 인하여 혼인관계가 소멸된 상태라면 배우자등 이월과세 규정을 적용해야 한다.

필요정보 Ⅰ. 고객정보

📖 p.246 ② p.293-05번

① [X] 이정문씨가 어느 날 실종되어 이한영씨 사망 전에 실종기간 만료일이 도래했다면, 이정문씨의 상속분을 김소정, 이성준, 이한준, 이세나가 대습상속받는다.
② [X] 이강문씨가 이한영씨의 상속재산 중 일부를 처분했다면, 단순승인의 의사를 묻지 않아도 단순승인한 것으로 간주한다.
③ [O] 이한영씨 사망 3개월 후 이한영씨의 상속채무가 발견되었는데, 이정문씨가 이 사실을 중대한 과실 없이 알지 못했다면 한정승인 신고를 할 수 있다.
④ [X] 상속재산을 관리하거나 청산하는 데 소요된 비용은 상속재산 중에서 지급한다.
⑤ [X] 박진숙씨가 본인의 상속분을 친구 A에게 양도했다면 박진숙씨는 상속인의 지위에서 제외된다.

(필요정보) Ⅰ. 고객정보, Ⅵ. 부친 이한영씨의 자산현황   (기) p.247 (기) p.299-09번

① [O] 세 자녀의 민법상 상속분은 각각 666,667천원씩이다.

    1) 분할대상 상속재산 가액을 구한다.

      300,000 + 300,000 + 200,000 + 1,200,000 + 700,000 + 300,000 = 3,000,000

          └ 예금   └ 상장주식   └ 골프회원권   └ 아파트 E   └ 상가 F   └ 토지 G

    2) 세 자녀 각각의 민법상 상속분을 구한다.

      3,000,000 × 2/9 = 666,667

② [O] 상속재산분할협의서로서 분할한 상속지분이 법정상속지분과 다르더라도 유효하다.

③ [O] 박진숙씨의 유류분은 500,000천원이나.

    박진숙씨의 유류분 = 3,000,000 × 3/9 × 1/2 = 500,000

                  └ 유류분 산정 기초재산   └ 유류분율

④ [O] 이한영씨의 사망으로 인한 국민연금의 유족연금은 수급권 1순위인 배우자 박진숙씨가 수급한다.

    [참고] 국민연금 유족연금 수급권 순위 : 배우자 > 자녀 > 부모 > 손자녀 > 조부모

⑤ [X] 상가 F의 임대보증금 100,000천원은 박진숙씨가 3/9, 세 자녀가 각각 2/9씩 부담한다.

    임대보증금과 같이 급부의 내용이 가분인 금전채무는 상속개시와 동시에 당연히 법정상속분에 따라 공동상속인에게 분할되어 귀속된다.

(필요정보) 이 유형은 보통 문제에서 주어진 정보로 푼다.   (기) p.248 (기) p.295-07번

① [O] 상속재산은 분할될 때까지 상속인 및 포괄수유자의 '공유'로 간주하고 공유물에 대한 관리는 민법의 일반 규정에 따라 공유물의 소유자인 상속인과 포괄수유자 각자의 상속분에 따라 과반수로써 결정한다.

② [O] 원칙적으로 기여분은 전체 공동상속인들의 협의에 따라 결정하고, 공동상속인들 간에 협의가 되지 않을 경우, 기여자는 가정법원에 신청하여 조정 또는 판결로 기여분을 결정한다.

③ [O] 상속재산 분할은 상속세 신고와 달리 정해진 기간이 없으므로 상속개시 이후 언제든지 상속재산 분할을 할 수 있다.

④ [O] 공동상속인 중 일부 상속인이 자신의 채무가 많아 상속재산이 분할되어 자신이 상속재산을 취득할 경우 자신의 채권자들이 이 상속재산에 대해 강제집행할 것을 염려하여 상속재산분할협의 시 다른 공동상속인의 단독소유로 협의한 경우에는 채권자를 해하는 행위로서 사해행위취소권 행사의 대상이 될 수 있다.

⑤ [X] 유언상속이 있을 경우 유언상속이 법정상속보다 우선하므로, 법정상속에 의한 분할협의는 무효가 되고 유언에 의한 분할이 이루어진다.